KB272032

식당은 어떻게 브랜드가 되는가

식당은 어떻게
브랜드가 되는가

신촌 골목 고깃집에서
프리미엄 한식의 상징으로,
벽제갈비 40년 경영 스토리

초판 1쇄 발행 | 2026년 4월 6일

지은이   ·황주윤
기획   고나무

펴낸곳   도서출판 따비
펴낸이   박성경
편집   신수진, 정우진
디자인   김종민

출판등록   2009년 5월 4일 제2010-000256호
주소   서울시 마포구 월드컵로28길 6(성산동, 3층)
전화   02-326-3897
팩스   02-6919-1277
메일   tabibooks@hotmail.com
인쇄·제본   영신사

* 잘못된 책은 바꾸어 드립니다.
* 이 책의 무단 복제와 전재를 금합니다.

ISBN 979-11-92169-61-3 03320

책값은 뒤표지에 있습니다.

식당은 어떻게 브랜드가 되는가

황주윤 지음

신촌 골목 고깃집에서 프리미엄 한식의 상징으로,
벽제갈비 40년 경영 스토리

일러두기

이 책에서는 '음식의 제조·조리 중심으로 식당, 음식점, 조리업 전반'이라면 요식업으로, '집 밖에서 먹는 경험' 전체를 의미하며 음식과 서비스 공간, 브랜딩도 포함할 때는 외식업으로 구분해 사용했다.

차례

최고를 향한 집념,
세대를 잇는 시대정신으로

이 책은 인간의 집념에 관한 이야기다.

하이엔드와 신비주의로 대변되는 벽제갈비를 파고들면 뭔가 대단한 마케팅 기법이 나올 줄 알았다. 그러나 장막을 걷어낼수록, 벽제갈비는 '최고의 식재료'에 대한 창업주 김영환 회장의 무모한 집착과 그 결과물이었다. '정직은 평생의 보배'라는 할아버지의 말씀을 가슴에 품고 물을 먹이지 않은 한우를 찾아 전국을 헤맨 것이 벽제갈비의 시작이다. 최고 품질의 한우를 향한 그의 진정성은 검증된 식재료라면 얼마든지 값을 지불할 용의가 있는 잠재 고객들이 뛰쳐나와 지갑을 열게 했다. 한우에 대한 한 사람의 집착이 인생을 건 집

넘이 되고, 집념은 철학이 되어 40여 년의 세월 동안 '한식의 고급화'를 이끌었다.

김영환 회장을 처음 만나자마자 내가 던진 질문은 "왜 그렇게 사람들에게 계속 기회를 주는 것입니까?"였다. 30년 넘게 일한 장인과 장기근속자가 많으면서도, 회사를 나갔다가 다시 들어온 사람 또한 많은 곳이 벽제다. 벽제갈비에서는 나갔다 들어온 사람을 가리켜 '별을 달았다'라고 표현한다. 별 한 개는 물론이고 별을 두세 개씩 단 사람도 계속 끊임없이 받아주고 기회를 주는 것 또한 집념이다. 어떻게든 그 사람의 강점과 벽제와의 교차점을 찾아내 종적, 횡적으로 확장시키고자 하는 집념이 벽제 인재술의 열쇠였다. 인재를 장인으로 빚어내고 그들이 적재적소에서 빛나게 만들 때 매출과 브랜드 파워가 따라왔다.

이 책은 시대정신에 관한 이야기다.

벽제갈비의 태동과 성장의 역사에는 우리나라 요식업계의 발전 과정이 거미줄처럼 연결되어 있다. 1980년대 삼원가든, 늘봄공원을 상대로 '한우'라는 영역을 선점해 나아가는 벽제의 성장기는 대한민국 외식 역사의 흐름과 그 시대의 정치적·경제적 특수성이 맞물린 톱니바퀴와 같았다. 어느 한 부분만 뚝 떼어서 볼 수 없는 거대한 요식업 생태계는 지금도 펄떡이며 움직이는 중이다. 이 과정에서 벽제는 최상급 한우를 내세운 '벽제갈비'에서부터 평양냉면과 돼지갈비를 대중화한 '봉피양', 그리고 최고급 한식의 정점에 선 '벽제갈비 더청담' 등 시대정신에 맞춰 옷을 갈아입으며 입지를 넓혀왔다. 또한 한식의 세계화를 위해 중국과 일본, 동남아시아로 발돋움한 벽제의 과거에는 지금 세상을 떠들썩하게 하고 있는 K푸드의 유년기가 거칠게 새겨 있었다.

여든을 바라보는 김영환 회장은 얼마 전 젊은이들 사이에서 인기인 '해운대 암소갈비' 사장을 찾아가 같이 일해보자고 제안했다가 거절당한 이야기를 들려주며 껄껄 웃었다. 젊은 세대에게 하나라도 더 배우려고 안테나를 높이 세우고 뛰어다니는 경영진과 장인들의 모습에서 벽제의 시대정신이 읽힌다. 그 궤적을 따라가다보면 긴 요식업의 레인에서 가라앉는 자와 헤엄치는 자의 차이가 한눈에 보인다. 벽제갈비가 가는 길이 K푸드가 가는 길이 될 것임이 분명하다.

이 책은 아버지와 아들에 관한 이야기다.

창업주인 아버지 김영환 회장은 명문대를 졸업한 엘리트 출신으로, 벽제갈비와 봉피양을 성공시키며 하이엔드 요식업 시장의 최강자로 군림했다. 큰아들 김태현 부회장은 젊은 시절 카레이싱에 빠져 있던 탕자이자 질주본능의 개혁자였다. 아버지는 아들을 가르쳐야 할 대상으로 생각했고, 아들은 자신이 혁신의 주체라고 생각했다. 경

     식당은 어떻게 브랜드가 되는가

영을 바라보는 시각차로 인한 갈등 속에서 두 사람은 끊임없이 자신과 상대를 비교했다. 그들은 창업주와 후계자이기 이전에 아버지와 아들이기 때문이다. 가업을 승계한다는 것은 단순한 사업 물려주기가 아니다. 가족이라는 테두리 안에서 철학과 가치를 계승하는 일이자, 피나는 노력으로 브랜드의 정체성을 지켜내는 일이었다.

수많은 기업서가 화려한 성공만을 이야기해왔다. 그러나 이 책은 그러지 않으려 한다. 누구 한 명의 영웅담이 아니고, 과거를 미화하거나 미래를 포장하지 않는다. 벽제갈비의 성공 이면에는 뼈아픈 실패가 있고 냉혹한 현실이 있었으며, 모래성처럼 쓰러진 좌절도 있었다. 빛과 그늘을 모두 드러내고 성공과 실패를 저울에 달면서 그 속에서 철학과 본질을 찾으려 노력했다.

이 과정에서 우리는 두 가지 큰 축을 따라가게 된다. 하나는 벽제갈비가 걸어온 역사의 발자취다. 그것은 한 식당이 기업이 되고 브랜드로 성장하기까지의 여정이자, 업계의 변화 속에서 새로운 기회를 포착하려 했던 몸부림이다. 다른 하나는 이 발자취 속에서 얻게 되는 경영적 통찰이다. 외식업이라는 치열한 전쟁터에서 벽제갈비는 어떤 전략을 선택했고, 그것이 어떻게 성공 혹은 실패로 이어졌는지 들여다볼 수 있다. 더불어 이들이 다음 세대를 위해 어떤 기반을 마련해야 하는지에 대한 성찰도 놓치지 않는다.

고정된 답을 찾기보다는 새로운 질문을 던지는 시대, 벽제갈비의 이야기는 강소기업을 꿈꾸는 주체들에게는 영감을, 요식업계의 2세대에게는 울림을 줄 것이다. 당신은 리더로서 직원으로서 혹은 고객으로서, 또는 아버지와 아들로서 어떠한 방향으로 나아가고 있는가? 이 책을 읽고 나면 당신이 답할 차례다.

1부

시작

소에
미친 사람

피자집 망하고 벽제갈비 인수

"1947년 인천 화평동 356번지에서 태어났어요. 창영국민학교 49회, 인천중학교 12회, 제물포고등학교 9회 출신이에요. 창영국민학교 22회 졸업생으로 동문이기도 한 부친은 한때 공직에도 계셨고, 음악과 문학을 사랑하는 풍류남아로 타고난 한량이셨죠. 부친께서 버스 두 대로 서울과 인천을 오가던 '경향여객'이라는 운수회사를 운영하신 덕에 유복한 소년시절을 보냈어요. 가세가 갑자기 기울게 된 건 승객이 버린 담배꽁초로 버스에 불이 나면서부터예요. 당시에는 화재보

험 같은 것도 없던 시절이라 화상을 입은 승객들 치료비를 대느라 버스와 회사, 그리고 대화정(현재 인천시 미추홀구 숭의동)의 열두 칸짜리 살림집까지 몽땅 은행에 넘어갔습니다.”

새로운 도전은 예상치 못한 곳에서 시작된다. 소위 말하는 ‘부잣집 도련님’이던 김영환은 국민학교 5학년 때 아버지 회사의 사고로 졸지에 척박한 환경에 내몰렸다. 한창 성장해야 하는 자식들을 둔 어머니는 미련 없이 사모님 자리를 내려놓고 떡장사를 시작했다. 몰락한 집안에서 김영환이 할 수 있는 것은 공부밖에 없었다. 이를 악물고 학업에 매달린 그는 고려대학교 경영학과에 66학번으로 입학했다.

김영환 회장이 대학을 졸업하고 사회생활을 시작한 1970년대는 중동 건설 붐의 시대였다. 중동 국가들은 넘쳐나는 오일달러를 도로, 항만, 공항 등 사회간접자본 건설에 아낌없이 쏟아부었다. 1973년 1차 오일쇼크를 겪으며 새로운 돌파구가 필요했던 한국에게 중동은 ‘하늘이 준 동아줄’이었다. 박정희 정부의 전폭적인 지원을 업은 기업들은 앞다퉈 중동으로 향했다. 1975년 7억 5,000만 달러에 불과하던 건설 수주액은 1980년 82억 달러(한화 약 10조 원)로 10배 이상 늘었다. 파견 근로자 수도 급증했다. 1975년 6,000명이던 것이 1978년 10만 명에 육박, 한때 20만 명까지 달했다. 여기에 김영환 회장도 포함되어 있었다. 대학 졸업 후 아연 제련업체인 (주)영풍에서 무역을 담당했던 김영환 회장은 중동 건설 붐을 타고 삼호주택 외자과장으

   식당은 어떻게 브랜드가 되는가

김영환은 유복한 어린 시절을 보내다 갑자기 몰락한 집안에서, 이를 악물고 학업에 매달려 고려대학교를 졸업했다.

로 이직해 사우디아라비아에서도 근무했다.

그런 그가 갑자기 직장을 잃은 것은 신군부의 건설사 통폐합이 벌어진 1984년이었다. 1979년 박정희 정권이 무너지고 집권한 전두환 대통령은 경제 기조를 과거의 성장 중심에서 물가 중심으로 바꾸게 된다. 전두환 정권은 인플레이션 구조를 타파하고 물가를 안정시키기 위해 과거 박정희 시대 때 자행되었던 난개발과 부동산 투기를 억제하기 시작했다. 동시에 중동 개발을 위해 구입했던 건설 장비들이 과잉 상태에 치닫자 신속하게 건설업 구조조정을 단행해 시중 건설사의 3분의 1을 통폐합했다.

김영환 회장은 졸지에 직장을 잃었다. 그때 김영환이 근무하던 삼호주택이 대림건설에 흡수된 것이다. 명문대를 나와 잘나가던 건설사의 과장이자 한 집안의 가장이던 김영환은 회사를 나와야만 했다. 손에 쥔 퇴직금은 1,300만 원. 당시는 1980년대 중반, 강남구 개포동 주공아파트 소형 평수가 1,300만 원 하던 시절이었다. 그동안 가보지 않은 여정을 떠나기에 모자라지 않은 노잣돈이었다.

"인생에서 새로운 승부수를 던질 때가 왔다고 느꼈습니다. 저는 회사를 다닐 때도 월급을 모아 차부터 사서 사람들을 데리고 맛집에 다니는 게 일이었어요. 할아버지가 인천에서 규모 있는 기업의 전무로 계셔서 풍족했던 환경 덕분에 할아버지와 아버지 모두 음식에 조예가 깊으셨어요. 입맛이 까다로운 할아버지와 아버지 탓에 어머니

　　　　　　　　식당은 어떻게 브랜드가 되는가

가 일식과 한식 모두에 능해, 저 역시도 어려서부터 미각이 뛰어났구요. 음식 사업에 눈을 돌린 건 어찌 보면 정해진 운명 같은 일이었죠. 폭발적인 인구 증가에 자고 일어나면 식당이 두세 개씩 생기던 시절, '먹는 장사'가 충분히 사업성 있는 분야라는 확신이 들었습니다."

회사를 그만두고 처음으로 도전장을 내민 분야는 외식업, 그중에서도 피자였다. 생활수준이 높아지고 외국 문화의 유입이 서서히 바람을 타던 1980년대 중반, 피자는 외식업계 최고의 '핫 아이템'이었다. 1985년 성신제가 피자헛의 한국 총판권을 얻어 이태원에 1호점을 냈던 그해, 김영환은 퇴직금을 털어 서울 서초구 방배동에 '에코'라는 피자집을 열었다. 에코를 차린 지 얼마 지나지 않아 피자인, 뉴욕피자, 로마노피자 등 해외 유명 브랜드 피자집들이 우후죽순으로 생겨났다.

여러 외식업 분야 중에서도 피자는 외국계 브랜드의 파워가 절대적이었다. 경쟁 업체들에 밀려, 에코의 매출은 한 달에 100만 원을 넘기기가 힘들었다. 피자로 승부를 보기 어렵다고 판단한 김영환 회장은 에코의 업종을 피자집에서 카페로 바꾸었다. 평소에 그가 좋아하던 스콜피온스와 이글스, 조용필의 노래를 마음껏 즐길 수 있는 음악 카페로 방향을 틀었지만 반응은 신통치 않았다. 김영환은 1년 만에 미련 없이 에코를 집었다. 첫 번째 도전은 명백한 실패로 끝났다. 그러나 요식업에 대한 열망은 그제서야 제대로 고개를 들었다. 장사가 뭔지 이제 조금 알 것 같았다.

"피자라는 메뉴는 나에게 오리지널리티originality가 없었어요. 내가 요리사 출신도 아니고 미국에서 직접 브랜드를 들여온 것도 아니니까요. 오리지널리티가 없으니 비전도 보이지 않더라구요. 그게 첫 번째 사업 실패의 가장 큰 이유였어요."

그렇다면 나의 비전이 되는 건 무엇일까? 방황하고 고민하던 그에게 에코의 단골손님이 흥미로운 제안을 해왔다. 전부터 카페를 꼭 차려보고 싶었다면서, 자신이 지금 운영하고 있는 식당과 에코를 맞바꾸자는 제안이었다. 그 식당이 다름 아닌 신촌의 벽제갈비였다. 서울 서대문구 창천동 13-20번지, 현재는 신촌 명물거리로 불리는 곳 한가운데에 위치한 벽제갈비는 김대중 전 대통령의 장남 김홍일 전 의원이 운영하면서 야당 정치인들의 단골집으로 유명했다. 그러나 김홍일 씨가 정계에 입문하며 다른 사람에게 가게를 넘긴 뒤로 손님이 끊기고 적자를 면치 못해 매물로 나와 있던 상황이었다.

"그 당시 서울은 하루가 멀다 하고 갈빗집이 마구 생겨나던 시기였어요. 특히 삼원가든, 늘봄공원, 낙산가든같이 규모가 크고 정원도 있는 형태의 갈빗집들이 인기를 끌었죠. 그런데 나는 오로지 한우에만 필이 꽂혔어요. 다른 집들은 수입 쇠고기가 대부분이었기 때문에, 한우야말로 나의 오리지널리티로 가져올 수 있겠다는 확신이 들었어요. '최고의 한우'로 목표가 명확해졌어요. 그렇다면 대규모 식당은

 식당은 어떻게 브랜드가 되는가

피자집과 카페를 거쳐, 김영환과 벽제갈비의 시작이 된 벽제갈비 신촌점의 옛 모습.

맞지 않았습니다. '한우만 취급하는 소형 갈빗집으로 가자!' 방향이
딱 서더군요."

김영환 회장은 1986년 4월 1일 벽제갈비의 새 주인으로 신촌 땅에
입성했다. 에코와 벽제갈비를 맞바꾸며 추가 인수자금 4,000만 원이
필요해 동업자로 끌어들인 친구와 함께였다. 피자로는 1등을 할 수
없었지만, 어린 시절부터 자주 먹어온 쇠고기라면 1등 할 자신이 있

었다. 그의 나이 마흔 살. 늦게 얻은 첫아들 김태현이 태어나던 해, 만 우절의 아침이었다.

시작은 적자였다. 신촌의 허름한 골목에 한옥 두 채를 이어 만든 벽 제갈비의 오래된 건물은 비가 샐 정도였지만 운치가 있었다. 한우 등 심의 가격은 타 업소와 비슷한 1인분에 5,000원이었는데, 손님이 적 어 하루 매상이 20만 원, 한 달 매출 600만 원을 겨우 채웠다. 당시 종업원 1인당 인건비가 11만 원이고 주방장 월급이 35만 원이었으 니, 한 달에 최소 1,300만 원의 매출은 올려야 식당을 유지할 수 있었 다. 1986년 당시 한국의 1인당 국민소득은 3,000달러, 우리 돈 410 만 원 정도였다. 지금의 베트남보다 가난하던 시절이었음에도, 김영 환 회장은 미식산업의 성장 가능성을 눈앞에 그릴 수 있었다.

김영환 회장은 손해를 보는 와중에도 품질 좋은 한우를 써야 한다 는 의지를 꺾지 않았다. 장사가 어려우니 식재료비를 줄이자고 주장 하는 동업자 친구와 의견이 엇갈리며 자주 충돌이 일어났다. 결국 두 사람은 계속되는 적자와 의견 차이를 극복하지 못하고 1년 만에 갈 라섰다. 벽제갈비는 친구가 운영하기로 하고 그는 빈손으로 물러났 다. 그런데 그로부터 1년 뒤 친구한테서 전화가 걸려왔다. 더 이상 적 자를 감당하지 못하겠으니 벽제갈비를 대신 맡아서 운영해달라는 부 탁이었다.

이미 두 번의 실패를 경험한 김영환 회장은 고심했다. 일터를 잃은

　　　　　　　　　　　　　　식당은 어떻게 브랜드가 되는가

1년간 김영환 회장은 지인의 소개로 부동산 회사에서 일하던 중이었다. 지방의 땅을 사고 개발 호재가 있으면 투자자를 모집하는 일이었는데, 김영환 회장의 성격에 영 맞지 않았다. "여기가 개발되면 땅값이 엄청 뛴다."는 말로 사람들을 호객해야 했는데, 솔직하고 가감 없는 그의 품행과는 정반대의 일을 하려다보니 스트레스가 심했다. 그 무렵 걸려온 친구의 벽제갈비 재인수 전화는 그에게 마지막 희망이자 운명처럼 느껴졌다.

1988년, 벽제갈비를 다시 운영하기로 결심하고 김영환 회장은 세 가지 원칙을 자신에게 세웠다. 첫 번째는 '외식업에 평생을 바치겠다', 두 번째는 '가장 우수한 품질을 제공하겠다', 세 번째는 '수치 경영 시스템을 구축한다'였다. 이 원칙들은 훗날 35년 넘게 이어지는 벽제갈비 운영의 절대적인 기준으로 작용한다.

물 안 먹인 소를 찾아서

신촌점을 다시 이어받은 그날부터 김영환 회장은 쇠고기 공부에 모든 것을 쏟아부었다. 당시는 소의 중량을 늘리기 위해 소에게 물을 먹이는 일이 흔하던 시절이었나. 노숙 식선의 소에게 먹이는 불의 양이 약 200리터, 드럼통 하나 분량이었다. '콤프레샤'라 불리는 압축형

주사기로 소의 피하지방에 물을 주입하는 일도 공공연히 벌어졌다. 이렇게 급속으로 물을 먹인 쇠고기는 1킬로그램이었던 중량이 1.5킬로그램으로 불어나고 냉동을 하면 무게가 더욱 늘어나 전국으로 팔려나갔다. 물 먹인 소의 문제는 연일 언론에 보도되고 있었다.

농축산물 부정유통 극성

농축산물의 부정유통행위가 성행하고 있다. 유통 과정에서 수입쇠고기나 젖소고기가 비싼 한우고기로 둔갑하는가 하면 정부미가 일반미로 가공되어 비싸게 판매되는 사례가 많이 발생하고 있다. 또 유통업자들이 소를 비롯한 각종 가축에 물을 먹인 후 체중을 늘려 판매하기도 하고 밀도살해서 부정유통을 시키고 있을 뿐 아니라 중매인들은 채소류 등을 도매시장에 상장하지 않은 채 소매상과 직거래하면서 공급하는 등 불공정거래행위가 극성을 부리고 있다. (…) 농림수산부와 축협 등 관련단체에 따르면 올 들어 지난 8월 말까지 전국 도매시장을 통해 거래된 한우는 총 10만 6,465마리에 달했으나 이 중 순수 한우는 46.5%인 4만 9,599마리에 불과하고 나머지는 노령화된 젖소나 교잡우인 것으로 드러났다. 그러나 식육업소에서는 젖소고기와 교잡우 고기를 모두

   식당은 어떻게 브랜드가 되는가

질 좋은 선홍빛 쇠고기로 보이기 위해 우리나라 모든 정육점에 빨간 등이 달려 있던 시절, 비양심적인 업자들이 넘쳐나는 시장은 오히려 김영환 회장의 자신감을 불러일으켰다. 속이지 않고 제대로 된 고기만 팔아도 승산이 있겠다는 확신이 생겼기 때문이다. 이때부터 김영환 회장은 '물 안 먹인 소'를 찾는 일에 사활을 걸었다. 그의 곁에는 어릴 적부터 수십 마리의 소를 키운 농가에서 소와 함께 나고 자란 윤원석 장인이 있었다. 소 전문가와 쇠고기에 미친 자, 두 사람이 4년간 찾아다닌 정육점만 400곳에, 전국 각지의 목장이 30군데가 넘었다.

"당시에는 음식을 어떻게 속이지 않고 팔 수가 있느냐는 인식이 팽배했습니다. 좋은 것만 가져다 팔면 무조건 밑진다는 거죠. 그런데 저는 실험을 해보고 싶었어요. 내가 고객을 속이지 않고 정직하게 운영하면서도 음식점이 성공할 수 있을까? 내 인생을 걸고 이걸 시험해보고 싶었어요.”

　김영환 회장은 예전 삼호주택에서 일할 때 사우디아라비아에서 구입한 버너를 분신처럼 품에 지니고 다녔다. 그리고 고기를 사기 전에 반드시 먼저 한 점 떼어 그 자리에서 구워보았다. 물을 먹인 쇠고기는 해동되는 순간 뻘건 물이 줄줄 흘러나온다. 커다란 고깃덩이가 걸린 정육점 안쪽 구석에서 버너를 꺼내 핏물도 가시지 않은 쇠고기를 구워 먹는 김영환 회장에게 ‘이상한 사람’이라는 소문도 따라붙었다. 그렇게 서울의 마장동부터 전라남도 해남의 땅끝마을까지 샅샅이 훑고 다니기를 3~4년. 어느새 한 번만 봐도 소의 품종과 나이 등을 알아맞힐 정도가 되었다. 직접 찾은 양질의 쇠고기에 확신을 얻은 김영환 회장은 벽제갈비 신촌점에 커다랗게 붓글씨로 쓴 현수막을 내걸었다. “저희 집은 물을 먹이지 않은 소만 취급합니다.”

　몇 년간 ‘물 안 먹인 소’를 찾아다닌 그들의 눈에 윤곽이 드러났다. 소는 한수 이북 지방, 즉 한강의 북쪽에 해당하는 경기 북부 지역 소가 맛과 품질이 좋다는 결론이었다. 서울의 마장동이나 독산동 같은 대형 도축장보다 지역의 소규모 도축장일수록 자신들이 키우는 소에 대한 자부심이 컸다. 맛있는 쇠고기는 질 좋은 유전자가 결정한다. 김영환 회장은 경기도 북쪽의 동두천과 포천, 의정부 세 군데의 목장과 독점계약을 하고 벽제갈비의 한우를 공급받았다. 김 회장은 지금도 “쇠고기 맛은 태어날 때 이미 정해진다.”라고 말한다.

"소가 자라는 지역의 날씨와 물, 토양이 쇠고기 맛을 결정하는 3대 요소입니다. 특히 일교차가 클수록 고기의 품질이 좋아요. 쇠고기 맛을 결정하는 데 있어 육즙이 중요한데, 일교차가 클수록 소 근육의 수분 유지력이 좋기 때문에 육즙이 살아 있거든요. 강원도와 경상도, 전북 등의 해발고도가 높은 지역에서 좋은 한우 브랜드가 많이 나오는 이유도 일교차와 관계가 깊습니다. 무엇보다도 소의 품종이 맛을 절대적으로 좌우합니다. 우리나라의 한우가 맛이 좋은 이유는 기본적으로 품종이 좋기 때문이에요."

일반적으로 한우(학명 *Bos taurus Coreanae*)라 부르는 소는 순수 유럽 원우와 인도 원우의 혼혈종에서 기원한 품종이며, 중국 북부, 만주를 거쳐 한반도로 옮겨 온 후 다른 품종과의 교류 없이 순종 번식된 혈통을 말한다. 콜레스테롤 함량은 낮고 불포화지방산의 함량은 높다는 특징이 있다.

벽제갈비는 독점계약한 계열목장 세 곳에서 한우를 공급받았다. 영세했던 목장들은 벽제갈비와의 거래가 활발해지면서 매출이 늘고 이름도 알려지기 시작했다. 그러자 하나 둘씩 약속을 깨는 일이 발생하기 시작했다. 벽제갈비에만 공급하기로 약속한 고기를 다른 곳에 납품하거나, 최상급 쇠고기를 주지 않고 더 낮은 등급의 쇠고기를 납품하는 등의 일이 벌어졌다. 쇠고기에 대한 진심으로 몇 년에 걸쳐 구축해놓은 공급 라인에 균열이 생기자 김 회장의 실망감은 이루 말할 수 없었다.

2000년대 후반 들어서는 구제역 파동이 전국을 휩쓸며 좋은 한우를 구하는 것이 더 어려워졌다. 김영환 회장은 계열목장이 아닌, 경매시장에서 직접 쇠고기를 사들이는 방식으로 공급 방법을 바꿨다. 경매사를 직접 고용해 경매에 올라오는 최상급의 쇠고기를 가격에 관계없이 높은 값을 주고 확보했다. 경매장이나 공판장에 김영환 회장이 떴다 하면 그날은 축제 분위기였다. 아무리 비싼 한우여도 품질만 좋으면 벽제갈비가 두말없이 사 가기 때문이었다. 이제 이 바닥에서 김영환을 모르는 사람은 없었다.

 식당은 어떻게 브랜드가 되는가

다섯 개 점포를
연달아 성공시키다

일본에서 먼저 알려진 벽제갈비 신촌점

벽제갈비가 '물 안 먹인 소'를 전면에 내세우면서 손님이 늘기 시작했다. 한 달에 600만 원을 거우 넘기던 매출은 1989년도부터 월 1,500만 원으로 안정적으로 올라섰다. 당시 발표된 경제기획원 통계를 보면, 1988년도 한국 음식업 전체 매출은 2년 전보다 50% 늘어난 6조 9,600억 원을 기록, 엄청난 성장세를 나타냈다. 그러나 이들 중 76%의 식당이 연긴 판매액 5,000만 원 미반인 영세한 곳이었다. 이는 당시 벽제갈비의 매출이 얼마나 파괴력 있었는지를 보여준다. 그러나 대학가의 특성상 점심시간은 한산했고, 매출 볼륨을 키워 양질의 쇠고기를 더 많이 싹쓸이하고 싶은 김영환 회장의 고민은 깊어졌다. "벽제의 강점은 최상급의 쇠고기인데, 이걸 어떻게 하면 더 강조할 수 있을까?"

고심 끝에 김영환 회장은 육사시미를 메뉴에 올렸다. 육사시미는 당일 도축한 쇠고기로만 가능하기 때문에 어지간한 식당에서는 손대기 어려운 메뉴였다. 김영환 회장과 윤원석 상무는 전국의 유통망을 뒤져 전라도에서 당일 도축한 신선한 쇠고기를 특송으로 서울로 올려 보냈다. 서울에서 쉽게 맛볼 수 없는 육사시미의 등판에 연세대 교수들은 물론 신촌 일대의 유흥업소들까지 들썩였다. 룸살롱 사장들 사이에서 "벽제갈비에서 쇠고기를 먹으면 힘이 나고 술이 덜 취한다."라는 입소문도 돌았다. 한 달에 1,500만 원 언저리를 유지하던 매출은 2,000만 원이 되고 3,000만 원이 되더니, 얼마 지나지 않아 월 매출 1억 원을 달성했다. 한 번 1억 반열에 오른 후로는 그 아래로 매출이 떨어지지 않았다.

유명세에 불을 붙인 계기는 1990년도 일본 언론에 벽제갈비가 소개된 것이었다. 후지TV의 여행 프로그램 〈도키도키 유메〉(두근거리는 꿈)를 촬영하기 위해 일본의 국민배우였던 간다 마사키神田正輝와 기모노 미인대회 출신의 만다 히사코萬田久子가 벽제갈비를 찾아온 것이다. 이 프로그램이 일본 전역에 방영되면서 이전까지 야키니쿠 방

 식당은 어떻게 브랜드가 되는가

벽제갈비의 매출이 무섭게 치고 올라올 무렵, 더더욱 불을 지핀 것은 일본 후지TV의 한 여행 프로그램이었다.

식의 쇠고기에 익숙하던 일본인들에게 한국의 생갈비 문화가 센세이션을 일으켰다.

"그 이후로 아사히TV, 마이니치신문 등 각종 일본 매체들이 유명 개그맨과 스모 선수들을 데리고 벽제갈비를 찾아와 경쟁적으로 '먹방'을 찍어 갔어요. 한국보다 일본에서 먼저 이름이 알려지자 신촌점에 한국인보다 일본인 손님들이 더 많아서 한국 분들이 항의할 정도였지요."

일본의 유명한 배우이자 외식 사업가 겸 칼럼니스트인 우메미야 다쓰오梅宮辰夫가 벽제갈비의 등심을 맛보고는 '민절승천悶絶昇天'(내장간이 끊어지고 하늘로 날아오르는 맛)이라고 극찬을 한 것이 일본 유명 여성지《크레아CREA》에 보도되기도 했다. 이때의 영향으로 지금도 벽제갈비 신촌점 곳곳의 안내문에는 한국어와 일본어가 병행 표기되어 있다.

2호점에서 5호점까지 연달아 성공

김영환 회장은 큰손이 되고 싶었다. 단순히 허울만 좋은 큰손이 아니었다. 마음에 드는 최상품의 쇠고기를 누구보다 먼저, 그리고 많이 공급받기 위해서는 '바잉 파워buying power', 즉 대량 구매의 힘이 필요했다. 신촌점의 월 매출이 상승곡선을 그리기가 무섭게 그는 결단을 내렸다. "강남으로 가자!"

강남은 이미 그때 요식업계의 본진이었다. 1970년대부터 시작된 정부 주도의 강남 개발은 86 서울 아시안게임과 88 서울 올림픽을 거치며 강남과 잠실의 대규모 아파트 단지를 한국 중산층 주거의 대표 모델로 만들어놓았다. 당시 김영환 회장이 입주해 살고 있던 서초동의 삼풍아파트는 1988년 기준으로 압구정 현대아파트, 잠실 아시아선수촌아파트와 함께 서울에서 가장 비싼 아파트 TOP 3로 기록된 곳이었다. 김영환 회장은 강남의 성장과 발전을 한눈에 읽을 수 있었다.

"삼풍아파트에 살면서 강남의 분위기를 먼저 알았죠. 비싼 식당, 좋은 갈빗집은 강남에 많이 있었고, 아파트 주민들을 상대로 한 갈빗집이 가능하다는 것도 그때 알았어요. 갈빗집이 전체적으로 호황일 때 벽제갈비가 그 기세를 타고 들어갔으니 타이밍이 잘 맞아떨어진 거죠."

강남의 부흥은 갈빗집의 시작과도 연결된다. 일제강점기인 1930년대 유명 대중음식점으로는 서울의 조선옥과 수원의 화춘옥 등이 있었고, 1964년 부산 해운대에 암소갈비가, 1972년 신촌에 형제갈비가 생겼다. 음식 칼럼니스트이기도 한 박찬일 요리사는 "1970년대에 미국에서 옥수수 등의 곡물사료가 대량 수입되고 국민들의 소득이 증대되면서 갈빗집이 번성하게 됨으로써 과거에는 한정식집에서 한 상 차림의 메뉴 중 하나로만 올라가던 갈비가 독립된 메뉴로 빠져나올 수 있게 된 것"이라고 말했다.

본격적인 '가든' 문화의 시작은 1976년 오픈한 삼원가든이다. 구로구 시흥동에서 시작한 삼원가든은 1981년 지금의 강남구 압구정동 자리로 이전해 2,000평의 넓은 부지에 인공폭포와 분수대, 정원과 연못 등을 조성해 큰 성공을 거뒀다. 삼원가든의 인기에 힘입어 1980

년대의 강남에는 늘봄공원, 래팡가든, 초성공원 등 가든 형태의 소갈 빗점이 성행하기 시작했다.

김영환 회장은 1988년 강남구 삼성동에 벽제갈비 2호점을 출점했다. 삼성동의 랜드마크였던 종합무역센터 인근 동일레나운 빌딩 바로 뒤에 위치한 고깃집을 인수, 벽제갈비로 이름을 바꿨다. 신촌에서만 맛볼 수 있었던 고품질의 한우를 강남에서도 먹을 수 있게 되자 양복을 입고 두둑한 지갑을 든 직장인들이 몰려들었다. 벽제갈비가 인수하기 전에는 일 평균 매출이 4만 원이었던 가게는 벽제갈비 간판을 단 지 1년 만에 하루 매출이 150만 원으로 수직 상승했다.

장사가 잘되자 가장 놀란 것은 건물주였다. "건물주가 같은 건물 1층에서 카센터를 운영하고 있었는데, 우리가 잘되니까 갑자기 전셋값을 두 배로 올리더군요. 그러고는 벽제갈비를 내보내기 위해 갖은 공세와 협박을 했어요." 이미 강남의 고급 수요와 앞으로 끌고 나갈 벽제갈비의 다점포 가능성을 확인한 김영환 회장은 2년 만에 미련 없이 2호점을 버리고 나왔다. 그 자리를 차지한 건물주는 간판을 바꿔 달고 직접 고깃집을 차렸지만 얼마 못 가 문을 닫았다.

김영환 회장은 벽제갈비의 3호점 자리로 대치동을 낙점했다. 가족 단위 유동인구가 많고 구매력이 충분한 대치동 은마아파트 인근에 100평짜리 반듯한 가게가 매물로 나와 있었다. 1990년, 김영환 회장은 대치동에 벽제갈비 3호점을 열고 기세를 이어갔다. 예상대로 대치

　　　　　　　　　　　　　식당은 어떻게 브랜드가 되는가

벽제갈비의 다점포 시대를 연 신월점 입구와 내부.

동 주민들은 품질 좋은 쇠고기에 돈을 아끼지 않았다. 이번에도 성공이었다.

더 나은 고품격의 메뉴와 서비스 제공을 위해 김영환 회장은 요식업의 선진국인 일본을 눈여겨보기 시작했다. 이 무렵 김영환 회장은 네 살배기 아들 김태현의 손을 잡고 일본을 벤치마킹하기 위해 나리타공항을 숱하게 드나들었다. 당시로는 생소하던 프리미엄 시장이 그의 머릿속에서 하나 둘씩 구체적으로 그려지고 있었다.

최고급 한우와 그에 걸맞은 최상의 서비스로 3년가량 대치동 점포를 운영하던 무렵, 옆 건물 증축 과정에서 벽제갈비가 입점한 건물이 살짝 주저앉는 일이 발생했다. 하루에도 수백 명의 가족 단위 고객이 드나드는 점포인데, 안전이 보장되지 않은 상태에서는 더 이상 장사를 이어갈 수 없었다. 다음 장소를 물색하던 중에 김 회장의 친구가 양천구 신월동과 송파구 방이동에 건물을 지었다며 벽제갈비가 들어와 영업을 하면 어떻겠냐고 제안해왔다. 김영환 회장이 세운 소규모 다점포 계획의 타임라인이 맞아떨어지는 순간이었다.

김영환 회장은 주저 없이 신월동(1992년)과 방이동(1993년) 점포를 거의 동시에 열었다. 강남 진출의 성공 이후 프리미엄 시장에 자신감이 생기면서 확실하게 고가정책을 밀어붙인 것이 이때부터다. 결과는 놀라웠다. 1등급 쇠고기의 불모지와 같았던 신월동에 전에 없던 고급 한우를 내세운 벽제갈비가 문을 열자 이를 확인하려는 손님들이 문전성시를 이루었다. 이렇게 벽제갈비의 초기 5개 점포가 연달아 성공을 거두며 명실공히 벽제 천하가 시작되었다.

"1980~90년대 최고의 고깃집은 삼원가든이었지요. 1990년대 초반에 이미 우리는 삼원가든보다 더 비싸게 고기를 팔았습니다. 워낙 좋은 고기를 취급하니 버는 돈은 많지 않았지만 품질로 승부한다는 자부심 하나로 버텼어요. 그리고 얼마 지나지 않아 고객들도 그 어떤 곳보다 좋은 고기, 맛있는 음식을 제대로 내는 집이라는 걸 인정해주기 시작했습니다."

경영학자이자 음식평론가인 예종석 한양대 명예교수는 벽제갈비의 운영 방식에 대해 이렇게 말했다. "벽제갈비와 같이 처음부터 고품질, 고가정책을 내세워 성공하는 식당은 세계적으로 매우 드문 케이스입니다. 벽제갈비 초창기 시절에 내로라하는 기업가들을 데리고 방문하곤 했는데, 돈이 많은 그들도 깜짝 놀랄 정도로 가격이 높았어요. 물론 음식의 퀄리티가 월등히 좋았지만 가격 저항이 큰 탓에 '과연 이게 될까?' 싶었죠. 그런데 되더라구요. 본인의 철학과 고집을 계속 밀고 나가면서 그게 마케팅 전략이 되고, 나아가 식당이나 고깃집의 패러다임까지 바꿔놓은 경우라고 볼 수 있습니다."

업계 최초의 일두구매

벽제는 더 좋은 쇠고기를 확보할 수 있는 바잉 파워를 갖기 위해 다점포를 시도했다. 그런데 점포들의 매출이 늘어나면서 거꾸로 벽제는 더 많은 양의 최상급 등심이 필요해졌다. 이때 작용하는 것이 또 다른 '바잉 파워'였다. 김영환 회장은 1등급 등심을 얻기 위해 농가에 돈부터 먼저 보내기도 하고, 웃돈을 얹어 우수한 품종의 소를 미리 선점하기도 했다. 그러나 최상품의 고기는 결국 한 번에 많이 구매하는 '큰손'에게 갈 수밖에 없었다. 이를 깨달은 김영환 회장은 승부수를 띄웠다. 이른바 '일두구매一頭購買', 소 한 마리를 통째로 사들이는 방식이었다. 최상의 고기를 손에 넣기 위한 김영환 회장의 의지는 업계 최초의 '일두구매'로 이어졌다.

"소를 한 마리 잡으면 목에서 등 안으로 등심 두 개가 꼬리까지 연결되고, 등심 밑에는 안심이, 그 주변으로 제비추리, 토시살, 안창살 등 특수 부위들이 있습니다. 여기까지가 팔기 좋고 돈이 되는 쇠고기 부위인데, 소를 도축한 뒤 나오는 전체 질량의 35%에 불과하죠. 그런데 소에는 이 같은 구이용 부위 외에도 뱃살과 궁둥이살, 앞다리 두 개와 뒷다리 두 개 등 나머지 65%가 있습니다. 빠르게 소비되지 않아 처치 곤란이 되는 나머지 부위들까지 함께 구매하는 조건으로 최상급 쇠고기의 계약이 체결되는 거예요."

식당 몇 개 운영하면서 구이용 고기만 적당히 필요한 소매업자들은 애초에 축산 농가와의 협상 테이블에 낄 수조차 없었다. 그런데 서울에서 식당 대여섯 개를 운영하고 있는 벽제갈비가 소 한 마리를 통째로 구매하겠다며 판을 깨고 나선 것이다. 1998년의 일이었다. 가장 먼저 반응한 것은 축산 농가들이었다. 벽제갈비가 일두구매를 한다는 소문이 나자 축산 농가들은 너도나도 자신들의 소를 좋은 조건에 주겠다며 김영환 회장에게 연락을 해왔다. 삼원가든과 늘봄공원, 버드나무집 등 서울의 주요 고깃집들도 후발주자의 배짱에 술렁였다.

이 같은 패러다임의 전환은 대한해협을 건너 일본에까지 큰 반향을 일으켰다. 당시 일본에서조차 일두구매를 실행하는 식당은 최고급 레스토랑을 목표로 하는 식당 한두 곳에 불과했다. 이날 이후 일본 정육업계에서 김영환 회장은 선각자, 개혁자로 불리게 되었다. 벽제갈비의 일두구매는 한국과 일본 모두를 놀라게 한 일대 혁신이었다.

"벤츠 타고 와서 먹는 돼지고깃집 만들어봐!"

벽제갈비는 앞으로는 남고 뒤로는 밑지는 구조였다. 상류층이 찾는 고깃집으로 서서히 유명세가 쌓이고 있었지만, 최고 품종의 쇠고기만 다루다보니 아무리 가격을 높게 받아도 곳간에 돈이 쌓이지 않았다. 브랜딩과 매출은 앞뒤가 다른 영역이었다. 자연스럽게 김영환 회장의 시선은 돼지고기로 향했다. 1980년대까지만 해도 돼지고기는 값싼 고기의 대명사였다. 1960년 이후 일본과 홍콩으로 돼지고기(주로 등심)를 수출하면서 남는 부위인 삼겹살을 서민층이 술안주로 많이

식당은 어떻게 브랜드가 되는가

먹었다. 하나금융경영연구소의 자료에 따르면, 삼겹살 1인분 가격은 1980년 1,500원이었는데 10년 뒤인 1990년에는 2,000원으로 오른 데 그쳤다. 10년 동안 33% 오른 것으로, 비교적 완만한 상승세에 해당한다.

당시 돼지고깃집 중에서는 고기를 제대로 손질하지 않고 비위생적으로 다루는 곳이 많았다. '비싼 돼지고기'라는 단어 자체가 성립할 수 없다보니 고기의 품질이나 서비스를 높일 생각은 누구도 하지 못했다. 한마디로 '비어 있는 시장'이었다. 고품격 식재료로 잠재된 상류층 고객의 지갑을 열게 하는 것은 김영환 회장의 타고난 재주가 아닌가. 이 구역의 주인공은 내가 될 것이라는 자신감이 밀려들었다.

"평소에 좋은 것만 먹는 부자나 사회적으로 지위가 높은 사람도 한 번쯤은 돼지고기가 먹고 싶은 날이 있는데, 갈 곳이 마땅치 않다는 허점을 노렸습니다. 너무 허름한 곳은 싫고, 충분히 제값을 내고 모양새 좋게 먹을 수 있는, 제대로 된 돼지고깃집을 만들고 싶었습니다."

그렇게 1995년 방이동 벽제갈비 옆에 냉면과 돼지고기를 파는 '봉피양'이 문을 열었다. 이미 자리 잡은 수많은 식당과 똑같은 돼지갈비로 경쟁할 수는 없었다. 김영환 회장은 자신이 가진 무기인 '고급화'를 꺼내들어 차별화에 나섰다.

첫 번째로, 돼지고기를 냉동이 아닌 국내산 냉장육, 그중에서도 돼지 한 마리의 무게가 95~100킬로그램 내외인 생후 1년 내외의 암퇘

지로 한정했다. 마블링이 적당하고 육질이 좋기 때문이다. 부위는 목심과 등갈비에 집중했다. 돼지갈비라는 이름은 가져가되 상위 품질의 부위로 프리미엄을 추구한 것이다. 당시 돼지갈비 식당들은 대부분 양념에 캐러멜소스와 콜라를 넣었는데, 봉피양은 이러한 첨가물을 빼고 한약재인 숙지황을 넣어 돼지고기 특유의 누린내를 잡았다. 설탕은 최대한 줄이고 감초와 조청으로 단맛을 냈다. 그렇게 만든 양념 돼지갈비를 주력으로 밀고, 삼겹살이나 항정살 같은 생고기는 아예 메뉴판에 넣지 않았다. 보통은 좋은 고기임을 보여주기 위해 생고기를 파는 식당이 많은 것에 비해 봉피양은 반대 전략을 펼쳤다. 생고기는 구울 때 기름이 튀고 벽에 기름 냄새가 찌들기 때문에 고급 식당에는 맞지 않는다는 이유였다.

두 번째, 돼지갈비의 손질을 소갈비와 동일한 수준으로 맞췄다. 소갈비를 손질할 때와 같이 힘줄과 지방을 제거하고 발골에만 두 시간을 기울이며 정성을 들였다. 당시만 해도 '돼지고기는 싸다'는 인식 때문에 제대로 손질하는 사람을 찾기가 어려웠다. 그러나 봉피양에서는 벽제갈비 출신 기술자들이 소갈비 다루듯 돼지갈비를 섬세하게 손질해냈다. 벽제갈비의 시그니처 기술인 다이아몬드 칼집도 돼지갈비에 적용했다. 선홍빛 돼지고기 사이사이로 수백 개의 다이아몬드 모양의 구멍이 만들어지니 양념이 잘 밸 뿐 아니라 곳곳이 고르게 익어 육질이 더욱 부드러워졌다.

   식당은 어떻게 브랜드가 되는가

고급 돼지고깃집 '봉피양'의 시작, 봉피양 방이점.

세 번째로, 참숯을 지핀 석쇠 위에서 직원들이 직접 고기를 구워 손님에게 제공하도록 했다. 숙련된 기술자들이 최상급 숯에서 올라오는 불꽃을 이용해 돼지고기에 훈연 향을 배어들게 한 것이다. 손님은 맛과 풍미를 즐기기만 하면 되었다.

좋은 재료에 정갈한 인테리어, 구워주는 서비스까지 삼박자를 갖춘 봉피양 돼지갈비 1인분 가격은 1995년 당시 1만 3,000원이었다. 같은 시기 서울 시내 일반적인 고깃집의 돼지갈비 1인분 가격이 6,000~7,000원이던 시절, 두 배에 육박하는 가격을 베팅한 것이다. 모든 준비가 완료된 후 김영환 회장은 외쳤다. "벤츠 타고 와서 먹는 돼지고깃집을 만들어보자!"

이후 불어온 IMF 외환위기에도 봉피양은 흔들림 없이 고급화 전략을 밀고 나갔다. 1998년은 외환위기로 인해 어려워진 식당들의 줄폐업이 사회문제로까지 대두되던 때였다. 그러나 벽제갈비와 봉피양은 손님이 줄지 않았다.

대형 음식점도 '퇴출' – 상반기만 1,600곳

IMF 시대를 맞아 각 가정의 알뜰해진 소비형태를 반영하듯 고급 대형 음식점들은 속속 폐업해 그 수가 크게 줄어든 반면 소형 음식점과 집단급식소는 늘어난 것으로 나타났다. 16일 서울시에 따르면 객석 면적 100㎡ 이상의 대형 음식점은 지난 1월 1만 269개에서 지난 6월 말 현재 8,688개로 15.4%가 감소, 상반기에만 1,608개의 대형 음식점이 문을 닫았다. 이에 반해 전체 음식점 수는 지난 1월 12만 5,391개에서 6월 말엔 12만 5,738개로 347개가 증가, 면적 100㎡ 미만의 중소형 음식점은 오히려 그 수가 2,000개가량 늘어난 것으로 조사됐다. 또한 이 기간 중 기업체 구내식당 등의 집단급식시설도 1,224개에서 1,318개로 7.7% 증가했다.

— 《조선일보》 1998년 8월 16일.

IMF의 고금리 정책으로 부자들은 은행에서 받는 이자가 오히려 올라 상류층을 대상으로 하는 영업점들은 타격이 적었다. 식당이 새로 문을 열면 동네에 전단지부터 돌리던 시절, 봉피양은 전략적으로 수입차와 고급차 위주로 전단지를 꽂았다. 당시 김영환 회장은 한 인터뷰에서 이렇게 말했다.

"에르메스한테 가방을 왜 그렇게 비싸게 파느냐고 하지는 않잖아요. 식당도 마찬가지입니다. 봉피양은 돈이 있는 사람들이 돼지갈비를 제대로, 그리고 맛있게 먹고 싶은 날 가는 특별한 곳입니다. 벽제갈비가 소득수준 상위 5%를 위한 곳이라면 봉피양은 20%를 위한 곳입니다."

수월하게 지나갔던 IMF 외환위기 때보다 광우병 파동 때가 벽제의 위기였다. 2008년 광우병 사태가 터졌을 때 벽제갈비의 매출은 반의 반으로 떨어졌다. 직원들이 한 달에 보름은 무급휴가를 써야 할 정도로 손님이 뚝 끊겼다. 고기에 대한 사람들의 인식이 땅에 떨어졌을 때 이를 일으켜 세운 것이 봉피양이었다. 봉피양에서는 돼지갈비를 소갈비와 같이 정성스럽게 손질한 뒤 소갈비와 똑같이 양념하고, 도예가가 직접 제작한 전용 그릇에 음식을 담아 손님상에 내갔다. 봉피양의 이 같은 방식은 쇠고기에 등을 돌렸던 벽제갈비의 고객들이 돌아오게 만들었다. 사람들은 믿을 수 있는 벽제갈비의 세컨드 브랜드이자 고급화된 돼지고기를 파는 봉피양에 몰려들었다. 광우병 파동으로 인해 갈 곳을 잃은 고기 수요층을 봉피양이 전략적으로 흡수한 것이다. 봉피양 방이점의 경우, 3분의 1로 떨어졌던 매출이 하루 5,000만 원까지 올랐다. 봉피양 돼지갈비는 광우병 파동을 넘길 수 있게 해준 효자였다.

냉면 장인 김태원, 봉피양 신화의 시작

봉피양의 진짜 이야기는 이제부터다. 김영환 회장은 봉피양을 낼 때부터 돼지갈비와 합을 맞출 메뉴인 평양냉면에 심혈을 기울였다. 평양냉면은 고기를 먹은 뒤에 느끼한 입맛을 시원하게 정리해주어 고기와 함께 판매하기 좋고, 단독으로 먹는 식사 메뉴로도 손색이 없었다. 봉피양은 물론, 벽제갈비의 효자 종목이 될 것임이 분명했다.

당시 서울에는 이른바 '5대 냉면'이 굳건히 존재하던 시절이었다. 우래옥, 장충동 평양면옥, 필동면옥, 을지면옥, 을밀대가 그들이다. 후발주자인 봉피양이 이 대열에 합류하려면 정도正道가 아닌 지름길로 가야 했다. 김영환 회장은 서울시 전체를 뒤져 관록 있는 냉면 장인들을 찾아 나섰다. 수소문 끝에 알아낸 영입 1순위는 세계적 지휘자 정명훈과 바이올리니스트 정경화 등 '정트리오'의 어머니로 잘 알려진 이원순 씨였다. 지금은 고인이 된 이원순 씨는 1950년대 말 명동에서 '고려정'이라는 냉면집을 운영하며 음악가 자녀들을 훌륭히 길러냈다. 당시 이원순 씨와 함께 고려정을 차린 여고 동창이 있었는데, 그가 바로 현 이문설렁탕 전성근 대표의 어머니인 고故 유원석 씨다. 정트리오의 어머니인 이원순 씨는 고려정 이후 자녀들의 음악 유학을 위해 1970년대에 미국으로 건너가 '고리아하우스'라는 한식낭을 경영하기도 했다.

김영환 회장은 요식업 1세대 대모인 이원순 씨를 찾아가 고려정에서 냉면 주방장을 지낸 박진을 소개받았다. 당시 박진의 나이는 77세로 고령이었으나, 그의 냉면은 우래옥, 평양면옥, 필동면옥, 을지면옥과는 다른 독창적인 맛과 깊이가 있었다. 이를 알아챈 김영환 회장은 박진에게 앞으로 평양냉면의 장인을 길러달라는 중대한 사명을 맡겼다.

이후 박진은 이화영, 신승훈 두 명의 조리사를 불철주야 훈련시켰다. 특히 신승훈 조리장이 당시 선풍적인 인기를 끌었던 SBS의 〈결정 맛대맛〉이라는 프로그램에 출연하면서 봉피양의 냉면 맛이 세간에 알려지기 시작했다. 그러나 후계자 양성 방식을 놓고 박진 주방장과 김영환 회장의 갈등이 점차 불거졌다. 결국 영입 3년차에 박진은 봉피양을 박차고 나가기에 이르렀다. 큰 사건이 아닐 수 없었다. 이후 봉피양은 냉면 맛을 잡지 못해 2년간의 방황기가 이어졌다.

공들여 연마해온 봉피양이 무너지는 것을 그대로 두고 볼 수는 없었다. 평양냉면의 달인을 찾아 동분서주하던 김영환 회장의 귀에 우래옥 출신 김태원 장인이 일을 쉬고 있다는 소식이 들려왔다. 김영환 회장은 한달음에 김태원을 찾아갔다. 1952년 주교동 우래옥에 들어간 김태원은 평양 출신 주병현 주방장으로부터 평양냉면의 모든 것을 전수받은 사람이었다. '서울식 평양냉면'의 토대를 일군 냉면계의 거장이 김영환의 눈앞에 있었다.

 식당은 어떻게 브랜드가 되는가

봉피양 신화의 시작, 김태원 장인

김영환 회장의 간곡한 설득 끝에, 2002년 김태원 장인이 봉피양에 합류했다. 수십 년간 평양냉면으로 이름을 날린 명장답게 김태원은 처음부터 우래옥 스타일을 강하게 고집했다. 그러나 김영환 회장은 "봉피양만의 차별점이 있어야 한다."는 의지를 꺾지 않았다. 당시 우래옥의 냉면 육수는 야생 꿩이 아니라 농장에서 사육한 꿩고기로 낸 것이라 감칠맛이 적었다. 오랜 연구와 수백 번의 실험 끝에 봉피양은 육수 재료로 꿩을 노계로 대체하고, 우래옥이 쓰지 않는 돼지고기도 추가했다. 그러자 봉피양의 냉면 육수에서는 닭고기 맛, 쇠고기 맛, 돼지고기 맛 중 어느 한 가지가 도드라지지 않는 뭉근하고 담백한 맛이 났다. 김 회장보다 나이가 많아 어르신으로 모시는 김태원 장인을 달래가며 싸워가며, 봉피양만의 조화롭고 독창적인 국물 맛이 마침내 완성된 것이다.

김영환 회장은 이렇게 완성된 평양냉면을 "고기와 함께 드세요."라고 적극적으로 손님들에게 권하도록 각 점포에 지침을 내렸다. 갈비가 6~7점 남았을 때 냉면을 함께 먹게 하는 이 같은 방식을 '선육후면先肉後麵'이라고 칭하며 널리 홍보했다. 과거 술을 마시고 난 뒤에 면을 먹었던 식문화인 '선주후면先酒後麵'을 변형해 만든 이름인데, 고기를 먹고 나서 시원한 면과 개운한 육수가 입안의 기름기와 느끼함을 제거하니 손님들의 반응이 무척 좋았다. 2002년 당시 시중의 냉면 값은 7,000~8,000원이었지만 봉피양은 1만 1,000원을 받았다.

                              식당은 어떻게 브랜드가 되는가

김영환 회장의 전략이자 배포였다.

"당시 서울에서 가장 비싼 냉면이 우래옥 평양냉면이었는데, 봉피양은 우래옥 냉면 값에 1,000원을 더 얹어 1만 1,000원으로 가격을 책정했습니다. 우리 냉면이 우래옥보다 비싼 데에는 그만한 이유가 있었어요. 첫째, 추운 지방에서 자라 맛과 향의 보존력이 강한 최고의 메밀을 사용했고, 둘째는 면 반죽에서 메밀의 비율을 70%로 지켜 메밀 향을 충분히 느끼게 했습니다. 셋째는 우래옥의 육수에서 한 단계 발전한 육수를 만들었다는 점이었어요."

리더의 강력한 확신과 자부심으로 봉피양은 '서울에서 가장 비싼 냉면' 타이틀을 가지게 되었다. 높은 가격에도 불구하고 봉피양의 평양냉면은 돼지갈비와 함께 큰 사랑을 받았다. 봉피양의 이 같은 전략에 관해 이재형 경영 전략 코칭 전문가는 이렇게 설명했다.

"봉피양은 업셀링up selling의 개념을 잘 활용했습니다. 원래 업셀링이란 어떤 상품을 구입한 고객에게 보다 고급의 상품을 판매하거나, 최초에 구매하고자 했던 상품보다 높은 가격의 제품을 제시해 판매하는 전략을 말합니다. 예를 들면 호텔 이벤트 기간의 '10만 원 추가 시 특실 업그레이드' 프로모션이나, 스타벅스의 한정판 음료 판매 사례, 이유식 구매자에게 아기 간식 구매 등을 제안하는 것이 해당됩니다. 봉피양의 사례를 통해 얻을 수 있는 통찰은 포화된 시장에서도 차별화가 가능하다는 점이죠. 봉피양의 차별화 전략은 경쟁사들이 모방하기 힘든 제품과 서비스를 만들어 경쟁사들보다 비싼 가격으로 판매하는 것입니다. 고객이 비싼 가격을 기꺼이 지불하게끔 그들이 원하는 가치 있는 제품을 만드는 것이 전략으로 이어진 것이죠."

봉피양이라는 이름은 북한의 평양 지역을 부르는 사투리 '피양'에서 착안했다. 고 정주영 회장이 즐겨 찾았다는 경기도 이포의 초계집에서 밥을 먹던 중, 김영환 회장이 주인할머니의 말에서 우연히 들은 단어다. 이북에서 내려와 장사를 하고 있는 주인할머니가 "우리 본피양에서는 말이야…"라며 이야기하는 것을 듣고 김영환 회장은 "할머니, 지금 뭐라고 하셨어요?" 하고 물었다. 과거 평안도에서는 핵심지였던 평양 시내를 '본평양'이라 불렀다. 할머니가 말한 '피양'은 평양을 가리키는 사투리로, 평안도의 중심지인 '본평양'을 이북 사람들은 '본피양', '봉피양' 등으로 불렀던 것이다.

김영환 회장은 '이거다!' 하고 무릎을 쳤다. '봉피양'이라는 상호야말로 이북에 뿌리를 둔 식당이 아님에도 불구하고 평양냉면 전문점의 반열에 올라설 수 있는 묘책이 될 거라는 확신이 들었다. 행여 천기누설이 될까, 김영환 회장은 간판을 달기 직전까지 아무에게도 이를 말하지 않았다. 그렇게 이름 붙은 봉피양은 향후 30년 가까운 시간 동안 벽제갈비의 캐시카우 역할을 하는 세컨드 브랜드로 자리 잡았다.

     식당은 어떻게 브랜드가 되는가

벽제를 받치는 기둥, 장인 제도

"벽제갈비의 성공 비결이 무엇입니까?"

어딜 가나 쏟아지는 이 같은 질문에 김영환 회장은 주저 없이 장인匠人을 제일 먼저 꼽는다. 김영환 회장은 1990년대 초 다점포 계획과 더불어 전문 인력 양성의 필요성을 느꼈다. 음식의 각 영역에서 전문가가 중심을 잡고 있어야 여러 곳의 점포가 일정한 맛을 유지하고 살아남을 수 있기 때문이다. 그래서 만들어진 것이 '장인 제도'다. 경영의 중심은 사람이고, 벽제의 중심에는 장인이 있다.

우리가 장인이라고 일컫는 사람은 한 분야에서 30년 이상 몸담은 경력자다. 현재 '대한민국 명장'은 숙련기술장려법 제11조에 따라 "동일분야 및 직종에서 15년 이상 근무하여야 하며, 산업 현장에서 최고 수준의 숙련기술을 보유한 기술자로서 숙련기술 발전 및 숙련기술자의 지위 향상에 크게 공헌한 사람"이라고 정의된다. 벽제갈비는 1998년부터 한 분야에 20년 이상 몸담은 조리장들 중에서 독보적 레시피와 기술을 보유한 사람을 선정해 장인 제도의 토대를 만들었다. 이는 김영환 회장이 추구하는 '일류 정신'과도 일맥상통한다. 한 가지를 하더라도 좁고 깊게 파고들어 일류가 될 때까지 연마해야 한다는 그의 철학과 맞닿아 있는 것이다.

"주방장 한 명이 고깃집의 전 분야를 잘할 수 있다는 건 옛날 얘기입니다. 1998년도에 CJ아카데미와 신라호텔 아카데미에서 자체적인 교육팀을 운영하는 걸 보고 자극을 받아, 미흡하지만 체계화를 위한 시도를 시작했어요. 벽제갈비는 이미 설렁탕, 갈비탕, 곰탕, 육개장 등 모든 음식이 다 최고로 맛있어야 한다는 목표를 설정한 상태였습니다. 각 분야를 나누어 철저히 전문성 있게 관리하지 않으면 최고의 한우로 최고의 가격을 받는 것을 고객들에게 이해시킬 수 없다고 생각했어요. 그래서 장인 제도의 도입은 필수였습니다."

처음에는 갈비, 등심, 설렁탕, 전골, 냉면의 5대 분야의 장인을 뽑았다. 36년간 벽제갈비에서 육류를 담당한 박영근 이사와 윤원석 이사가 첫 번째로 벽제에서 장인 타이틀을 거머쥐었다. 30년 동안 설렁탕 외길만 걸으며 허영만의 요리만화 《식객》 제11편 '24시간의 승부'에도 소개된 한영석 이사는 탕湯 장인이다. 냉면 분야는 70여 년간 평양냉면을 만들어온 김태원 장인이 작고하면서 그 밑에서 20년 넘게 기술을 전수받은 탁중원 부장이 뒤를 잇고 있다. 벽제갈비와 봉피양이 전국 30여 개의 직영점을 성공적으로 운영할 수 있는 기반은 장인들을 끊임없이 길러내 맥을 이어가는 시스템이다.

장인이 있으면 그에게 배우는 사람도 있어야 하는 법. 벽제갈비는 장인의 기술과 정신을 배우는 제자들을 매칭해 도제식 구조를 만들었다. 멘토와 멘

식당은 어떻게 브랜드가 되는가

벽제갈비와 봉피양이 전국 30여 개의 직영점을 성공적으로 운영할 수 있는 배경은 장인들을 끊임없이 길러내 맥을 이어가는 시스템이다.

티처럼 장인과 후계자가 연결돼 장인이 만든 맛을 표준화해 구현하는 2세대 장인을 길러내는 시스템이다. 후계자들은 한우갈비, 평양냉면, 설렁탕 등 다양한 한식 메뉴에 대한 전문적인 기술을 배우고 이를 통해 분야별 전문가로 성장할 수 있도록 지원받는다. 그러나 모두가 장인이 되는 것은 아니다. 중간에 일이 힘들어 그만두거나 이직을 하거나 관리직으로 빠지는 이도 생기면서, 위로 갈수록 피라미드처럼 후계자가 자연스럽게 줄어드는 구조다.

"지난 7~8년간 새로운 장인이 선발되지 않은 채 정체기를 겪으면서 장인 제도를 명확하게 재정립해야 한다는 필요성이 대두됐어요. 그동안은 장인을 선정하기만 하고 구체적으로 제도화하지는 않았는데, 2023년부터 장인의 기준과 도제 시스템을 재정비해 보다 체계적인 후진 양성에 주력하고 있습니다." 교육을 담당하는 오민경 부장의 설명이다.

토너먼트식 후계자 구도

장인 제도는 2023년에 새로운 틀을 짰다. 과거 5대 분야로 한정되었던 장인을 육류, 탕, 냉면, 발골, 찬, 장, 김치, 일품의 8대 분야로 확대·재편했다. 각 분야별 장인 아래 각각 1~2명의 후계자 그룹, 또 그 아래 3~4명의 후발자 그룹까지 총 3단계로 나뉘어 마치 스포츠 경기의 토너먼트와 비슷한 구조를 이룬다. 이 틀에 들어가는 인원은 전보다 확대하고 기준은 완화했다. 장인

식당은 어떻게 브랜드가 되는가

의 기준을 업력 25년 이상, 사내 경력 15년으로 이전보다 문턱을 낮춘 것이다. 후계자 그룹은 조리 경력 8년 이상 근속이 조건이며, 그 아래 후발자 그룹에는 6년차 조리사도 많은 편이다. 이 밖에도 김태현 부회장이 쌀, 돼지고기, 젓갈 등 각 조리장의 전문 분야를 새롭게 지정하면서 분업화·체계화가 계속되고 있다. 시스템은 탄탄해지고 후발 주자들은 젊어졌다는 점을 '2023 장인 제도'의 특징으로 꼽을 수 있다.

후계자 그룹에 속하게 되면 1년에 최소 3개월씩 장인과 밀착 근무하며 기술과 비법을 전수받아야 한다. 현재 가장 많은 후계자와 후발자를 보유한 분야는 고기를 다루는 '육부'다. 육부는 요식업계에서 주방의 꽃이라 불린다. 고기 부위에 관한 지식과 발골 기술을 익혀두면 한식뿐 아니라 양식, 중식 등 어느 분야에서도 활용이 가능하기 때문에 조리사들의 선호도가 가장 높고 이를 배우고자 하는 이가 많다. 육부 다음으로 후계자가 많은 분야는 냉면이다. 냉면은 면을 어떻게 반죽하고 삶은 면의 물기를 어느 정도 털어내는지, 면과 육수의 비율이나 조합을 어떻게 하는지에 따라 맛의 편차가 큰 예민한 분야다. 모든 점포에 동일한 냉면 육수가 공급되어도 각 점포 냉면장의 역량에 따라 냉면 맛이 크게 달라질 수 있다. 때문에 냉면부는 다점포를 뒷받침하기 위해 의도적으로 후계자를 많이 양성하고 있다.

2023년 1월에는 냉면 분야의 후계자 교육이 1박 2일의 워크숍 형태로 진행되었다. 이 자리에는 냉면 후계자 및 후발자로 선정된 사람들과 냉면을 배우고 싶은 조리장들, 냉면을 더 깊이 공부하고 싶은 점장 등 48명이 참석해 뜨거운 열기를 뿜어냈다. 워크숍에서 냉면 장인인 탁중원 부장이 냉면 반죽부터 육수 내기까지 냉면의 전 과정을 직접 시연하고 설명했다. "어떻게 반죽하면 면발의 탄력이 좋아지는지, 어떤 상태의 면이 상한 것이니 폐기해야 하는지" 등 구체적인 지도를 위해 단계별로 상한 반죽을 미리 만들어둘 정도로 철저한 준비를 통해 지식과 기술이 상세하게 전달됐다.

여기서 끝이 아니다. 냉면 교육을 받은 사람들이 각자의 점포에서 배운 대로 잘하고 있는지 확인하기 위해 불시에 매장을 방문해 조리뿐 아니라 보관과 위생, 재고관리까지 검사했다. 마치 '미스터리 쇼퍼'와도 같은 이 사후점검 방식은 탁중원 부장의 아이디어다. 까다로운 탁중원 부장의 체크리스트를 통과하기란 낙타가 바늘구멍을 빠져나가기만큼이나 어려워, 100점 만점의 점수표에서 80점 이상을 받은 사람이 전체 48명 중 단 2명뿐이었다. 이 2명에게는 인센티브가 주어졌다.

장인을 선정해 왕관을 씌우고 대관식을 열어주는 것은 김영환 회장의 고유 권한이다. 김 회장이 말하는 장인의 기준은 '아직도 배울 자세가 되어 있는 사람', '자신이 배운 것을 후배들에게 가르칠 수 있는 사람'이다. 이를 모두 아우르는 사람이 "장인의 품격을 갖추었다."고 말한다. 최근 몇 년 동안은 장인으로 승격된 사람이 없어 우려의 목소리도 있지만, 절대로 장인 타이틀을 남발하지는 않는다. 이제는 장인을 선정하는 것보다 제도화된 틀 안에서 2세대 장인을 키우는 후진 양성이 더 중요한 과제이기 때문이다.

장인으로 선정되면 타이틀과 함께 현금 500만 원을 받는다. '장인의 초상

    식당은 어떻게 브랜드가 되는가

권을 벽제가 구입한다.'라는 명목으로 1998년부터 김영환 회장이 일시불로 지급해왔다. 장인을 선발하면 사진을 크게 찍어 점포 앞이나 메뉴 옆에 붙여 놓게 되는데, 이에 대한 대가로 지불하는 금액이다. 과거에는 잘 알려지지 않았던 초상권 사용 개념을 1990년대 말부터 도입한 셈이다. 긴 시간 벽제에 몸담은 인재를 위해 금전과 명예, 양쪽 모두의 가치로 보상해주는 것. 동기부여와 함께 자부심을 갖게 하는 벽제의 조직론이자 용병술이라 볼 수 있다.

사라지는 후계자들과 새로운 과제, 리빌딩

그러나 한식을 배우려는 젊은 사람들이 사라지고 있다는 것이 장인들의 공통된 걱정거리다. 이는 벽제만의 문제가 아니라 청년인구 감소 및 경기침체와 맞물려 사회적 현상이 된 지 오래다. 한국농수산식품유통공사가 발표한 〈2023년 1분기 외식산업 인사이트 리포트〉에 따르면 국내 외식업체 5곳 중 3곳은 직원 채용에 어려움을 겪는다. 1년 이상 영업한 음식점·주점업 사업체 3,000곳 중 54%는 3년 후에도 구인난이 계속될 것으로 내다봤다.

"요즘 사람들은 인내력이 예전만 못 해요. 20년 전만 해도 참을성이 있었는데 지금은 조금만 뭐라고 하면 바로 가운을 벗고 나가버립니다. '셰프'라고 하면 폼이 나는 줄 알고 도전하는데, 막상 해보면 어려운 일이어서 직장을 옮기는 정도가 아니라 아예 직종까지 바꿔버려요. 새로운 사람이 들어오면 오래 버텨야 1년이고, 보름이나 한 달 만에 나가버리는 사람도 많아요. 이 바닥의 허리가 될 젊은 인재가 없다는 것, 자다가도 벌떡 일어날 만큼 걱정되는 일이에요." 뜨거운 불 앞을 계속 지키고 서 있어야 하는 탕의 특성상 후계자 양성에 가장 어려움을 겪는 설렁탕 장인 한영석의 말이다.

2022년부터 김태현 부회장이 '리빌딩'을 가치로 내건 이유도 이 때문이다. 리빌딩rebuilding이란 기존 건물을 철거하고 새로 짓는 것을 가리키는 건축 용어이기도 하고, 팀에서 전력 보강을 위해 기존 선수를 방출하거나 새 선수를 기용하는 것을 가리키는 스포츠 용어이기도 하다. 망가진 부분을 정비하고 일부는 교체해 다시 우승 경쟁력을 가진 팀으로 만드는 것을 의미한다. 업력 40년을 향하며 세대교체를 하고 있는 벽제갈비에게 가장 필요한 전략이다.

리빌딩 전략에 따라 장인의 의미도 달라졌다. 김영환 회장은 "그동안은 장인의 의미가 한 분야의 마이스터이자 그 기업에 남아 충복처럼 소임을 다하는 것이었지만, 이제는 다른 구성원과 얼마나 합을 잘 이루어 소통하는지가 중요합니다. 내부 구성원 및 다른 팀을 배려하고 이해하는 것이 조리 능력 못지않은 핵심 역량이에요."라고 강조했다.

현재 벽제갈비는 해외 전략 거점 도시에 진출을 준비하고 있다. 이에 따라 장인이 갖춰야 할 덕목에 '글로벌 경쟁력'이 새롭게 추가되었다. 벽제갈비는 "우물 안 개구리의 사고로는 해외 시장을 준비할 수 없다."며 장인들과 함께 해외 요식업계의 특징과 전략을 분석하고 국내의 관련 이슈를 교육하는 등 해외 진출까지 가능한 장인 구도를 단단히 하고 있다.

 식당은 어떻게 브랜드가 되는가

소를 좇던 아이
갈비 장인 윤원석

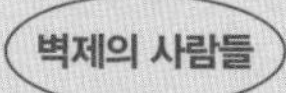

환경은 운명을 만든다. 1960년에 출생한 윤원석의 고향은 전라남도 영암의 독천리 시골이다. 일제강점기에 포목 장사를 했던 윤원석의 아버지는 땅을 제법 가지고 있었다. 땅 있고 돈 있으니 소만 사면 되었다. 소가 가장 값진 재산 품목 중에 하나이던 시절, 9남매 중 넷째였던 윤원석은 황소 20~30마리와 함께 1970년대를 겪었다. 어른들에게 소는 곧 돈이었지만 어린 윤원석에게는 가족의 다른 이름이었다. 소가 먹는 음식을 챙기고 소의 건강 상태를 살피는 것이 그의 몫이었다. 아버지는 형들이 학교에 입학해 돈이 필요할 때마다 소를 한 마리씩 내다 팔곤 했다. 그때마다 윤원석은 아버지를 따라 전라도 곳곳의 우시장을 쫓아다녔다.

"전북 덕천에 있는 우시장에 자주 갔었는데, 아버님 말씀이 아직도 기억이 나요. 좋은 소는 겉모양만 봐도 알 수 있는데, 첫째로 이빨이 촘촘해야 되고, 둘째는 털에 윤기가 닝닝해야 되고, 셋째는 서 있는 모습이 가다 있게(힘 있게) 서 있어야 된다고요. 암소는 움직임이 다소곳한 것들이 새끼도 잘 치고 젖도

갈비 장인 윤원석

잘 나온다고 하셨지요.”

아버지와 함께 좋은 소를 골라내던 윤원석은 식당을 하던 매형으로부터 손맛이 좋다는 칭찬을 들으며 성장해 서울의 한 요정에서 조리사로 일했다. 1989년 지인의 소개로 김영환 회장을 만났을 때의 기억이 아직도 생생하다. “면접을 세 번에 걸쳐서 봤는데, 머리끝부터 발끝까지 탈탈 털리는 느낌이었어요. 옷을 다 벗은 기분이 들었죠. 나중에는 오기가 생기더라구요. ‘아 글쎄 저 한번 믿고 써보시라니깐요!’ 하고 큰소리쳤던 게 아직도 생각나요.”

이후 윤원석은 김영환 회장의 곁에서 최고의 소를 찾아다니는 것에 인생을 바쳤다. 성장 과정 내내 머리와 몸에 새겨진 비기祕器를 품고 전라남도부터 경상북도까지 전국의 목장을 훑으며 소를 연구했다. 국내뿐 아니라 일본 와규의 비밀을 알아내겠다며 규슈, 고베의 목장들로 직접 찾아가고, 중국 베이징과 쓰촨성, 산둥성을 뒤져 아시아 소들의 품종과 과거 혈통까지 조사하는 것도 윤원석의 일이었다.

독점계약한 계열목장에 배신을 당한 뒤 경매사를 직접 두고 소를 낙찰받는 등 파란만장한 여정을 지나 공급 라인이 완전히 안정화된 지금도, 윤원석의 쇠고기 연구는 계속되고 있다. 그는 여전히 고대부터 전해진 선조들의 소 활용법과 그 시대 언어 등을 담은 고문서를 끊임없이 연구 중이다. 소의 각 부위별 일본어와 중국어 명칭은 눈 감고도 줄줄 외운다. 봉피양 방이점 2층의, 그의 이름을 딴 ‘원석식당’ 집무실(원석식당은 조리하는 공간과 몇 개의 테이블, 그리고 관련 내용을 연구하는 집무실로 이루어져 있다. 문헌을 찾아보며 연구도 하고, 새로운 메뉴를 개발해 시식도 하는 공간이다)에는 오래된 엣센스 일한사전, 중한사전에서부터 소와 관련된 각 나라별 서적과 논문들이 벽면을 빼곡히 채우고 있다.

"최고의 한우를 찾겠다며 여기저기 들쑤시고 다니니 전국의 축산협회에서 벽제갈비를 모르는 사람이 없었어요. 축협에서 이러이러한 소를 길렀으니 먹어보고 평가 좀 해달라고 저희를 찾아온 적도 많아요. 너희 벽제 쇠고기가 최고 맛있지 않느냐면서, 자기네가 키운 소랑 비교해달라고 시식을 부탁하는 거죠. 하나씩 씹고 먹어보면서 '이 소는 옥수수 사료를 많이 먹였네', '이 소는 속성으로 키웠구만' 등등 느끼는 대로 말해주면 그 사람들이 깜짝 놀라요. 옥수수 사료를 많이 먹인 소는 기름색이 노랗고, 속성으로 키운 소는 기름덩이가 적거든요. 우연인지 공부 덕인지, 말한 것들이 대충 다 맞아요. 축협 사람들도 내로라하는 전문가인데 저보고 귀신이라고 혀를 내두르더군요."

벽제갈비 1호점인 신촌점이 이름을 날리게 된 데에도 윤원석의 공이 컸다. 신촌점 매출을 높이기 위해 김영환 회장이 공수해 온 육사시미를 들고 룸살롱을 하나하나 찾아다니며 벽제갈비를 알린 이가 윤원석이다. 윤원석은 동향인 전라도 출신 업소 사장들에게 "성님~ 우리 벽제에서 쇠고기 먹고 가면 힘이 펄펄 나서 술을 아무리 마셔도 취하덜 않으요."라며 넉살 좋게 파고들었다. 접대가 많은 룸살롱 사장들은 "아따, 다른 데 안 가고 우리 고향 동생네 가게에서 팔아줘야 쓰겠네."라며 객단가 높은 손님들을 벽제갈비로 이끌고 왔다.

신촌점이 윤원석에게 갖는 특별한 의미는 또 있다. 1990년대 신촌점에

식당은 어떻게 브랜드가 되는가

는 일하면서 학교를 다니는 젊은 직원이 많았다. 공부를 잘해 목포상고를 졸업하고 김대중 대통령과 동문인 것을 자랑으로 여기던 윤원석이지만, 그동안 대학에 못 간 것을 아쉬워한 적은 없었다. 그런 그에게 낮에는 일하고 밤에는 대학을 다니는 신촌점 직원들의 활기는 새로운 자극으로 다가왔다. 그는 2004년 충남 홍성에 있는 혜전대학교 조리학과에 늦깎이 대학생으로 입학했다. 주방장으로서 업무가 막중했음에도 김영환 회장의 전폭적인 지지 덕에 만학도의 길이 가능했다. 김영환 회장은 대학 2학년 때부터 대학원 석사를 마칠 때까지 윤원석의 모든 학비를 지원했다.

"회장님 도움으로 학사, 석사까지 10년이 넘게 걸려 마쳤어요. 일하면서 공부하다보니 오래 걸렸지요. 그렇게 12년 만에 석사를 따고 나니 회장님이 '박사도 해라.' 하시더군요. 그래서 '석사로도 충분합니다. 시간도 없고 머리도 아픕니다.'라고 했지만, 회장님의 그 말씀이 얼마나 고마운지 모릅니다. 제가 그렇게 대학 공부를 마치는 것을 보고 다른 나이 많은 직원들도 하나 둘씩 저처럼 대학에 다니고 졸업장도 땄어요."

윤원석은 2008년 이명박 정부 들어 국가 차원에서 장려한 '한식 세계화'를 언급했다. 당시 농촌진흥청과 농수산식품유통공사(AT센터)는 대기업과 손잡고 한국 식품들의 수출 판로를 뚫기 위해 노력했다. 그러나 한우의 수출에 있어서는 미온적이었다.

"우리에게는 한우라는 좋은 무기가 있잖이요. 이길 가지고 외국에서 요리를 하면 참 좋겠는데, 그 당시 나라에서 한우 수출을 등한시했던 것이 너무 아쉬워요. 일본은 우리와 달리 일찌감치 고베규 등 자국 쇠고기(와규)를 적극적으로 외국에 알리고 부흥시켰어요. 국가에서 지원도 해주고 수출 판로도 열어주고요. 근데 우리나라는 오히려 그걸 규제하는 바람에 개개인이 뚫어내야 하니 참 힘들더라구요. 일본 오사카 상인들이 흔히 '한 푼을 벌기 위해 천리를 간다.'라는 말을 하는데, 이 좋은 한우를 가지고 왜 그때 나라에서 가만히 있었던 것인지 정말 안타깝습니다."

실제로 한우는 1998년 일본 내 민간업자들의 요청으로 일본으로 첫 수출되었지만, 구제역 파동 등을 거치며 오랜 기간 수출길이 막혀 있었다. 이후 2015년에 들어서야 홍콩을 시작으로 본격적인 한우의 해외 수출이 재개되었다. 그러나 국가 간 검역과 수출입 기준이 까다롭고 복잡해 그 후 10년이 지난 현재까지도 수출량은 미미하다. 일본의 연간 쇠고기 수출량이 7,000톤인 데 비해 한우 수출량은 2024년 49.5톤에 그쳤다.

윤원석이 요식업에 발을 들인 1980년대는 식당을 차리면 무조건 잘되는 시대였다. 사회가 빠르게 발전하고 인구는 급격히 증가하면서 외식이 '끼니 해결'이 아닌 '여가 생활'로 인식되기 시작했다. 특히 86 서울 아시안게임과 88 서울 올림픽을 거치며 미국 음식, 이탈리아 음식, 일본 음식들이 공격적으로 한국 시장에 진입했다. 1985년에는 피자헛 1호점이 이태원에, 1988년에는 맥도날드 1호점이 압구정에, 1992년에는 패밀리레스토랑 T.G.I.프라이데이스 1호점이 양재동에 문을 열었다.

"1990년대부터 서구식 식단이 한국인의 외식 문화에서 중요한 위치를 차지하게 됐어요. 1989년 해외여행 자유화가 시행되면서 외국에서 현지 음식을 맛본 사람들이 늘어난 것도 요식업계 확장에 기여했죠. 1990년대에는 양식집, 일식집이 호황을 누리면서 원래 있던 중국집까지 기세가 상승했습니다. 그러다보니 한식집은 예전에 비해 상대적으로 밀려나게 되었어요. 그때부터 한식당끼리의 경쟁이 아닌 무한경쟁의 구조로 요식업계가 재편됐습니다."

윤원석은 40년간 지켜본 요식업의 흐름에서 최근 육류 소비의 흥미로운 변화를 발견했다. 그의 말에 따르면, 그동안 쇠고기 등심에 밀려 있던 안심 부위가 최고 인기를 누리고 있다.

"과거 농촌진흥청이나 축산물품질평가원에서 '쇠고기는 이래야 맛있는 거야.' 하면서 등급도 만들고 기준도 홍보하고 했어요. 소위 말하는 '마블링이 좋아야 한다', '육색이 선명한 붉은색이어야 한다', '지방 부분은 뽀얀 하얀색이어야 한다' 등등 우리가 많이 들어본 내용들 말이에요. 사람들 머릿속에 그게 박이면서 한동안은 모두가 마블링 좋은 고기만 찾았어요. 근데 그런 고기들을 오래 먹다보니 점점 물리고 느끼해지기 시작한 거예요. 그래서 요새는 지방이 적고 육즙이 덜한, 씹는 식감이 있는 고기를 찾는 손님이 늘고 있어요."

그래서 벽제갈비는 대표 매장이자 본점인 방이점 메뉴를 개편하면서 '식감 있는 고기'를 지향점으로 정했다. 최고 등급 한우라는 전제로, 식감이 있고 지방이 적은 부위를 찾는 과정을 한창 진행하고 있다. 시대의 흐름과 함께 고객의 취향과 그에 따른 메뉴도 변화한다.

"우리나라 음식 문화가 원래부터 기승전결 문화였다는 거 아시나요? 우리 선조들은 밥을 먹으면서도 흥얼흥얼 노랫가락이 있어야 하는 민족이었어요. 이제 먹고살 만하고 여유가 생기고 나니 그런 기승전결이 있는 풍류 문화가 다시 돌아오고 있습니다. 식사를 할 때도 고기만 먹는 게 아니라 밥과 찌개도 먹고 냉면도 즐기는 것처럼, 요리와 음악, 분위기 모두에서 만족을 찾는, 그런 풍류의 시대가 다시 도래한 것이죠. 음식 문화의 기승전결을 찾아가는 이 과정이 여전히 설렙니다."

식당은 어떻게 브랜드가 되는가

갈비 장인 박영근

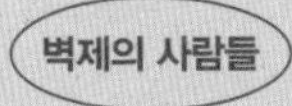

"왜 그런지 모르겠는데, 고기를 잡으면 그 순간 느낌이 오고 이 소가 어떻게 자랐는지 눈앞에 그려집니다. 고기를 잡을 때마다 신이 나요. 손에 짝짝 붙는 다고 해야 되나요."

나직한 목소리에 굳은 표정으로 말을 이어가는 박영근 장인은 풍기 인삼으로 유명한 경상북도 영주 출신이다. 부모님이 일찍 돌아가시고 어려서부터 농사일을 맡으며 가장의 무게를 짊어지다. 스무 살 되던 1978년 봄에 사촌을 따라 서울로 올라왔다.

오자마자 운이 트였는지 그의 첫 직장은 '진고개'였다. 충무로에 위치한 진고개는 정갈한 평안도 음식으로 60년 넘게 사랑받아온 서울의 대표적인 노포다. 강남보다 강북, 그중에서도 을지로와 충무로가 대한민국의 최고 중심이던 시절, 박영근은 진고개에서 한식의 기본을 배웠다. 불고기, 갈비찜, 냉면 등 대표적인 한식은 물론, 생선회와 장어 요리 같은 일식까지 마스터했다. 박영근은 진고개에서 6년간 갈고 닦은 실력으로 홍릉갈비를 거쳐 서교호텔에

갈비 장인 박영근

식당은 어떻게 브랜드가 되는가

입성했다.

"1985년 무렵 서교호텔에서는 고급 갈비뷔페가 인기였어요. 그때 제 월급이 15만 원이었는데, 갈비뷔페는 1인당 1만 6,000원에서 1만 7,000원 정도였어요. 짜장면이 한 그릇에 500원이던 시절이니 갈비뷔페 가격이 매우 비싼 편이었지만, 미식가들 사이에서 맛집으로 이름나 있었죠. 거기에서 갈비 다루는 법을 제대로 배웠어요. 손님이 많을 때는 봉사료나 팁이 월급보다 더 많이 나오기도 했는데, 호텔이다보니 영어도 어느 정도 할 줄 알아야 하고 가방끈도 웬만큼은 길어야 더 위로 올라갈 수 있는 구조더라구요."

성장에 한계를 느낀 박영근은 서교호텔을 나와 주원농산이 운영하는 식당으로 자리를 옮겼다. 주원농산은 1980년대에 오리고기와 오리털 파카, 이불 등을 생산·판매하던 기업으로, 지금도 하림의 계열사로 국내 오리고기 시장을 석권하고 있다. 진고개와 홍릉갈비, 서교호텔에서 주원농산까지, 박영근의 발자취는 대한민국 요식업계의 역사, 영광과 궤를 같이한다. 김영환 회장은 이를 본능적으로 캐치했다. 영동시장 구석의 한 등심구잇집에서 고기를 썰고 있는 박영근을 소개받고 '이 사람이다!' 싶은 느낌을 받았다. 김영환 회장은 곧바로 박영근을 벽제갈비 삼성동 매장에 불러들였다.

"회장님이 한번 꼭 오라고 해서 가긴 갔는데, 그동안 제가 있던 식당들에 비해 규모가 작아서 고민이 좀 됐습니다. 오픈한 지 얼마 안 돼 체계도 안 잡혀 있었구요. 그런데 젊은 회장님이 의욕이 정말 대단하신 거에요. 무엇보다 고기나 다른 식재료를 비싼 것만 쓰는 고집이 제 마음을 움직였습니다. 그동안 이름난 식당들을 거치면서 여러 사장을 만났지만 다들 어떻게든 많이 남기려고만 했는데, 이분은 그런 게 없더라구요. 제 인생을 믿고 맡겨도 되겠다 싶었습니다."

박영근은 1989년 삼성동에 있던 벽제갈비 2호점 주방장으로 들어가 자신의 스타일에 맞게 주변을 정리했다. 음식 레시피도 그동안 자신이 익혀온 대로 아래 직원들에게 가르치며 뚝딱뚝딱 주방의 체계를 잡아갔다. 김영환 회장의 촉이 맞았다. 박영근을 영입하고 나서부터 벽제갈비 삼성점과 대치점은 맛집으로 이름을 날리며 손님들로 발 디딜 틈이 없게 되었다. 박영근은 그 당시 하루 종일 밤낮으로 갈비를 15짝씩 손질했다고 기억한다. 소 한 마리에서 2짝의 갈비가 나오는 것으로 계산하면 하루에 소 7~8마리씩을 손질해 팔아치운 것이다. 이렇게 많은 양의 갈비를 쳐내려면 힘이 달리고 지치게 마련인데 박영근은 오히려 반대였다. 고기를 잡으면 '시원하고 통쾌하다'는 느낌부터 왔다. 만지면 만질수록 기운이 차오르고 몸놀림이 가벼워지면서 신바람이 났다. 고기를 다루고 판별하는 그의 능력은 가히 신내림의 경지에 가까웠다.

"고기를 받아 들고 딱 보면, 여기는 이렇게 썰고 저기는 저렇게 자르고. 이 부위는 여기에 들어가고 저 부위는 저 방법으로 손질해야겠다 하고 머릿속에 판이 쫙 깔려요. 사람도 살찐 사람이 있고 운동을 열심히 한 사람이 다른 것처럼, 고기도 만져보면 어떤 소였는지 알 수 있어요. 나는 나라에서 매긴 투뿔이니 비엠에스 9번이니 하는 거 안 믿습니다."

비엠에스BMS란 비프 마블링 스코어Beef Marbling Score, 즉 '근내지방도'를

    식당은 어떻게 브랜드가 되는가

뜻하는 영어 약자다. 마블링의 양에 따라 1번부터 9번까지 등급을 나눈 국제 표준지수로, BMS가 높을수록 마블링이 촘촘하게 많다는 뜻이다. 박영근은 BMS 9번 등급 중에서도 최고 부위를 따로 찾아내 자신이 직접 해체하고 기름도 손질해 손님상에 내보낸다.

박영근은 출근하면 어제 넣어둔 고기를 확인하는 것으로 일과를 시작한다. 어제 넣어둔 고기와 오늘 새로 들어온 고기는 숙성 시간이 다른 만큼 보관과 손질 방법도 달라야 한다. 벽제갈비 방이동 본점 주방 박영근의 냉장고에는 매일 직접 손질한 한우가 등급과 용도에 맞춰 여러 개의 냉장칸과 냉동칸에 각을 맞추어 보관되어 있다. 박영근의 이 냉장고는 직원들 사이에서 '보물창고'로 불린다. 퇴근해도 박영근의 머릿속에서는 작업이 계속 이어진다. "끝나고 운전하고 집으로 가면서 내내 생각하는 거죠. 오늘 이 고기는 몇 시간 숙성됐고, 저 부위는 내일 몇 시에 꺼내서 작업해야 되고…"

이 같은 노력으로 벽제갈비에서 1호 장인이 된 것에 대해 묻자 돌아오는 대답은 싱거웠다.

"글쎄요. 회사가 잘되니까 장인 장인 하면서 이름도 붙여주고 했는데, 일하느라 바빠서 기억이 잘 납니다. 그냥 고기에 대해서만큼은 내가 최고가 되겠다, 그게 다예요. 배운 거라고는 이거밖에 없으니까 먹고살려다보니 여기까지 왔습니다. 고기를 잡으면 아직도 신이 나고 힘이 나니까… 적성을 잘 찾은 것뿐이지요. 좋아서 하다보니 20년 30년이 금빙금방 가너라고. 그거 말고 다른 건 없네요."

무뚝뚝한 말투와 검은 안경 너머 매서운 눈매는 고객층의 변화 또한 누구보다 빨리 잡아낸다. 빠르게 트렌드가 바뀌는 새로운 시대에는 변화로 대응해야 한다는 것이 그의 소신이다. 원래는 쓰지 않던 안경을 얼마 전부터 쓰게된 것도 달라지고 있는 세세한 것들을 놓치지 않기 위해서다.

"젊은 세대는 새로운 걸 하려고 하더라구요. 그럼 나도 거기에 맞춰서 달라져야죠. 나가서 새로운 거 하나라도 더 먹어보고 내 것으로 만들어보구요. 지금은 세상이 바뀌어서 그렇게 계속 노력하지 않으면 힘들어요. 철모르던 예전보다 지금 신경 쓸 것들이 더 많습니다. 내가 어떻게 고기를 다루느냐에 따라 고객들의 반응이 달라진다는 걸 알았으니까요. 전에는 안경을 안 꼈는데지금은 안경을 끼는 이유가, 고기의 결 하나하나를 내 눈으로 정확히 확인하고 자르기 위함이에요. 똑같은 고기라도 누가 어떻게 써느냐에 따라 맛이 달라집니다. 고기의 색깔과 숙성도, 지방의 결, 육질의 밀도까지, 어느 것 하나도 놓쳐서는 안 됩니다."

박영근은 벽제갈비 방이점을 리뉴얼하면서 과감하게 쇠고기 메뉴를 개편했다. "전에는 등심, 살치살 등을 부위별로 따로따로 슬라이스해서 팔았지만, 지금은 다양한 조합의 세트로 만들어 고기를 덩어리째 내가니까 손님들 반응이 훨씬 좋습니다. 홀에서 서버들이 굽기도 편하구요. 한우라서 얇게 슬라이스로 잘랐을 때는 한 번만 잘못 뒤집어도 타이밍을 놓치는데, 통으로 구워서 가위로 자르면 훨씬 편하거든요. 좋은 아이디어가 있으면 발 빠르게 적용해야 합니다. 그저 옛날식만 고수하면 손님들이 오지 않아요."

식당은 어떻게 브랜드가 되는가

오랜 기간 벽제갈비에서 일하면서 그가 느낀 고객층의 변화에 대해 묻자 그는 이렇게 답했다. "옛날에는 벽제갈비라고 하면 있는 사람 없는 사람 다 와서 자기 예산에 맞게 먹었습니다. 한마디로 다양한 고객층이 존재했어요. 그런데 지금은 중간층이 떨어져 나갔습니다. 이제는 최상위층이 와서 비싼 고기만 먹거나, 아니면 가성비를 찾는 손님들이 와서 불고기 정도만 식사로 먹고 갑니다. 소비층이 양극으로 나뉜 거죠."

2026년으로 벽제갈비에 들어와 37년차를 맞은 박영근의 밑에서 배출된 다음 세대 장인이 벌써 세 명이다. 조영택, 강성호, 김재혁. 이들은 모두 30년 넘는 경력으로 이미 장인의 반열에 올랐으나 여전히 박영근의 제자로서 배움의 과정에 정진하고 있다. 외골수로 알려진 것과 달리 적극적으로 후계자 교육과 혁신에 나서는 박영근의 모습은 조직 내에서 후배들에게 시사하는 바가 크다. 그러나 이에 대해 박영근은 이렇게 말한다. "장인, 후계자 이런 게 뭐 별거 있나요. 몸 안 아플 때까지 내 마음껏 일할 수 있는 곳이 있으니 좋다 이 정도죠, 뭐."

박영근은 현재 김태현 부회장과 호흡을 맞춰 벽제갈비 방이점의 리빌딩 작업에 힘을 쏟고 있다. 경영진과 점장, 그리고 장인으로 이뤄진 벽제갈비의 삼각편대는 순조롭게 목적지를 향해 가고 있다. 고수는 말이 없다.

2부

확장과 진통

글로벌 진출의 교두보, 인천공항점

새로운 도전, 인천공항점

2002년 한일 월드컵을 앞두고 들썩이던 2001년의 대한민국. 김영환 회장의 시선은 다른 곳을 향해 있었다. 전 세계의 이목이 한국과 일본에 쏠리던 그때, 김 회장의 머릿속에는 월드컵 그 이후가 선명하게 그려졌다. 당시 한국은 2002년 월드컵을 앞두고 새로운 대한민국의 관문이 될 인천국제공항이 개항을 앞두고 있었다. 인천국제공항 개항은 인천의 영종도와 용유도 바다를 메워 여의도의 18배에 해당하는 부지를 만들고 공사 기간 8년, 총공사비 8조 원을 들인, 이른바 '단

군 이래 최대 프로젝트'였다. 김영환 회장이 나고 자란 인천 땅에 범국가적인 관심이 쏠리며 여태껏 본 적 없는 새로운 형태의 공항이 나날이 위용을 드러내고 있었다.

"인천공항에 벽제갈비를 오픈해야겠어!"

김영환 회장은 곧바로 착수에 나섰다. 인천공항에서 제시한 점포 계약 조건을 따져보니 60평 매장에 기본 월세가 4,500만 원, 매출액의 25%를 수수료로 내는 형태였다. 매출이 늘면 그만큼 수수료를 더 내야 하고 매출이 없어도 월 4,500만 원이 고정비용이었다. 여태껏 벽제에서 내본 적 없는 높은 임대료였다. 단독 매장도 아니고 푸드코트에 있는 60평 매장에, 그것도 제약 조건이 많은 공항 내 점포라는 점은 곧바로 내부 직원들의 반발을 불러일으켰다. 게다가 점포의 위치도 좋지 않았다. 대한항공과 미국, 유럽의 항공사들 구역은 CJ가 가져가고, 아시아나항공과 중국 항공사들, 그리고 동남아 노선이 있는 구역은 두산에 배정되었다. 벽제갈비는 두산과 함께 들어가는 조건이었다.

혈기왕성한 탁중원 부장은 "회장님, 굳이 거길 왜 들어가십니까? 외국인들이 우리나라 음식을 먹으러 오면 얼마나 오겠습니까?"라고 따져 물었다. 하지만 김영환 회장의 눈앞에는 전 세계 각지로의 출국을 앞둔 사람들이 수속을 마친 뒤 '맛있고 질 좋은 한국에서의 마지막 한 끼'를 찾는 모습이 그려졌다. 그동안 공항의 식당에서 먹는 음

   식당은 어떻게 브랜드가 되는가

식이란 급하게 먹고 가는 뜨내기손님들을 위한 형편없는 수준이었다. 그러나 비행기를 타고 외국에 나가는 사람 중에는 음식 가격이 비싸더라도 제대로 된 한식을 찾는 미식가가 많을 터였다. 김영환 회장뿐 아니라 CJ와 조선호텔, 두산 등 요식업 기업들도 동시에 주판알을 굴렸다. 해외로 나가는 VIP 손님들의 입맛을 잡기 위한 소리 없는 전쟁이 시작된 것이다.

외식업체 신공항 '거리大戰':

"인천국제공항 이용 고객들의 입맛을 잡아라"

인천국제공항 개항을 앞두고 외식업체 간 점포 차별화 경쟁이 뜨겁다. CJ푸드시스템, 두산, 조선호텔 등은 인천국제공항에 칵테일바, 커피점, 패밀리레스토랑 등 40여 개 매장을 열고 1,000여 가지 메뉴를 선보일 예정이다. 이들 업체는 29일 개항에 맞춰 영업에 들어가기로 하고 막바지 준비작업에 열을 올리고 있다. 연 2,700만 명의 여행객이 이용할 수 있는 신공항에서 한 판 "먹거리" 경쟁을 벌이겠다는 것이다.

국내에서 대기업들이 공항에 직접 매장을 내고 고객몰이에 나서기는 이번이 처음이다. CJ푸드가 운영하는 매장은 '모닝해즈'(커피 전문점), '뉴레쥬르'(제과점), '스카이락주니어'(패스트푸드), '프로비스'(칵테일바) 등이다. 이 회사는 독자 개발 브랜드인 모닝해즈와 프로비스가 신공항에서 자리 잡을 경우 서울을 비롯, 전국으로 점포를 확대해나갈 계획이다. 1호점인 신공항점을 테스트 점포로 활용하겠다는 것이다. (…)

두산은 여객터미널 서쪽 860평에 22개 매장을 연다. 이곳에는 '스바로'(뉴욕풍 피자 전문점), '글로리아진스'(커피 전문점), '장터국수', '벽제갈비', '카페 네스카페' 등이 들어선다. 신공항 안에 하나뿐인 피자점인 스바로에 큰 기대를 걸고 있다. 두산은 신공항에서 올해 180억~200억 원의 매출을 올릴 계획이다. "KFC, 버거킹 등 패스트푸드점을 운영한 경험과 노하우를 살려 고객을 끌어들이겠다"는 게 관계자의 설명이다.

조선호텔도 930평에 한식당, 일식당, 중식당, 양식당 커피숍 등 5개 매장을 낸다. 조선호텔은 "특급호텔에 걸맞게 차별화된 서비스로 승부하겠다"고 벼르고 있다. 우리나라의 관문으로 한국 외식 문화의 수준을 알리는 역할도 할 것으로 예상된다.

- 《한국경제신문》 2001년 3월 1일

준공을 마친 인천국제공항은 외형부터가 이전에는 볼 수 없었던 차세대 건축물이었다. 공상과학소설에 나올 법한 공항 외관의 특이

 식당은 어떻게 브랜드가 되는가

한 곡선에 대해 인천국제공항 설계를 맡았던 미국 건축가 커티스 펜트레스Curtis W. Fentress는 "한국의 고궁과 사찰의 지붕에서 볼 수 있는 우아한 선을 살려 건물을 만들었다."고 설명했다. 여객터미널 역시 거대한 천막처럼 캐노피가 물결 모양으로 지붕을 이루는 곡선의 디자인이었다. 가장 한국적인 것이 가장 세계적인 것이 되는 이때, 김영환 회장은 한식 문화의 대표 격인 벽제갈비가 이 자리에 반드시 있어야 한다는 강렬한 의지를 불태웠다. "공항에서 파는 음식은 대합실 음식이라는 편견을 깨고 제대로 된 한식을 제공해보자!"

얼마가 걸리더라도 해내야 할 일이었다. 그러나 단일 식당으로 60평짜리 푸드코트는 당시 국내에서는 찾아보기 힘든 규모였다. 인프라가 극도로 제한적인 공항에서의 대형 식당. 머리를 싸매고 생각을 떠올려보아도 답이 나오지 않았다. 김영환 회장은 윤원석 상무를 불렀다. "자네, 지금 바로 일본 오사카 간사이공항으로 가서 공항 푸드코트 좀 둘러보게. 그리고 홍콩국제공항으로 갔다가 싱가포르 창이공항까지 보고 오게."

인천공항 개항 전까지 국제공항이었던 김포공항에 먹을 만한 식당이 딱히 없었던 것과는 달리, 해외 주요 공항에서는 그 나라의 유명한 음식점들이 활발하게 공항 이용객들과 만나고 있었다. 1970년대부터 해외로 출장을 자주 다녔던 김영환 회장은 외국 공항의 푸드코트에서 인천공항 점포의 마지막 퍼즐을 찾을 수 있을 거라 확신했다. 푸드코트 주방에 음식이 공급되는 조리 시스템은 물론이고 음식의 패킹 방식과 국내에 없는 유니크한 인테리어 디자인도 찾아내야 했다.

갑작스레 특사가 된 윤원석 상무는 당시 할 수 있는 영어 단어가 '하이', 일본어는 '오하이오'뿐이었다. 윤원석은 제대로 짐을 쌀 새도 없이 다음 날 일본으로 출국했다. 작지만 전통 있는 강소 맛집들이 즐비한 간사이공항을 거쳐 전 세계 항공사의 허브 격인 홍콩국제공항에 도착했을 때, 윤원석 이사는 차원이 다른 압도적인 스케일에 놀랐다. 세계 각국에서 오는 경유 고객들의 동선을 고려한 나선형 푸드코트가 온갖 고급 레스토랑들을 품고 신속하게, 그러나 우아하게 공항 내 영업을 하고 있었다. 곧 오픈할 벽제갈비 인천공항점의 청사진이 어느 정도 그려지는 듯했다.

이후 넘어간 싱가포르 창이공항에서는 그야말로 입이 떡 벌어졌다. 대자연 속 테마파크를 주제로 한 창이공항 내부에서는 거대한 정원과 인공폭포가 시원한 물줄기를 뿜어냈다. 주변에 심어진 6만 그루의 나무와 1,000여 마리의 나비는 그곳이 인공 정원이라는 사실을 까맣게 잊게 만들었다. 김영환 회장도 곧바로 싱가포르로 날아왔는데, 그때 김영환 회장은 창이공항에서 아직 우리나라에 들어오지 않은 미국의 유명 커피 전문점 '커피빈'을 처음 접하게 되었다. 커피빈의 심플하면서도 고급스러운 인테리어는 김 회장의 마음을 사로잡았

 식당은 어떻게 브랜드가 되는가

다. 짙은 우드색의 세련된 테이블, 거기에 홀 전체의 높은 층고와 심플한 내장재는 묵직함과 개방감을 동시에 느끼게 했다. 김영환 회장은 한국으로 돌아와 싱가포르 커피빈의 디자인을 참고해 벽제갈비 인천공항점의 인테리어를 마무리했다.

그러나 윤원석의 고민은 끝나지 않았다. 한국으로 돌아온 뒤에도 공항 내 조리 방식과 딜리버리delivery(조리된 음식을 고객에게 제공하는 방법과 걸리는 시간을 복합적으로 의미)에 대한 걱정 때문에 잠을 이루지 못했다. 그때 싱가포르 창이공항 2층에서 보았던 인도 음식점이 떠올랐다. 당시로서는 파격적인 오픈형 주방이었는데 투명한 통유리 너머로 커다란 워머warmer가 있던 것이 생각이 났다. 조리된 탕을 워머에 넣고 온도를 설정하면 그 온도 그대로 유지되어 국물이 졸아들지 않고 맛을 보존할 수 있었다. 워머에서 곧바로 국물을 퍼서 서빙하면 손님에게 음식을 내는 시간도 단축될 것이 확실했다. 윤원석은 주방에 다른 조리기구들을 빼고 8구짜리 워머를 넣었다. 탕은 이렇게 해결되었다.

그러나 고기를 굽는 기구도 문제였다. 공항 안에서 숯불을 피울 순 없었다. 그래서 숯불을 대신해 장엇집에서 장어를 구울 때 사용하는 가스레인지로 고기를 구우니 익는 속도가 빨라졌다. 불 조절만 잘 하면 숯불에 구울 때와 큰 차이 없이 맛을 낼 수 있었나. 워머에서 갈비탕, 곰탕 등의 국물 요리가 해결되고 가스레인지에서 고기를 구울 수 있게 되면서 딜리버리 속도는 매우 빨라졌다. 그동안 개별 점포에서 전통적인 조리 방식을 이어오던 벽제갈비에게 인천공항점의 개점은 조리 속도와 작업 능력을 한 단계 향상시킨 중요한 계기가 되었다.

명이 있으면 암도 있는 법. 초대형인 인천공항점을 오픈하기 위해서는 막대한 자금이 필요했다. 오픈 날짜는 다가오는데 자금은 쪼들리는 상황에서, 김영환 회장은 엄중한 결단을 내렸다. 평소에 벽제갈비를 운영하고 싶어했던 처남에게 벽제갈비 1호점인 신촌점의 운영권을 넘기기로 한 것이다. 김영환 회장은 1986년 신촌에서 처음 벽제갈비를 맡은 이후로 부족한 자신을 따라 동고동락해온 직원들의 모습이 떠올라 가슴이 미어졌다. 신촌점에 10년간 몸담으며 청춘을 바친 윤원석은 신촌점 매각 소식에 그 자리에서 눈물을 펑펑 흘렸다. 김영환 회장은 벽제갈비를 처남에게 넘기며 '벽제갈비 1호점의 의미와 가치가 훼손되지 않도록 반드시 이 자리에서만 점포를 유지할 것'을 조건으로 걸었다. 이후 처남은 해당 부지를 매입해 2층이던 건물을 6층으로 올려 신촌의 랜드마크로 만들어냈다.

그러나 감상에 빠져 있을 때가 아니었다. 곧 맞닥뜨리게 될 인천공항 내 경쟁 상대들은 강력했다. CJ푸드시스템, 두산, 조선호텔 등은 그동안 준비해온 패밀리레스토랑과 커피 전문점, 칵테일바 등 40여 개 매장을 일제히 내놓았다. 국내 대기업들이 공항에 직접 매장을 내고 다 같이 고객몰이에 나선 것은 그때가 처음이었다. 당시 공항 이

식당은 어떻게 브랜드가 되는가

용객 추정치는 연간 3,000만 명으로, 먹거리 한판승부가 충분히 이뤄질 만했다. 특히 CJ의 기세가 대단했다. CJ는 여객터미널 동쪽에 패밀리레스토랑 '스카이락'과 제과점 '뚜레쥬르' 등 16개 사업장을 오픈하고 "식품 전문 그룹인 CJ제일제당의 자존심을 걸고 최고의 맛과 서비스로 승부하겠다."며 미디어에 연일 보도자료를 뿌렸다. 이에 맞서는 두산은 여객터미널 서쪽 860평에 22개 매장을 열었다. 두산은 KFC와 버거킹을 운영한 이력을 살려 피자 전문점 '스바로'와 커피 전문점 '글로리아진스', 한식 매장으로는 '장터국수'에 전력투구했다. 두산에서 재임대를 받은 벽제갈비는 관심 밖의 매장이었다.

인천공항 푸드코트의 원탑이 되다

2001년 3월 29일 새벽 4시 46분, 방콕발 아시아나항공 OZ3423편이 인천국제공항 활주로에 첫 착륙했다. 장장 10개월간의 준비를 마친 벽제갈비 인천공항점의 두꺼운 유리문도 이날 처음 열렸다. 윤원석을 필두로 한 벽제갈비 인천공항점 오픈조 멤버들은 밤을 새워 새벽까지 매장을 점검하고 눈도 붙이지 못한 채 개항 날을 맞았다. 공항대첩의 결과는 벽제갈비의 입승이었나. 국제선을 타고 온 한국인 손님부터 항공사 기장들과 승무원들, 공항 관계자들까지 한꺼번에 벽제갈비로 몰려들었다. 비싸고 질 낮은 공항 음식에 익숙하던 사람들에게 고품질·고가격의 벽제갈비 음식은 문화충격이었다. 손님이 많아 당일 판매분으로 준비한 재료가 오후를 넘기지 못하고 동이 나버리는 일이 반복됐다. 윤원석 상무가 가까운 서울 점포들에 전화를 돌려 긴급하게 인천으로 재료를 공수하는 일이 매일같이 벌어졌다.

시간이 지날수록 벽제갈비는 인천공항 내 푸드코트 중 원탑으로 자리 잡았다. 198.34제곱미터(60평) 규모의 점포에 하루 고객이 900~1,000명, 하루 테이블 회전이 10회가 넘어갈 정도로 북적거렸다. 한 그릇에 1만 원이 넘는 탕 메뉴가 1,000그릇 이상 팔려나갔다. 객단가가 1만 원 이상에 하루 평균 고객이 1,000명, 한 달 매출액은 3억 5,000만 원을 찍었다. 오픈 두 달 만에 벌어진 일이었다. 오픈 6개월째는 월 매출이 4억을 넘겼고 1년이 되자 5억을 돌파했다. 당시 인천공항 푸드코트 전체에서 최고 매출이었다. 맛있다고 입소문이 나자 경쟁사였던 워커힐과 조선호텔, 롯데호텔 요리사들이 벽제갈비를 맛보기 위해 찾아올 정도였다.

매출이 커질수록 인천공항에 내야 하는 수수료도 늘어났다. 매출액의 25%를 수수료로 내야 하는 조건에 따라 한 달 수수료를 1억 원 넘게 현금으로 내는 일이 부지기수였다. 인천공항 입점 점포 중 역대 최고 매출과 최고 수수료로 인천 지역 신문에 여러 번 오르내렸다. 벽제의 기세에 조선호텔과 워커힐도 질세라 설렁탕 가격을 벽제갈비

 식당은 어떻게 브랜드가 되는가

와 똑같은 수준으로 인상했다. 그런데 벽제갈비에는 없었던 가격 컴플레인이 조선호텔과 워커힐 업장에는 쇄도하는 바람에 다시 가격을 내리는 해프닝도 벌어졌다. 오랜 시간 '일두구매'의 원칙을 고수하며 비선호 부위로 좋은 품질의 탕을 만들어온 김영환 회장의 고집이 성공으로 이어진 순간이었다.

인천공항 제2터미널점과 교통센터점의 실패 05

제2터미널점의 실패

인천공항이 전 세계인이 이용하는 국제공항으로 자리를 잡으면서 여행객이 폭발적으로 증가하자 2018년 인천국제공항 제2여객터미널이 준공되었다. 인천공항 개항 7년 만에 새롭게 꾸려지는 제2터미널에 공항 내 최고 인기 식당인 벽제갈비가 입점하는 것은 당연한 일이었다. 제1터미널에서 벽제갈비로 재미를 본 두산은 적극적으로 제2터미널에 벽제갈비 입점을 추진했다. 그러나 인천국제공항 제2터미널은 공항철도역과 버스 정류장이 제1터미널과는 완전히 다른 별도

 식당은 어떻게 브랜드가 되는가

의 터미널이다. 제1터미널과 거리도 멀어 차를 타고 이동해도 20분이 소요되는 곳이었다. 마음에 드는 입지와 조건이 아니었지만, 계약관계상 갑의 위치에 있는 두산의 압력을 막아내기란 어려웠다.

제2터미널점의 결과는 참담했다. 체크인과 보안검색, 세관검사, 탑승수속 등 출·입국을 위한 모든 절차가 제2터미널에서 별도로 이뤄지는데도, 사람들은 식사와 쇼핑 등 출국 전 해야 할 일들을 제1터미널에서 마친 뒤에야 제2터미널에 왔다. 손에는 면세물품을 들고 배불리 식사를 마친 사람들만 제2터미널을 오갔다. 게다가 제2터미널의 식당 구역은 한식, 양식, 탕, 초밥의 4개 분야로 나뉘었는데, 벽제갈비는 한식이 아닌 탕 섹션으로 분류되었다. 그러다보니 김치찌개, 된장찌개 같은 대중적인 메뉴는 한식 식당이 가져가고 벽제갈비에서는 판매할 수 없었다. 갈비탕, 설렁탕 등 고가의 탕만 메뉴에 있다보니 손님들이 들어왔다가도 메뉴판을 보고 다시 나가는 경우가 많았다.

비슷한 시기, 또 하나의 실패를 마주했다. 벽제갈비는 인천공항 제2터미널에 '르시엘'이라는 이름의 양식 레스토랑을 동시에 오픈했다. 일본의 미즈호노사와 합작해 만든, 돈가스와 스파게티를 주메뉴로 하는 레스토랑이었다. 한식에 모든 것을 쏟아붓던 벽제가 갑자기 양식을 다루자니 메뉴 구성에서 조리 방법, 서비스와 인테리어까지 전 과정이 삐걱거렸다. 다른 양식당에서 급히 주방장을 구해 신월동 벽제갈비 주방에서 돈가스 소스 만드는 것부터 연습해야 했다. 게다가 공항에서는 양식을 찾는 사람이 거의 없었다. 출국을 앞둔 사람들은 당분간 해외에서 한국 음식을 먹지 못할 것을 생각해 마지막으로 꼭 한식을 찾곤 했다. 특히 출국 직전만큼은 반드시 찌개나 탕, 육개장 같은 매콤하고 얼큰한 음식을 찾는 것이 한국인 대다수의 특성이었다. 같은 이유로 르시엘 바로 옆자리의 일식집 역시 파리를 날렸다. 그렇게 벽제의 처음이자 마지막 양식당인 르시엘은 제2터미널 오픈 1년 만에 문을 닫았다.

교통센티 아닌 '고통센터'로

인천국제공항에 봉피양이 있었다는 사실을 아는 사람은 많지 않다. 이곳은 비행기를 타는 여객터미널이 아닌, 공항철도 인천국제공항역이 있는 교통센터 지하 1층에 위치해 있었다. 이곳으로의 입점 제의가 들어왔을 때 벽제의 간부와 직원 대부분은 기존의 벽제갈비가 잘되고 있으니 교통센터점은 굳이 할 필요가 없다는 의견을 제시했다. 그러나 김영환 회장의 생각은 달랐다. 벽제갈비로 인천공항에서 성공을 맛봤으니 후발 브랜드인 봉피양의 성공도 확인하고 싶었다. 인천국제공항역은 공항철도의 종착역으로, 사람들이 지하철에서 내리면 반드시 봉피양을 거쳐 가는 동선이었다. 봉피양에게는 전국구 브

　　　　　　　　식당은 어떻게 브랜드가 되는가

고급 돼지고깃집 '봉피양'의 시작, 봉피양 방이점.

랜드가 될 수 있는 절호의 기회였다. 김영환 회장은 "내가 5년은 손해 볼 작정으로 해볼 테니 딱 5년만 열심히 해봅시다!" 하고 밀어붙였다.

2001년 문을 연 봉피양 교통센터점은 벽제갈비의 성공을 등에 업고 손님들의 뜨거운 사랑을 받았다. 그런데 문제는 손님의 90%가 관광객이 아닌 인천공항 직원이라는 점이었다. 공항 관계자들 사이에서 새로 오픈한 봉피양 교통센터점 음식이 맛있다는 소문이 나면서 점심 저녁으로 직원들의 발길이 끊이질 않았다. 지상에서 일하는 직원들은 봉피양에 오기 위해 지하 1층까지 15분 가까이 내려와야 했다. 그런데도 점심시간마다 자리가 없어 번호표를 뽑고 대기줄이 이어졌다. 당시 교통센터점 조리장은 현재 봉피양 용산점을 맡고 있는 이기철 이사로, 벽제갈비 안에서도 손맛 좋기로 유명한 인물이었다. 어떤 음식이든 한 번 스윽 먹어보면 똑같은 음식, 아니 그보다 더 맛있는 음식을 만들어냈다. 당시 인천공항 직원들이 점심 식대로 받는 식권은 4,000원짜리였는데 이를 가지고 벽제갈비에서 식사를 하려면 가장 저렴한 메뉴라 해도 식권 1장에 본인 돈 6,000원을 더 보태야 했다. 그럼에도 손님이 끊이지 않아 공항 직원들 사이에서 봉피양 교통센터점은 구내식당으로 통했다.

그런데도 도통 이윤이 남지 않았다. 식권을 받아서 오는 직원들이 대부분이다보니 팔리는 메뉴는 상대적으로 가격이 낮은 일품요리와 탕뿐이었다. 갈비나 전골 등 매출을 올려줄 수 있는 메뉴를 찾는 사람은 적었다. 언제나 밀려드는 손님에 주방과 홀이 쉴 새 없이 돌아가는데도, 객단가가 낮은 음식만 팔리는 탓에 계산기를 두드리면 남는 게 없었다. 이기철 이사는 "매장은 엄청 바쁜데 싼 것만 팔리니까 어디다 뭐라고도 못 하겠고. 정말 고역이더라구요. 우리끼리는 교통센터점을 '고통센터'라고 불렀어요."

일명 봉피양 '고통센터'점은 장장 18년을 이어오다 2019년이 되어서야 9억 원의 자본잠식을 끝으로 긴 역사를 마감했다.

　　　　　　　　　　식당은 어떻게 브랜드가 되는가

인천국제공항의 점포들은 역대 모든 점포 중에서도 관리체계가 가장 복잡하고 엄중한 곳이었다. 위생 검역 및 심사만 4개 기관에서 받아야 했는데, 공항 경찰대와 식약청, 인천시 중구청 위생과, 거기에 원청업체인 두산까지 수시로 위생 검사를 들이닥쳤다. 검사의 기준도, 시기도 제각각이었다. 매장 운영에 있어서 '을'인 것도 모자라 '갑'이 무려 네 곳이나 됐다는 뜻이다. 이 '갑'들과 좋은 관계를 유지하는 것이 인천공항점을 맡은 점장들의 중요 역할이기도 했다.

까다로운 환경 속에서도 벽제갈비는 2000년대 내내 인천공항공사가 선정한 '최고매출상'을 받았다. 공항에 입점한 수많은 식당 중에 안정적으로 홀을 운영하면서 단위면적당 매출을 극대화한 매장에 인천공항공사가 직접 수여하는 상이다. 당시 점장으로 일했던 한길남 이사는 우수직원상도 받았다. 공항의 식당은 다른 어떤 식당보다 '속도'가 생명이다. 음식의 퀄리티는 물론이고 비행 시각에 쫓기는 바쁜 손님들에게 수준 높은 음식을 빠르고 친절하게 전달했다는 공로를 인정받은 것이다.

한길남 이사는 그 원동력이 '사명감'이라고 말했다. "열악한 공항 환경이지만 한국에서의 마지막 식사를 잘 대접하자는 사명감을 직원들과 공유했어요. 여러 점포에서 서비스를 해봤지만 공항에서의 영업이 웬만한 단독 매장보다 전파력이 좋았습니다. 특히 2000년대 초중반만 해도 공항에서 비행기를 타는 사람은 경제력이 일정 수준 이

상인 분들이어서, 그분들 사이에서 자연스럽게 마케팅이 됐어요. 인천공항 진출은 벽제갈비의 성장에서 빼놓을 수 없는 중요한 역할을 했습니다."

인천공항에서의 영업은 소득수준이 높은 고객들에게 벽제갈비를 알리는 효과를 가져왔다. 나아가 해외 동포들, 특히 미국에 살면서 인천공항을 통해 한국을 다녀간 교포들은 "미국에서도 벽제갈비와 봉피양 평양냉면을 맛볼 수 있게 해달라."고 끊임없이 요청하기도 했다. 말도 많고 탈도 많은 인천공항에서의 영업이었지만, 김영환 회장과 원로들은 벽제의 40여 년 역사 속에서 가장 의미 있는 점포로 인천공항점을 꼽는다. 대한민국의 첫 국제선 전용 공항의 시작과 함께 벽제가 오랜 기간 자리를 지키며 먼 길을 떠나는 국민들에게 한국의 맛과 정을 푸근히 채워주었기 때문이다. 해외 손님들에게 벽제갈비를 알린 것도 인천공항점을 통해 얻은 막대한 경제적 가치다.

인천공항에서의 활약은 인천 파라다이스시티 입점으로 이어졌다. 대형 쇼핑몰에서도 최상급 레스토랑이 성공할 수 있다는 것을 벽제갈비를 통해 확인한 파라다이스그룹은 전필립 회장의 부인 최윤정 파라다이스문화재단 이사장의 주도로 벽제갈비 유치에 적극적으로 나섰다. 2019년 벽제갈비는 인천 파라다이스시티에 134평 규모의 봉피양을 열어 리조트를 찾는 가족 단위 손님들에게 큰 사랑을 받고 있다.

"부자의 그늘에 들라", 06
타워팰리스점

외국 저널에서 먼저 인정한 벽제갈비의 명성

"한국의 Great Asia Restaurent 벽제갈비"(《월스트리트저널 아시아판》 2002년

7월 19일)

"Aisa Best 5 Restaurent 벽제갈비"(《월스트리스저널 아시아판》 2003년 7월 25일)

"세계 1,000만 명 이상의 허브도시의 맛집 47선, Fair to Remember 선

정"(《월스트리스저널》 2005년 6월 17일)

인천공항을 토대로 뻗어나간 벽제갈비의 명성은 외신에서 그 폭발력을 입증했다. 《월스트리스저널》과 《USA투데이》 등 해외 유명 언론들이 앞다투어 벽제갈비를 집중 보도하기 시작했다. 특히 거의 해마다 벽제갈비를 '아시아 최고의 레스토랑'으로 뽑아준 《월스트리스저널》의 기자 존 크리치John Krich의 벽제갈비 사랑은 김영환 회장조차 어리둥절할 정도였다.

"Byeokje Galbi, Seoul I confess: I love finely marbled, charcoal-grilled beef, and here is where I'd get my fix. This scrupulously run chain uses real charcoal and custom-farmed meats to produce the ultimate Korean experience. It even makes wonderful steak tartare, served on slivered onions and Asian pears, and great cold buckwheat noodles."

저는 고운 마블링으로 숯불에 구운 쇠고기를 좋아하는데 벽제갈비가 제 입맛을 사로잡았습니다. 세심하게 운영되는 벽제갈비 체인점은 참숯과 맞춤형으로 사육된 쇠고기를 통해 궁극의 한국적인 경험을 제공합니다. 양파와 배를 넣은 최고의 스테이크 타르타르와 훌륭한 냉면도 추천합니다.

- 《월스트리스저널 아시아판》 2003년 7월 25일

식당은 어떻게 브랜드가 되는가

"월스트리트저널은 나를 만나거나 우리 직원들 누구와 인터뷰한 적이 없어요. 독자적으로 아무도 모르게 취재를 해오다가 갑자기 기사를 낸 것이라 저도 정말 놀랐습니다. 아마 그전에 일본 여러 매스컴에서 벽제갈비가 나온 것을 보고 우리를 알게 되지 않았나 싶어요. 오히려 저는 그때 언론 접촉은 가급적 피하려고 애쓰던 시절이었거든요. 돈도 모아두지 못했는데, 괜히 유명세가 나서 세무조사라도 받으면 큰일이니까요."

김대중 정부 당시 벽제갈비는 국세청에서 가장 무서운 조직으로 꼽히는 조사4국의 세무조사를 받았다. 국세청의 조사국은 1국에서 4국까지 구성돼 있는데, 1~3국은 주로 정기 세무조사와 일반 세무조사를 하는 곳이고, 조사4국은 기업을 대상으로 비정기적인 세무조사를 들이닥쳐 일명 '재계의 저승사자'라 불리는 곳이다. 주로 탈세, 불법 비자금 조성, 배임이나 횡령을 조사하는 특별조직으로 삼성, 현대와 같은 대기업은 물론이고 YG엔터테인먼트, BBQ치킨, 사교육업체 메가스터디까지 업종을 가리지 않고 조사의 칼끝을 겨눈 바 있다.

벽제갈비의 경우 2002년 《월스트리트저널 아시아판》에 보도되고 인천공항점의 인기가 해외를 오가는 정부 관계자들의 눈에 띄면서 국세청 조사4국의 세무조사를 받았다. 2002년 김대중 대통령 임기 말에 시작된 세무조사는 2003년 노무현 대통령 정권이 들어서고 나서야 끝이 났다. 이후에도 3대 지상파 방송이나 5대 일간지에 벽제갈비 또는 봉피양이 나오는 날이면 얼마 후 예약이라도 한 듯 세무조사가 따라붙었다. 이때의 경험으로 김영환 회장은 '투명 경영'을 모든 점포 운영의 기본으로 삼았다.

외신에서의 대서특필은 그동안 좋은 재료를 확보해 음식을 잘 만들어 파는 것밖에 몰랐던 김영환 회장에게 새로운 시각을 열어주었다. 브랜드 이미지나 마케팅을 생각할 겨를도 없이 주마간산走馬看山으로 달려온 지난 15년이었다. 외신에서 '아시아 최고 레스토랑'이라는 타이틀을 달아주고 나서야, 김영환 회장은 가던 걸음을 멈추고 그동안 왔던 길을 뒤돌아보았다. 그리고 앞으로 나아갈 방향과 목표를 새롭게 설정했다.

"그 당시 벽제갈비의 대표성을 가지고 있는 방이 본점은 맛있고 유명하긴 했어도 고급 식당이라고 하기에는 인테리어나 분위기가 많이 부족했습니다. 벽제갈비가 명실상부한 한국 대표 음식점이 되어가고 있는 시점에서 이전과는 다른, 제대로 된 '한 수'를 놓아야 할 때가 왔다는 생각이 들었어요. 앞으로 우리가 갈 방향을 '하이엔드', '파인다이닝'으로 잡고, 여기에 걸맞은 최고의 인테리어를 갖춘 프리미엄 매장을 새로 오픈하겠다는 결심이 섰습니다."

그렇다면 위치는 당연히 강남이었다. 김영환 회장은 강남구 도곡동의 타워팰리스를 타깃으로 정했다. 타워팰리스는 초고층 대단지 주상복합 아파트의 시초로, 2002년 분양 당시 평당 900만 원의 분양

가를 기록하며 2000년대 '부富의 상징'으로 군림하던 곳이다. 강남의 터줏대감인 삼원가든과 버드나무집의 아성에 도전하려면 최상급 한우는 물론이고 상류층 고객을 위한 고품격 인테리어가 필요했다. 김영환 회장은 테이블과 구이용 로스터 등 주방과 홀의 모든 집기류를 최고급 일본 제품으로 갖추기로 했다. 계산기를 두드려보니 타워팰리스 1층 60평 매장의 보증금으로 8억, 인테리어와 집기류 등 최고급 매장 세팅에 17억, 도합 25억 원가량이 오픈 자금으로 필요했다. 신촌점을 매각해야 할 정도로 큰 액수가 들어간 인천공항점 출점 때보다 몇 배 큰 금액이 투입돼야 하는 것이다. 김영환 회장은 평소 친하게 지내던 동창 등 지인 5명에게 투자를 제안했다. 평소 김영환 회장의 추진력과 벽제갈비의 성공가도를 가까이에서 지켜봐온 지인들은 기꺼이 주주로서 동참했다. 그들이 보기에 김영환은 끈질기면서도 투명한 사람이었다. 그러나 이 공동 지분 투자가 훗날 큰 고통으로 돌아오게 되리라는 것을 김영환 회장은 알지 못했다.

"이건희 회장을 모셔라", 타워팰리스점의 차별화

김영환 회장은 지분을 투자한 주주들과 함께 일본으로 건너갔다. 일본 내 최고급 식당으로 손꼽히는 와규 전문 레스토랑 30여 곳을 돌아다니면서 인테리어와 디자인, 메뉴 구성과 서비스 등 갖가지 요소를 분석하며 타워팰리스점의 밑그림을 그려나갔다. 일본의 최고급 레스토랑을 롤모델로 정하고, 일본인 디자이너 신교지 코지 씨가 인테리어의 키를 잡았다. 신교지 씨는 한국인과 결혼하고 한국에 귀화한 디자이너로, 한식당 사리원, 이자카야 쇼부, 라멘만땅 등 유명 식음료 매장의 인테리어 디자인을 담당해왔다. '한국적 디자인을 모던하고 심플하게'라는 슬로건 아래 신교지 씨는 한국의 나무디자인 팀과 손잡고 타워팰리스에 최적화된 최고급 인테리어를 완성해냈다.

타워팰리스점은 홀 전체를 감싸는 넓은 통유리 밖으로 아름다운 정원을 품은 구조로 설계되었다. 벽제갈비 기존 매장들과는 달리 타워팰리스만의 드높은 층고는 더없는 개방감을 주었다. 김영환 회장은 널찍하고 모던한 매장 분위기에 맞추어 모든 집기류를 새롭게 맞춤 제작하는 데 돈을 아끼지 않았다. 기존의 매장에서 사용한 테이블은 손님이 마주 앉는 세로 길이가 85센티미터였던 것에 비해 타워팰리스점에 쓰인 테이블은 그 길이를 1미터로 확장했다. 테이블 위 음식들 사이의 간격을 넓혀 여백의 미를 살리고 플레이팅 효과를 극대화하기 위함이었다. 여기에 일본 최대 로스터 업체인 신포주식회사シンポ株式会社와 공동으로 1대당 800만 원짜리 최첨단 로스터를 개발해 테이블마다 설치했다. 이 특수 로스터는 고기를 구울 때 나는 연기와 냄새를 획기적으로 없애 매장 안을 쾌적하게 해준다. 또한 이

　　　　　　　　　　　　　　　식당은 어떻게 브랜드가 되는가

모던한 인테리어와 최고급 집기, 방음에 신경 쓴 타워팰리스점은 하이엔드를 지향하는 벽제 갈비의 교두보였다.

로스터 덕분에 직원들이 활활 타는 숯불을 들고 매장 안을 돌아다니는 일도 사라져 매장 분위기를 더욱 차분하고 안정적으로 만들 수 있었다.

인테리어에 이어 두 번째로 공을 들인 것은 '방음'이었다. 일본의 고급 와규 식당에서 김영환 회장이 느낀 것은 룸 또는 별도의 공간에 있으면 옆방이나 바깥의 소리가 전혀 들리지 않는다는 점이었다. 여타 한국의 고깃집과 차별화되는 프라이빗한 환경을 위해 김영환 회장은 룸 하나당 4,000만 원에 육박하는 방음 파티션을 일본에서 공수했다. 이미 김영환 회장의 경쟁 상대는 국내가 아닌 일본 내 최상급 요릿집이자 전설의 야키니쿠 맛집 '조조엔叙々苑'이었다.

"조조엔은 방마다 방음이 어찌나 철저한지, 왁자지껄하고 복작복작한 한국의 고깃집과는 분위기가 전혀 다르더라구요. 수려한 디자인 속에 은은하게 연주되는 음악을 들으며 엄선된 최상급의 와규를 연기나 냄새 없이 즐길 수 있는 그런 곳이었죠. 단순히 한 끼를 때우러 오는 곳이 아닌, 분위기와 음악, 조명 등 여러 요소가 맞물려 조화롭게 돌아가는 하나의 예술무대 같았어요. 그때부터 '나의 경쟁 상대는 여기다.' 하고 벽제갈비의 품질과 서비스의 모든 기준을 조조엔에 맞추었습니다."

조조엔은 1976년 재일교포 박태도 씨가 도쿄 롯폰기에 개업해 도쿄 곳곳과 일본 주요 도시에 지점을 낸 한국식 고기구이 전문점이다.

　　　　　　　　식당은 어떻게 브랜드가 되는가

특히 '아름다움을 추구하는 긴자의 여성들에게 최적화된 레스토랑'이라는 찬사를 받고 있는데, 세계적 명품 브랜드와 고급 식당이 밀집한 긴자는 일본 내에서 부와 권력의 상징 같은 곳이다. 조조엔은 긴자의 여성들이 테이블에 앉았을 때나 거울 앞에 섰을 때 가장 미인으로 보일 수 있도록 매장 내 빛의 조도와 각도까지 계산해 인테리어한 것으로 알려져 있다. 긴자로 대표되는 도쿄 상류층을 타깃으로, 조조엔은 고급스러우면서도 대중적인, 그러나 독특한 콘셉트로 빠르게 성장했다. 일본에는 식도원, 야키니쿠엔 등 재일교포가 차린 야키니쿠 레스토랑이 많이 있는데, 그중 조조엔은 상류층이 주로 찾는 고급 체인으로 자리 잡았다.

벽제갈비 타워팰리스점도 조조엔을 벤치마킹해 조명의 색과 조도에 상당한 투자를 했다. 그리고 대형 와인셀러를 한쪽 벽 전체에 진열해 시선을 사로잡았다. 이제는 대부분의 식당에서 와인을 보는 것이 흔한 일이 되었지만 2000년대 초반 한국의 고깃집에서 와인을 전면에 내세우는 방식은 전에 없던 새로운 인테리어이자 마케팅이었다. 한국에 와인 붐이 일어나기 시작한 것은 2004년 한-칠레 자유무역협정FTA이 체결된 이후부터라는 점을 고려할 때 2004년 7월에 오픈한 타워팰리스점이 얼마나 앞서갔는지 알 수 있다. 외식업계 전문가 그룹 '바앤다이닝Bar & Dining'에서는 '비스니스를 위한 최적의 레스토랑'에 벽제갈비 타워팰리스점을 선정하며 그 이유를 이렇게 서

술했다.

　벽제갈비 도곡점은 우아한 한식 고깃집이다. 《월스트리트저널》
에 아시아 최고의 갈빗집으로 소개될 정도로 안팎의 지명도가 높다.
고깃집이지만 흔한 고기 냄새가 나지 않고, 일반 식당의 두 배나 되
는 높은 천장은 탁 트인 느낌과 함께 여유로움과 쾌적함을 전한다.
100여 종의 대형 와인셀러를 중앙에 두어 기존의 고깃집과 다른 고
급 레스토랑 분위기를 낸다.

　여기에 더해 김영환 회장은 화룡점정을 찍었다. 지금은 작고한 삼
성그룹 이건희 회장을 모시기 위한 특별 VIP룸, 이른바 '황실'이 그것
이다. 김영환 회장은 타워팰리스점을 구상할 때부터 "이건희 회장이
찾는 고깃집을 만들어보자."를 목표로 정하고 모든 기준을 그에 맞추
었다. 당시 이건희 회장은 지금은 문을 닫은 역삼동의 한식당 '뱀부하
우스'를 즐겨 찾는 것으로 알려졌는데, 뱀부하우스는 삼성 일가는 물
론 미국의 배우 톰 크루즈와 홍콩 배우 성룡 등 국제적 스타들이 찾
는 당대 최고의 한식당이었다. 벽제갈비라고 못 할 것은 없었다.
　"룸 중에 가장 프라이빗한 위치의 큰 룸을 하나 빼서 '황실'이라고
이름 붙이고, 이건희 회장님을 모실 수 있을 만한 완벽한 공간으로
만들었어요. 황실 룸의 특징은 다른 룸에는 없는 리셉션 공간이 별도

　　　　　　　　　　　　　식당은 어떻게 브랜드가 되는가

로 있다는 점입니다. 게스트와 식사 전에 차도 마시고 회의도 하고 업무상 중요한 프레젠테이션도 할 수 있는 공간을 전실前室처럼 앞쪽에 따로 배치한 것이죠. 이건희 회장님은 결국 못 뵈었지만 이재용 당시 삼성전자 전무와 이부진 호텔신라 상무 등이 자주 오셨어요. 타워팰리스점에서 우리의 가치를 충분히 인정받았습니다."

상위 1%를 겨냥해 작정하고 만든 타워팰리스점은 벽제갈비가 최고급 레스토랑으로 자리매김하는 데 큰 역할을 했다. 타워팰리스점을 통해 최고의 조리 기술력을 확립하고, 거기에 최상급 식재료에 대한 바잉 파워가 뒷받침되면서, 비로소 벽제갈비는 소위 탑 티어top-tier 레스토랑의 반열에 오르게 되었다. 박미향 한겨레 음식전문기자는 벽제갈비를 '한국 요식업계에서 고급화된 고깃집의 롤모델'이라고 평하며 "벽제갈비는 '고급 인테리어', '차별화된 브랜드 콘셉트', '기업 형태의 조직원 구성'의 세 가지 요소를 통해 고깃집의 고급화에 성공했다."라고 분석했다.

한편으로 2017년 타워팰리스점을 둘러싸고 투자자들 간에 경영권 분쟁이 벌어지면서 김영환 회장은 몇 년간 극심한 고통에 시달려야 했다. 통상적으로 식당 동업을 할 때는 조리 기술, 식당 관리와 운영, 브랜드 파워, 파이낸싱financing의 네 기지가 핵심 요소나. 이 중 김영환 회장은 파이낸싱을 제외한 세 가지를 온전히 보유하고 있었기 때문에 프리미엄을 인정받고 자산에 가중치를 두어 51% 이상의 지분을 확보했어야 옳았다. 그러나 김영환 회장은 이를 소홀히 하고 27%의 낮은 지분으로 동업을 시작하는 우를 범했다. 김영환 회장은 가까운 지인들의 지분을 우호지분이라고 생각하고 모든 것을 점포에 쏟아부었으나 결국 경영권을 탈취당할 위험에 빠지고 말았다.

"처음부터 과반수 지분을 확보하지 않은 것을 뼈저리게 후회했습니다. 자칫 소송으로 치달을 뻔했는데, 두 명의 친구이자 주주가 내 편에 서주면서 겨우 마무리가 됐어요. 한국은 동업이 유달리 어려운 나라라는 걸 새삼 깨달았습니다."라고 김영환 회장은 말했다. 이 사건은 김 회장으로 하여금 전 점포를 동업이나 가맹이 아닌 직영으로만 운영하겠다고 결심하는 계기가 되었다. 현재 김영환 회장은 타워팰리스점의 지분을 40%까지 늘렸으나 앞으로 지분이 51%를 넘길 때까지 더 매입해 경영권을 방어해야 하는 과제를 남겨놓고 있다.

박사들이 모인 마장동 벽제한우

한우업계 흔드는 '큰손'

최고급 한우는 어떤 방식으로 벽제갈비에 유통될까?

벽제갈비는 충북 음성의 축산물공판장에 올라오는 소 중에서 상위 1%의 한우를 경매를 통해 매일 공급받는다. 기준은 BMS 9등급 중에서도 최상급인 이른바 '슈퍼 나인super nine' 또는 '나인 업nine up'으로, 소 1,000마리 중 2~3마리에만 해당하는 특상의 한우다. 일두구매 원칙에 따라 마리째 구입된 최상급 한우들은 경매 이튿날 새벽, 서울 마장동에 위치한 육가공 시설 '벽제한우'로 운송된다. 새벽 4시부터 대기하고 있는 발골 전문가들의 노련한 칼놀림을 통해 정교하게 손질된 한우는 부위별로 나뉘어 벽제갈비와 봉피양 각 점포에 당일 공급된다. 어제 낙찰받은 최상품의 한우를 오늘 손님의 테이블에 올리는 방식이다. 도축한 지 오래되지 않은 신선한 쇠고기일수록 육즙이 풍부하고 올레인산 함량이 높아 맛이 좋다. 이 과정에 걸리는 시간은 모두 합

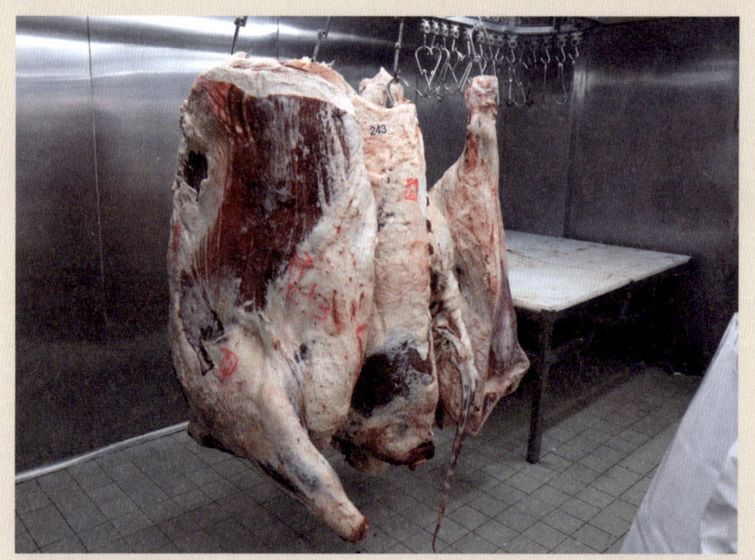

마장동 벽제한우는 최상품의 한우를 최상품의 식재료로 만들어내는 벽제의 전진기지다.

식당은 어떻게 브랜드가 되는가

쳐 불과 24시간. 벽제한우가 자사의 점포만을 위한 직영 정육점이기 때문에 가능한 일이다.

벽제갈비는 충북 음성 외에도 충남 천안의 포크빌축산물공판장, 강원도 홍천의 주거래 목장을 비롯해 경북 봉화와 안동에도 중매인을 두고 전국 각지의 1등 한우를 공급받고 있다. 고구마 줄기처럼 뻗어 있는 벽제만의 '한우 유통 지도'다. 탄탄하게 구축된 공급망은 특정 지역에서 구제역이나 럼피스킨 같은 전염병으로 소 이동에 제한이 걸릴 때에도 다른 경로를 통해 최상급 한우를 원활하게 수급받을 수 있도록 한다.

전국의 우수한 한우가 한자리에 모이는 '전국한우능력평가대회'는 벽제갈비에게 의미 있는 행사다. 한우능력평가대회는 국내 축산 농가를 살리고 한우의 소비를 촉진하기 위해 농림부, 한국종축개량협회, 전국한우협회 주최로 1993년 처음 개최됐다. 1993년은 국내 농업의 역사에서 위기의 순간이었다. 1989년의 미-캐나다 FTA를 시작으로 자유무역협정에 대한 압박이 속도를 내고 있었고, 기존 GATT 체제를 무너뜨리고 세계무역기구WTO 체제로 가는 우루과이라운드의 타결을 앞두고 세계 경제질서가 요동치고 있었다. 쌍무적 무역협정이냐 다자간 무역협정이냐의 차이는 있지만, 모두 관세장벽을 무너뜨리고 세계 시장을 개방하려는 시도였다. 이러한 세계화·개방화 시대에 맞춰 한우의 경쟁력을 높이기 위한 노력이 본격화되었고, 외국산 쇠고기와의 차별화 전략으로 한우능력평가대회를 연 것은 그 출발점이었다. 현재는 전국의 농가들이 이 대회를 위해 1년을 소 사육에 바칠 정도로 명실상부한 한우

경진대회로 자리 잡았다.

벽제갈비는 2000년대 초반부터 해마다 이 대회에서 최고상을 받은 소를 구입해왔다. 김영환 회장은 대통령상, 국무총리상 등을 받은 한우들을 수천만 원을 넘기는 가격에도 개의치 않고 사들였다. "최고급 한우는 벽제갈비의 몫이다."라는 상징성 때문이기도 했지만, 소를 기르는 농가들의 노력과 가치를 인정하고, 좋은 한우라면 얼마든지 값을 지불할 수 있다는 '품질우선주의'를 업계에 확산시키고자 하는 철학에서 비롯된 행동이었다. 이 같은 공로를 인정받아 김영환 회장은 2017년 농업인의 날(11월 11일)에 대통령표창을 받았다.

"수십 년 동안 비싼 값을 주고 1등 소를 사는 것은 우리 같은 작은 기업에게는 오히려 손해일 수 있습니다. 그러나 물건만 좋으면 가격이 중요하지 않다는 의식을 축산 농가들에게 심어주고 싶었어요. 제가 20년 넘게 버틴 그 자리에 요새는 대기업들이 들어오면서 한우의 경매가가 더 높아지고 있습니다. 그러나 그것이 축산업자들을 품질로 경쟁시켜 농가 이익을 높여주고, 공판장의 경영 능력도 발전하는 방향이죠. 오랜 시간이 걸렸지만 처음 이 바닥에 뛰어들었을 때 다짐한 대로 한우업계 전체는 발전하고 있으니 저는 그저 흐뭇합니다."

2024년 11월에 열린 27회 한우능력평가대회에서 우승을 거머쥔 소의 가격이 9,300만 원을 기록했다. 대회 역사상 최고가를 갱신한 이 한우는 축산 도매 온라인몰을 운영하는 동원그룹이 낙찰받았다. 벽제갈비는 신라호텔 관

식당은 어떻게 브랜드가 되는가

계자들과 함께 대회가 열린 충북 음성으로 내려가 직접 소를 골랐다. 2012년부터 인연을 맺어온 신라호텔은 벽제한우가 직영 점포 외에 한우를 공급해주는 거의 유일한 거래처다. 엄격한 기준으로 선정된 벽제갈비의 한우는 '라연', '팔선', '콘티넨탈', '아리아께' 등 신라호텔 내 파인다이닝 레스토랑에서 고객들과 만난다. 한우 3.2킬로그램에 200만 원을 육박하는 '벽제 설화한우 세트'는 신라호텔에서만 볼 수 있는 최고급 명절 선물세트로, 삼성 임원들에게 인기다. 벽제한우의 정체성에 대해 김영환 회장은 이렇게 설명한다.

"마장동의 벽제한우는 최고의 소를 일두구매해서 최고의 레스토랑으로 만들어주는 전진기지입니다. 각 점포들의 백업back-up을 잘하기 위해서는 기술만큼이나 많은 지식이 필요합니다. 상품의 원가 분석은 물론이고 점포별 판매 테크닉을 향상시킬 수 있는 소통도 도맡아합니다. 국내 유수의 목장들과 제휴해 유통 경로를 넓히고 숙성 기술을 확보하는 것도 벽제한우의 역할이죠. 정육점이 아니라 연구소에 가깝습니다."

'브레인' 모아놓은 마장동 지식본부

벽제한우의 사령탑은 정승구 부장이다. 그는 BMS 넘버를 DNA에 새기고 태어난 사람이다. 충북 음성에서 소를 키우던 집의 장남이지, 벽제갈비에서 한우 명장으로 이름을 날리던 정용락 이사의 조카이기도 하다. 정승구 부장의 할아버지는 서대문구 연희동에서 '대동'(푸줏간을 하는 사람을 일컫는 옛말)으로 이름을 날렸다.

"어려서부터 소에게 우유를 먹이면서 혓바닥 밑에 손도 넣어보고, 새끼 낳으면 옆에 누워서 같이 잠도 자고, 그렇게 컸어요. 그러다 벽제갈비에서 오래 일하신 작은아버지의 권유로 서울로 올라와 벽제갈비에 들어왔구요. 마장동의 윗세대 어르신들 중에 시골 우리 집으로 소를 사러 오셨던 분이 많았어요. 그래서 마장동은 저에게 고향이자 삶 그 자체예요. 어릴 때부터 지금까지 평생 이 일 말고 다른 일을 생각해본 적이 없습니다."

아무리 한우 명가의 후계자라도 마장동에서는 바닥부터 밟아 올라가야 했다. 20대 시절 일을 배우기 위해 새벽마다 두 시간 먼저 출근했던 정승구 부장은 칼을 잡은 지 1년 만에 손가락 인대가 두 번 끊어졌다. 오른손잡이인 그는 지금도 왼손에 200바늘 넘는 흉터가 남아 있다. 자신이 다치면서 배웠기 때문에 후배들에게 요란한 기술보다는 '다치지 않는 법'을 먼저 가르친다.

"지금 우리의 발골과 정선 기술은 20년 전보다 월등히 올라왔습니다. 이제는 그중에서 비선호 부위, 특수 부위를 뽑아내 얼마나 소비자들에게 맛있게 제공하는지가 승부처예요. 예전에는 안 먹던 부위인 토마호크, 본멜로, 엘본, 포터하우스 등이 계속해서 개발되고 있는 것이 좋은 예죠. 아직 우리가 활용하지 못하고 있는 부위가 우둔살인데, 일본은 뻑뻑한 우둔살도 이미 구잇감으로 먹고 있거든요. 그러기 위해서는 소 품종도 좋아야 하지만 발골 기술이 받쳐줘야 하고, 매장에서 굽는 기술도 따라줘야 해요. 모든 과정이 유기적으로 발전해야 합니다. 매일 공부하지 않으면 미래를 대비할 수 없어요.”

그래서 김영환 회장은 벽제한우를 '지식으로 충만한 본부'라 표현한다. 마장동 한 귀퉁이 벽제한우 건물에는 박사 인력만 3명이 상주해 있기 때문이다. KFC와 할리스커피 등 한국의 1세대 프랜차이즈 회사들을 거치고 대학에서 경영을 가르쳤던 김두복 상무, 한식 연구자이자 외식경영학 박사인 김진희 이사, 그리고 일본에서 온 30대 젊은 인재 하세가와 히사야가 그들이다. 이 3명의 박사는 한우 발골 과정을 통해 소의 각 부위를 철저히 분석하고, 그 특징과 쓰임에 적합한 요리들을 개발하고 있다.

김진희 이사는 “비선호 부위를 구잇감으로 상품화하는 방법에 관한 연구에 매진하고 있는데, 다른 데에서는 아직 활용하지 않은 부위를 가지고 우리만의 새로운 메뉴를 개발하는 게 관건”이라고 말했다. 우리가 소비하는 쇠고기는 선호 부위와 비선호 부위로 나뉘는데, 구이용으로 인기가 많은 등심, 채끝, 갈비, 안심 등이 선호 부위라면 소 엉덩이부터 뒷다리 쪽에 걸쳐 있는 우둔, 설도, 사태 등이 비선호 부위에 해당한다. 비선호 부위의 영양성분이 선호 부위 못지않게 풍부한 것으로 확인돼 앞으로의 연구 가치가 크다.

벽제갈비는 일본에서 조조엔의 뒤를 잇는 야키니쿠 식당이자 일두구매를 성공적으로 안착시킨 다지마야但馬屋를 롤모델로 삼고 있다. 일본은 쇠고기의 숙성과 냉동, 해동 등의 기술이 한국보다 앞서 있다. 고기를 포션육(손질한 육류를 소부 포장한 형태)으로 나누어 보관·유통하는 시스템노 살 발달해 있다. 정승구 부장은 “일본의 경우는 메이지 유신 때부터 쇠고기를 먹은 내용이 기록

일본 다지마야의 전문가들과 대화를 나누는 김영환 회장. 롤모델이기도 한 일본의 야키니쿠 레스토랑 다지마야와는 서로 교류하며 도움을 주고받고 있다.

되어 있는데, 우리는 그보다 훨씬 옛날인 《삼국유사》에 쇠고기를 먹었다는 기록이 있어요. 쇠고기 각 부위의 명칭도 일본은 영어, 프랑스어가 섞여 있는데 반해 우리나라는 그 명칭들이 다 우리의 옛날 언어로 존재해요. 쇠고기를 먹는 문화는 우리가 일본보다 훨씬 빨랐다는 뜻이죠. 그러나 일본이 서양 문물을 빠르게 받아들이면서 그 뒤로 여러 면에서 우리가 뒤쳐졌어요."라고 설명했다.

김영환 회장은 정승구 부장에게 쇠고기에 관한 책을 만들 것을 주문했다.

식당은 어떻게 브랜드가 되는가

쇠고기의 기본 손질법과 제공 방법을 상세하고 체계적으로 서술한 이론서가 식당 현장에서 일하는 요리사들에게 반드시 필요하기 때문이다. 이로 인해 벽제한우에는 육가공 관련한 일본어 서적과 논문이 고기만큼이나 많다. 연구 과정 속에서 회사의 지원을 받아 일본의 식품박람회에 참여하기도 하고, 일본 현지에서 부위와 메뉴 개발을 놓고 밤새워 난상토론을 벌이기도 한다.

또한 한우를 도축하고 60일간 숙성하면 육질에 남아 있는 이노신산이 특유의 감칠맛을 주는데, 이것이 외국인의 입맛까지 사로잡는 것을 알고 나서부터 벽제한우에서는 숙성 기술 전문 장인들을 훈련하고 양성하는 것에도 정성을 기울이는 중이다. 이들은 단순히 쇠고기 연구를 넘어 한우의 세계적인 가치를 높이고 한우산업 발전에 기여한다는 사명감으로 가득 차 있다. 세 아들의 아버지인 정승구 부장은 "저희 아들들도 이 일을 물려받았으면 좋겠습니다."라고 자신 있게 말했다.

재무관리자 이부연

캐셔가 금고 지키던 식당에서 법인기업으로

"이부연이가 영풍을 나간댄다. 영환아, 이부연을 잡아!"

이부연은 1973년 김영환과 함께 영풍에서 직장생활을 시작한 입사 동기다. (주)영풍에서 경리 회계를 담당하며 사우디아라비아에 파견돼 4년간 경리 부장을 역임, 수백억 원의 회사 자산을 굴린 인물이다. 1998년 이부연이 오랜 해외생활에 지쳐 영풍을 퇴사하자, 김영환 회장과 친했던 영풍의 지인이 곧바로 김영환 회장에게 이부연을 붙잡으라고 조언했다.

"제가 영풍을 나가고 얼마 안 있어 김영환 회장이 만나자고 연락을 했어요. 입사 동기이긴 하지만 부서가 달라 서로 잘 모르는 사이였는데, 진작에 영풍을 나가 고깃집 차려서 잘되고 있다는 소문은 듣고 있었지요. 만나서 얘기를 들어보는데 처음 든 생각이, '이 사람은 이 정도 식당 가지고는 성이 안 차겠구나.'였어요. 회사를 키우고자 하는 열망이 엄청나고, 이미 머릿속에 다점포

재무관리자 이부연

계획과 전략이 다 짜여 있었어요. 내가 들어와서 법인을 설립하고 관리를 잘 해나가면 그냥 식당에서 그치지 않고 크게 성장할 수 있겠다는 생각이 들었습니다."

1998년 당시 벽제갈비는 업력 12년차로, 6개의 점포를 운영하며 식당이냐 기업이냐의 기로에 서 있었다. 각 점포별로 수익이 나며 사세를 확장하고 있었지만, 이를 제대로 관리할 전문 인력은 없었다. 이 같은 타이밍에 대기업에서 경리 및 회계 부서를 거친 '재무통' 이부연의 영입은 벽제갈비 기업화의 서막을 열어주었다.

"1999년 1월 벽제갈비에 들어왔는데, 와서 보니 그때까지만 해도 개인이 운영하는 식당이어서 관리라는 게 전혀 안 되어 있었어요. 카운터에서 캐셔들이 돈을 자기들 멋대로 운용하더라구요. 그래서 회장님한테 이러시면 안 된다, 앞으로 금고는 내가 관리하겠다고 했어요. 사무실을 하나 얻어 각 점포의 금고를 전부 가져오라고 했습니다. 어떤 캐셔는 자기 금고를 빼앗겼다고 울며불며 회장님한테 매달리기도 했어요. 그러나 회장님이 '이제는 회사 체제로 가야 한다. 여러분이 협조해야 우리가 더 잘될 수 있다.'고 직원들을 설득해 금고를 회수했죠."

점포마다 흩어져 있던 금고를 모아 회사의 재무 상태와 흐름을 파악해보니 각종 문제들이 쏟아져 나왔다. 금고를 돌려달라고 아우성쳤던 캐셔는 알고 보니 금고의 돈을 빼 자신의 전세보증금 일부에 사용한 흔적이 드러났고, 이 밖에도 직원들이 회삿돈으로 차를 사거나 자기 사비로 전용하는 등의 관리 부실이 수면 위로 올라온 것이다.

제대로 된 관리를 위해 이부연은 1999월 6월 벽제갈비 법인을 설립, 7월 1일자로 사업자등록증을 냈다. 직원이 따로 없어 총무, 경리, 인사까지 모두 이부연의 일이었다. 이부연은 구청과 세무서, 노동부를 오가며 맨땅 위에 기업의 골조를 하나하나 세워나갔다.

음식점은 업종의 특성상 직원마다 휴무일이 다르고 야근, 휴일근무 등 근무 시간이 유동적이어서 급여 정산이 대단히 복잡하다. 특히 급여 지급이 조

식당은 어떻게 브랜드가 되는가

금이라도 지체되면 매장 운영에 차질이 빚어진다. 그런데 초창기에는 점포별로 이익이 들쑥날쑥해 월급 줄 돈이 모자라는 경우도 많았다. 이부연은 김영환 회장에게 "모자란 돈은 개인 돈으로라도 막아야 합니다. 돈을 마련해 오세요."라고 했다. 그렇게 처음 1년 동안은 김영환 회장의 쌈짓돈으로 월급을 막은 일이 여러 번이었다.

장부를 들여다보니 김영환 회장이 직원들에게 가불을 해준 내역도 눈에 들어왔다. 이부연은 "회장님, 한 명 두 명 가불을 해주다보면 앞으로도 이 사람 저 사람이 다 해달라고 할 텐데, 그때도 계속 다 해주실 겁니까? 앞으로 벽제갈비에 가불은 없습니다."라고 선언했다. 마르고 작은 체구의 이부연이 조용히 쏟아내는 따끔한 질책들을 김영환 회장은 모두 받아들였다. 그때부터 지금까지 벽제갈비에 가불은 없다.

벽제의 지략가, 부채 없는 회사로

법인 설립 이후 점포가 많아지면서 본점인 방이점에서 각 매장으로 조달해야 하는 식재료의 양이 늘어났다. 냉면 육수의 경우에는 찬물을 받아 육수를 식혀야 해서 매달 엄청난 비용의 수도 요금을 내야 했다. 고기 역시 큰 통에 담가놓고 찬물을 계속 틀어 핏물을 빼야 했는데, 이로 인해 방이점에서 한 달에 쓰는 물의 양이 1,600톤이었다. 이 중 대부분은 냉면 육수를 식히는 용도로 그냥 흘려보내는 물이었다. 이때 이부연이 기가 막힌 아이디어를 냈다. "아까운 수도 요금을 계속 이렇게 낼 게 아니라, 우리가 지하수를 직접 파서 끌어다 씁시다!" 냉면 육수를 식히는 물은 어차피 버리는 물이다. 이걸 사람들이 마시도록 정제된 상수도 물을 비싸게 받아 쓸 필요가 없다는 것이 이부연의 계산이었다.

"2004년 5월에 송파구청에 지하수 관정 허가를 받고 지금의 방이파출소 자리 앞에 땅을 팠어요. 땅굴 팔 때 쓰는 장비와 인부들을 동원해 땅을 파 내려가는데, 한참을 파다가 거의 한 달이 다 되어갈 무렵 지하 200미터 지점에서 맑고 차가운 물이 콸콸 나오기 시작하더라구요." 그동안 하루 60톤에 육박했던 상수도 사용량이 지하수 사용으로 대체되면서 벽제갈비는 수도 요금을 절반으로 줄일 수 있었다. 이때 만들어놓은 관정 시설은 지금도 방이동 점포와 조리 시설에서 효율적으로 활용되고 있다.

자금이 생길 때마다 새 점포에 투자하는 김영환 회장의 추진력으로 매장 수는 빠르게 늘어갔다. 점포를 늘리고 싶은데 돈이 모자랄 때마다 김영환 회장이 자신의 타워팰리스 아파트를 담보로 대출을 받아 그 액수가 24억 원까지 늘어난 적도 있었다. 이부연은 회사 대출을 받느라 김영환 회장의 인감도장은 물론 김 회장 가족들의 인감도장과 각종 서류들을 가지고 문턱이 닳도록 은행을 들락거렸다. 한우가 주 식재료인 벽제갈비는 소 한 마리를 통째로 현금을 주고 사들이는 일두구매 방식을 취했기에, 다른 곳에 비해 현금 유동성이 중요하다. 그러나 공격적인 출점으로 현금 보유고는 낮아지고, 규모 대

식당은 어떻게 브랜드가 되는가

비 부채는 커져만 갔다. 이부연은 회사의 빚이 마치 자신의 빚인 양 느끼며 몇 년간 잠을 이루지 못했다.

"아버지가 강원도에서 교육공무원을 하셨는데, 시골의 농협조합장을 맡으셨어요. 그런데 조합 사무장이던 아버지 친구가 아버지의 인감도장을 마음대로 찍어서 보증을 잔뜩 서고, 나머지 가족들도 전부 보증을 서게 했어요. 농촌의 비료 자금이나 기계 대금 같은 것들 말이죠. 그러다 어느 날 그 친구가 도망을 가버린 거예요. 그때가 제가 고등학교 2학년 때였는데, 집안의 재산을 모두 빼앗긴 아버지가 너무 속이 상해서 매일 술만 드시다가 쉰네 살에 심장마비로 돌아가셨어요. 그때 이후로 저는 평생 절대로 빚을 지지 않겠다, 보증도 서지 않겠다 다짐했습니다. 그러다보니 회사의 빚도 내 빚처럼 느껴지더라구요. 은행에 돈을 못 갚아서 집이 경매로 넘어가면 회장님도 셋방살이해야 되는 거 아닙니까. 정말 마음의 부담이 컸어요."

이부연은 회사의 부채를 갚기 위해 큰 액수의 적금을 들었다. "회장님은 자꾸만 점포를 새로 내고 싶어 돈을 달라고 하시는데, 저는 '우리 지금 적금 들어서 돈 없습니다.' 하고 거절했지요. 그런 식으로 한 달에 수천만 원씩 적금을 부었어요. 그렇게 1년이 지나서 만기가 되면 몇 억이 목돈으로 생기니까 그걸로 빚을 갚고, 또다시 적금을 들어 쭉 모으다가 만기되면 빚을 갚고 하는 방식으로요. 회장님이 이거저거 벌이면서 돈이 필요하다고 할 때마다 제가 없습니다, 없습니다만 하니까 회장님도 야속했을 거예요. 그렇게 2015년 9월에 방이점 법인 부채를 모두 갚았습니다."

벽제갈비는 총 4번의 세무조사를 받았다. 주로 언론에 벽제갈비에 관한 기사가 난 다음에 세무조사가 들이닥치곤 한다. 그러나 이부연은 영풍에서 근무할 때부터 세무조사에 도가 튼 인물이었다. "영풍에 있던 시절에는 옛날이라 조사관들이 '몇 억 찔러주면 적당히 하고 빨리 마무리 짓겠다.'는 식으로 나오는 경우도 많았죠. 속칭 '뽀찌'를 달라는 건데, 나는 그때도 항상 '충분히 조사에 응하고 잘못된 게 있으면 벌금을 내겠습니다.'라고 했어요. 그게 저의 원칙입니다."

벽제갈비에서도 이부연은 꼼꼼하고 철저하게 세무조사에 대응했다. 세무조사라는 건 올해의 내역을 내년에 조사받는 것이 아니라 몇 년 전 내역을 한참 시간이 지난 뒤 한꺼번에 조사받는 식이다. 그러나 벽제갈비는 원칙과 기본을 중시하는 회계 및 재무 처리로 4차례의 세무조사를 무사히 지나갔다. "세무조사에 대응하려면 최소한 5년 동안의 모든 자료가 내 머릿속에 들어 있어야 합니다. 5년 전 입출금 내역을 정확히 기억해서 그 서류를 찾아내야 하는 것이죠. 내가 없을 때 조사가 진행되거나 내가 이 회사를 나간 뒤에라도 문제가 발생하지 않아야 합니다. 최소 5년간의 자료는 아무나 와서 찾더라도 금방 찾을 수 있게 정리해두는 것이 관건이에요."

벽제갈비의 가업승계 역시 이부연의 주도로 순조롭게 진행 중이다. 문재인 정부 이후 상속세가 올라가면서, 김영환 회장은 2017년부터 두 아들에 대한 가업승계를 시작했다. 벽제갈비 브랜드는 큰아들 김태현이, 봉피양 브랜드는 작은아들 김재현이 이끌어가는 구조로 개편하는 중이다. "1년에도 몇 번씩

  식당은 어떻게 브랜드가 되는가

주식이 왔다 갔다 하고 매매와 증여가 오가야 하는 아주 복잡하고 골치 아픈 일입니다. 그러나 이만큼 깨끗하게 가업승계가 잘된 기업도 이 바닥에 없을 거예요. 벽제갈비와 봉피양으로 브랜드를 나누고, 생산 시설과 공장도 분배했습니다. 회장님의 목표가 본인이 떠나기 전까지는 형제 간에 재산 분쟁이 없게 하자는 것인데, 미리 교통정리를 잘 해둔 거지요.”

이부연은 벽제갈비에 입사한 후 26년간 단 한 번도 지각이나 결근을 한 적이 없다. 나이 여든을 바라보는 지금도 매일 아침 8시 50분까지는 사무실 자신의 자리에 앉는다는 원칙을 지키고 있다. 이런 그가 생각하는 벽제의 강점은 직원들의 ‘주인의식’이다.

“직장생활은 7~8년쯤 됐을 때가 위기입니다. 그때가 직장을 한번 옮겨볼까 하는 생각이 들고 밖으로 나가고 싶은 시기예요. 이 시기를 넘기고 10년이 딱 되잖아요? 그럼 나도 이제 이 회사의 중심이구나, 오래 있어도 되겠구나 하는 주인의식이 생겨요. 물론 아무 회사에서나 주인의식이 생기지는 않습니다. 회사의 성장 가능성이 보일 때 ‘아, 나도 이 회사와 함께 성장할 수 있겠구나.’ 하면서 주인의식이 생기는 거지요. 제가 26년 전에 벽제갈비의 성장 가능성을 보고 지금까지 왔던 것처럼요. 벽제갈비에는 오래 근무하는 장기근속자들이 많고 그들 한 명 한 명이 주인의식을 가지고 있기 때문에 여기까지 올 수 있었던 거라고 생각합니다.”

레이싱 황제의 데뷔전, 벽제구이로와 센트럴키친 07

자립을 원하던 2세의 모험, '벽제구이로'

'작은 거인' 김태현, 3년 연속 드리프트 종합우승

'작은 거인' 김태현(벽제구이로)이 '아스팔트 위의 묘기' 드리프트 레이스에서 3년 연속 챔피언 자리에 올랐다. 김태현은 2일 경기도 용인 에버랜드 스피드웨이에서 열린 2008 한국 DDGT 챔피언십 최종전(6라운드) 드리프트 결승에서 우승을 차지하며 종합점수 114점을 획득, 2위 우 창(인치바이인치, 106점)을 8점 차로 제치고 2006년 이후 대회 3연패를 달성했다. 섬세한 드라이빙 테크닉과 완벽한 경기운영 능력 그리고 타의 추종을 불허하는 운전 감각 등을 갖춘 김태현의 선전을 국내 모터스포츠계는 주목할 만한 일로 받아들이고 있다. (…)

드리프트 경기서 3년 연속 종합우승을 차지한 김태현은 "통산 세 번째 챔피언 자리에 오르게 돼 기분이 너무 좋다. 경기 때마다 항상 응원해주시는 부모님과 스승인 윤재 형에게 좋은 선물을 안겨주게 돼 기쁘다"면서 "종합우승이라는 타이틀보다는 매 경기 우승을 위해 최선을 다한 게 좋은 결과를 가져왔다"고 소감을 밝혔다. 그는 또 "내년 시즌에 계획했던 미국 유학길은 사정상 접고 드리프트 경기에만 전념할 계획"이라고 덧붙였다.

- 《스포츠조선》 2008년 11월 3일

김영환 회장의 장남 김태현은 2000년대 중반 레이싱계에 혜성처럼 등장한 카레이싱 선수였다. 데뷔 첫해인 2006년 타임 트라이얼 대회와 한국 퍼포먼스 챌린지 대회를 석권하고 신인상까지 수상, 드리프트 레이싱계에 파란을 일으켰다. 이후 3년 연속 한국

DDGT(drag, drift, GT, time trial) 챔피언 자리를 굳건히 지키며 자동차 경주 시장에 한 획을 그었다는 평가를 받았다.

당시 김태현 선수의 등에 붙은 소속팀 이름은 '벽제구이로'. 김태현이 벽제갈비의 무대에 올린 첫 번째 식당의 이름이다. 스무 살을 갓 넘긴 김태현은 카레이싱에 푹 빠져 있었다. 선수생활에 매진하는 것은 물론 레이싱계에 투신해 업계를 발전시키겠다는 큰 꿈을 키우고 있었다. 자동차 경주는 돈이 많이 드는 스포츠다. 그 당시 벽제갈비와 봉피양은 한창 사세를 확장하고 있었으나 무작정 돈을 내어줄 아버지가 아니었다. 김태현 역시 명분 없이 아버지의 후원을 받기는 죽기보다 싫었다.

"유년 시절의 제 모습은 파란만장했어요. 아버지는 마흔에 처음 가진 자식을 더욱 엄하고 바르게 키워야 한다고 생각하셨던 것 같아요. 그래서 초등학생 무렵까지만 해도 아버지라는 존재는 존경과 동시에 공포의 대상이기도 했죠. 수많은 에피소드를 남긴 청소년 시절이 지나고 성인이 되면서 '자립'이라는 것이 너무도 하고 싶었어요. 그렇게 미워하는 아버지이지만 혼자 힘으로는 생계를 해결할 수 없는 내 모습에 자존심이 상하는 것도 참을 수 없었구요. 그래서 작은 점포를 하나 낼 수 있도록 아버지와의 협상을 시도했어요. '유산상속 좀 일찍 한다고 생각해달라.'는 저의 말을 필두로 협상은 타결됐고, 허름한 상가 골목에서 내 사업을 시작한 것이 바로 '벽제구이로'예요."

어린 김태현과 젊었던 아버지 김영환. 늦게 얻은 맏아들에 대한 애정과 기대가 아들에게는 부담으로 다가갔다.

김태현의 첫 브랜드 '벽제구이로'는 2007년 5월 용산구 동부이촌동 상가 골목의 30평 남짓한 반지하에서 출발했다. 고급 돼지갈비를 메인으로 한우 모둠을 추가한, 벽제갈비의 캐주얼 버전이다. 돼지갈비는 깔끔하고 고급스럽게, 한우는 갈비와 등심 등 여러 부위를 모둠으로 내놓았다. 벽제갈비와 봉피양에는 없는 한우암소갈비, 항정살 생구이, 양대창 등의 내장구이도 눈에 띄는 메뉴였다. 창업주 김영환 회장이 '한우의 고급화'를 추구했다면 후계자 김태현은 '돼지갈비의 고급화'에 '한우의 대중화'를 더했다. 시장으로 말하자면 '미드 하이 mid-high', 상품으로 치면 '매스티지masstige'를 내건 것이다. 매스티지는 대중mass과 명품prestige product을 조합한 신조어로, 명품의 대중화현상을 의미한다. 고소득층이 비교적 저렴한 명품을 소비하는 경향을 요식업에 적용한 김태현의 전략이었다. 고품격 돼지갈비를 메인으로, 쇠고기와 냉면까지 밸런스 있게 이어지는 '기승전결'이 그가 추구한 매스티지였다.

김태현은 모든 것을 매장에서 직접 챙기며 부딪치고 익히는 데 최선을 다했다. 아버지 역시 일타강사가 되어 점포 운영의 A부터 Z까지 입이 부르트도록 아들에게 전수했다. 전에는 한 달은 지나야 나올 수 있는 두 사람 사이의 통화량을 하루 만에 채우는 날들이 이어졌다. 배우고 깨지며 정신없는 몇 달을 보내고 나니 어느새 벽제구이로는 동부이촌동 맛집으로 등극해 있었다.

"오픈하고 두 달쯤 되었을 때 처음으로 하루 매출 300만 원을 돌파한 날이 기억에 남아요. 테이블 10개짜리 작은 공간에서 매출 300만 원을 올리려면 무엇보다 팀워크가 좋아야 하거든요. 빠른 조리는 물론이고 상을 치우고 테이블을 회전시키고 계산하고 등등의 모든 요소에서 호흡이 맞아야 가능한 숫자예요. 그런데 처음 300만 원을 돌파한 그날, 저보다 다른 직원들이 자기 일처럼 기뻐하는 모습이 너무나 인상 깊었어요. 장사도 처음이었지만 그렇게 저 말고 다른 사람들

   식당은 어떻게 브랜드가 되는가

'벽제구이로'를 오픈할 때. 아직 앳된 모습의 김태현(왼쪽에서 두 번째)과 김영환 회장(오른쪽 끝).

이 저의 일로 인해서 진심으로 좋아하는 모습을 처음 본 거예요. 그러면서 이게 나 혼자 잘되자고 하는 일이 아니라 모두가 함께하는 일이라는 것을 깨달았어요."

김태현은 벽제구이로 1호점을 시작한 지 7개월 만에 강남구 대치동에 2호점을 오픈하며 상승세를 이어갔다. 대치점은 더욱 빠른 반응을 얻었다. '벽제갈비'라는 브랜드 인지도가 다른 지역보나 강남에서 더 파괴력 있게 작용했기 때문이다. 게다가 가까운 위치에 벽제갈비 타워팰리스점이 성공을 거둔 직후여서 후광효과까지 얻었다. 벽제구이로 2호점은 1호점의 시행착오를 거름 삼아 금세 안착했다.

벽제구이로의 성공은 봉피양 확장의 계기가 되었다는 점에서 중요한 의미를 갖는다. 봉피양이 단순한 돼지갈빗집으로 알려져 있던 상황에서 거둔 벽제구이로의 성공은 돼지갈비를 메인으로 내세운 브랜딩이 얼마든지 확장될 수 있다는 가능성을 보여줬다. 봉피양을 확장하는 것에 확신을 갖지 못했던 김영환 회장도 벽제구이로의 성과로 인해 봉피양의 가능성에 눈을 뜨게 되었다. 훗날 봉피양이 메뉴의 다양성을 확보하고 프리미엄 한식 브랜드로 자리 잡게 된 데는 벽제구이로의 역할이 크다.

레이싱 황제의 성공적인 데뷔전이었다. 카레이싱계에서 그의 이름 앞에 붙던 '무서운 신예', '슈퍼주니어'라는 수식어가 요식업계에 그대로 따라 넘어왔다. 우연인지 필연인지, 같은 해인 2007년 삼원가든 박수남 회장의 아들 박영식도 SG다인힐을 설립하고 와인바와 이탈리안 레스토랑으로 존재감을 드러내기 시작했다. 대한민국 요식업계 2세들이 기지개를 펴고 있었다.

식당은 어떻게 브랜드가 되는가

갈등 속에서도 뜻을 모아 설립한 하남 센트럴키친

벽제구이로 두 군데가 연이어 안타를 치자 김영환 회장은 김태현에게 "이제 카레이싱은 그만하고 본사로 들어오라."는 명령을 내렸다. 이제 막 장사에 눈을 뜬 김태현은 큰 반발 없이 아버지의 명을 받아들였다. 방이동 벽제갈비 본사 사무실 한켠에 책상을 놓고 출근하는 것으로 본격적인 경영 수업이 시작되었다. 그러나 그것은 갈등의 시작이기도 했다. 하늘 아래 두 개의 태양은 있을 수 없었다.

"막상 본사에 들어와보니 회사 상태가 생각보다 탄탄하지 않았어요. 아버지가 이뤄놓은 기반이 있으니 10년 정도는 갈 것이라고 생각했지만 워낙 경제적인 성공보다는 의미 있는 성공을 강조하시는 분이라 앞으로 회사 운영이 빠듯해질 거라는 불안감도 들었습니다. 이 와중에 인천국제공항 제2터미널, 세종시 등 벽제갈비 매장 수는 계속 늘려가고 있었어요. 아버지는 열정이 넘치시는데 저는 되레 너무 겁이 났어요. 미래를 위한 준비보다는 눈앞의 효율만 좇는 것 같아, 아버지의 모습이 답답해 보였습니다."

그러나 '센트럴키친'을 지어야겠다는 생각에서만큼은 두 사람이 뜻을 같이했다. 센트럴키친Central Kitchen은 대량으로 식재료를 전처리 또는 반조리해 각 점포에 공급하는 일종의 공장이다. 벽세갈비와 같은 다점포 직영 식당의 경우 센트럴키친이 있으면 각 점포의 조리실에서 후처리만 하면 되므로 조리 과정에서의 효율이 높아지고 고정비 절감을 가져온다. 또, "A점은 음식이 너무 짜다", "B점은 고기가 얇다" 등 점포별로 제각각인 음식 맛을 일정하게 맞추어 표준화할 수 있다는 장점이 있다. 센트럴키친은 벽제의 확장과 성장을 위한 필수 요소였다.

전국에 매장이 8개로 늘어난 2007년, 본점이자 허브 역할을 하고 있는 방이점은 몸살을 앓고 있었다. 한 공간에서 생산과 판매를 동시에 하다보니 매출이 오를수록 장소는 부대끼고 효율은 날로 떨어졌다. 생산을 담당하는 사람들과 판매를 담당하는 사람들이 한 공간에서 부딪치며 벌어지는 불화도 지나칠 수 없는 골칫거리였다. 김태현은 당장 센트럴키친을 세우고 식재료들을 중앙에서 공급하는 형태로 가야 한다고 거세게 드라이브를 걸었다. 김영환 회장도 이를 받아들였다. 더 이상 아버지의 손에 이끌려 일본을 드나들던 어린 김태현이 아니었다.

"가장 필요했던 것은 무엇보다 음식 맛의 표준화였어요. 지금은 우리도 많이 따라잡았지만, 그때는 일본과 우리나라 센트럴키친의 격차가 어마어마하게 컸을 때예요. 일본은 단순히 고기를 해체하고 손질하는 정도를 넘어 품질의 표준화에 굉장히 특화되어 있었습니다. 예를 들면 우리는 당시 중앙에서 음식을 생산하는 것 자체만으로도 너무 힘이 부쳤는데, 일본의 센트럴키친은 생산은 물론이고 1인분,

소인분, 대인분 단위로 음식을 포장하는 기술과 급속 냉각 기술, 그리고 이를 균일하게 관리해 배송하는 시스템까지 완벽하게 갖추고 있었어요. 엄청난 참고와 자극이 되었죠.”

그 아버지에 그 아들이었던가. 김태현이 본보기로 삼은 센트럴키친은 아버지가 롤모델이자 경쟁자로 삼았던 조조엔이었다. 2007년에 도쿄 외곽에 지어진 ‘조조엔 푸드팩토리’는 1,000평의 부지 위에 설립된 2층짜리 거대 생산 라인이지만, 공장보다는 공방에 가까웠다. 대부분의 공정이 수작업으로 이루어져 ‘기계 없는 공방’으로 불렸던 것이다. 이곳에서는 숙련된 장인의 판단 아래 엄격한 기준에 부합한 고기만이 매입의 자격을 갖추고 손질 기회를 얻는다. 품질 기준을 충족하지 못할 경우 업자에게 고기를 돌려주기 때문에 조조엔의 고기 퀄리티는 언제나 최상일 수밖에 없다. 김영환 회장과 김태현은 2007년부터 간부 직원 6명과 함께 일본의 조조엔, 도라지, 야마토 세 업소의 중앙 조리 시스템을 수시로 견학했다.

2007년 당시 한국에서는 김밥천국이나 놀부 등 중저가 프랜차이즈 가맹 사업은 성행하고 있었지만 벽제갈비 수준의 고급 식당이 다점포 형태로 운영하는 사례는 거의 없었다. “중앙의 공장에서 음식을 받아다가 판다.”라고 하면 싸구려 음식으로 여기던 때였다. 모름지기 설렁탕 맛집이라면 가게에 큰 기마솥을 걸어놓고 사람들이 보는 앞에서 팔팔 끓여야 진짜배기라는 이름을 가질 수 있는, 눈과 입을 직관적으로 만족시키는 맛집들이 우위를 점하던 시대였다. 이 같은 흐름을 과감하게 끊고 중앙 공급형으로 생산 구조를 바꾸기로 의기투합한 김영환 회장과 김태현은 2009년 9월 방이점과 차로 10분 거리에 있는 하남시 감일동에 센트럴키친을 설립했다. 벽제갈비의 첫 생산 시설이자, 프랜차이즈가 아닌 직영 다점포 식당이 품질의 표준화를 위해 센트럴키친을 만든 국내 첫 사례였다.

하남 센트럴키친을 통해 안정적으로 물량을 공급할 수 있게 되자, 벽제갈비와 봉피양은 점포 수를 폭발적으로 늘려나갔다. 2010년 10개였던 점포는 2012년 봉피양 경복궁점, 2013년 봉피양 청담점, 2014년 벽제갈비 종로점 등을 연달아 오픈하며 5년간 무려 10여 개의 점포를 추가했다. 확장의 동력은 말할 것도 없이 센트럴키친이었다. 창업주가 써내려간 성공의 공식을 새롭게 쓰는 '게임 체인저', 김태현의 질주가 시작된 것이다.

    식당은 어떻게 브랜드가 되는가

두 개의 태양은 없다, 대혼란의 시대

아버지와 아들, 창업자와 후계자

2010년부터 10여 년간 벽제갈비는 청담동, 마포, 한양대, 삼청동 등에 13개의 점포를 추가했고 종로, 용산, 영등포 등에 있던 10개의 점포를 정리했다. 2015년에는 한 해에만 5개의 점포를 출점하기도 했다. 10개에 불과하던 매장 수를 30개 가까이 늘렸던 대항해 시대, 그러나 대혼란의 시대였다.

가지가 많아지자 나무가 흔들렸다. 점포 수는 30개에 육박하는데, 이들을 지원하는 본사 인력은 고작 5명 내외였다. 관리해야 하는 점포가 급속도로 늘어났지만, 이를 지원할 중앙의 컨트롤타워가 없는 상황이었다. 이전까지는 김영환 회장이 매장마다 돌아다니며 "이 매장은 음식은 이렇게 하고 이 메뉴는 빼고, 저 매장은 이 문제를 개선하고 이 방식으로 나가자." 하는 식으로 모든 것을 관리해왔지만 매장 수가 늘자 이 같은 방식은 불가능해졌다. 중앙의 일손이 모자라자 관리자급 인력을 외부에서 영입했다. 현대, 삼성 등 대기업은 물론 뉴욕 CIA요리학교 출신 부장, 대림과 오뚜기 등 식품업계 중견기업에서도 인재를 스카우트했다.

급하게 꾸려진 본사 경영지원팀은 힘을 발휘하지 못했다. 관리하고 통제해야 할 매장들마다 10년, 20년씩 벽제에 몸담아온 베테랑이 포진해 있었다. 김영환 회장을 형님, 또는 아버지라 부르며 회장과 직접 소통해온 그들에게 벽제에서의 경력이 짧은 본사 직원들의 말은 먹히지 않았다. 지점들은 쭉쭉 뻗어나가는데 본사는 맥이 없는, 구심점이 뚜렷하지 않은 과도기가 한동안 이어졌다. 당시 영입한 여러 외부 인재 중에 지금까지 벽제에 남아 있는 사람은 중견 김치공장 출신의 민병훈 부장뿐이다. 이때를 두고 김영환 회장은 "많은 시행착오 중에서도 인간에 대한 시행착오가 가장 뼈아팠다."라고 말한다.

혼돈의 시기에 김영환 회장과 아들 김태현의 갈등도 수면 위로 올라오기 시작했다. 김영환 회장은 브랜드가 싱장하기 위해서는 오너가 모든 운영을 직접 챙겨야 한다고 생각했다. 다른 업종이 아닌 요식업에서만큼은 오너가 중심이 되어야 하며, 중요한 의사결정은 오너가 직접 해야 한다는 것이 김영환 회장의 경영 방식이었다. 반면 김태현은 조직이 자생할 수 있도록 시스템을 구축하고 인재를 양성해야 한다는 입장이었다. 김태현은 매장을 다니면서 품질을 점검하고 표준화를 추진하는 한편, 점포 운영에서의 개선 사항을 분석하기 시작했다. 김영환 회장이 회사의 외형 확장에 집중했다면 김태현은 내부 운영의 안정화에 몰두했다. 인재 영입에 있어서도 '대기업 부장급'을 당겨 오던 김영환 회장과 달리 김태현은 '똘똘한 팀장급'으로 눈을 돌렸다.

아들과 아버지의 첫 충돌은 김태현이 본사로 들어오고 나서 두 명의 젊은 팀장과 동분서주하던 시기에 벌어졌다. 어느 날 김영환 회장이 이렇다 할 설명 없이 김태현의 참모 격인 두 명의 직원을 갑작스럽게 해고한 것이다. 그들이 김태현을 제대로 보필하지 않고 아버지와 아들의 사이를 나쁘게 만들고 있다는 이유였다. 김태현 입장에서는 아버지가 자신의 팔다리와 같은 사람들을 일언반구 없이 잘라버린 격이었다.

"너무나도 화가 났어요. 아버지는 패왕覇王형 리더예요. '나는 옳으니 너는 나를 따르라.' 하는 방식이죠. 워낙 많이 알고 경험도 풍부하시니까요. 제가 어린 나이에 점포를 운영하면서 직원들을 다루는 게 어려워서 아버지는 어떻게 하시나 관찰한 적이 있었어요. 보니까 아

　　　　　　　　　　　　　　　　식당은 어떻게 브랜드가 되는가

버지는 의견 충돌이 생기면 '내가 경력이 몇 년인데!' 하면서 밀어붙이는 스타일이셨는데, 그 시대에는 그런 방식이 빠르고 효율적이었어요. 하지만 경험도 짧고 나이도 어린 제가 같은 방법을 쓸 수는 없잖아요. 원로들에게 질문하고 또 질문하고 계속해서 답을 찾아나가는 것, 그게 제가 갈 길이었어요. 사람을 운용하는 방식이 아버지와는 달랐던 거죠. 그러다보니 각자에게 적합한 인재도 다를 수밖에 없었어요. 아버지의 경우에는 자신의 지시를 최적으로 수행해낼 수 있는 인재가 필요하고, 저의 경우에는 스스로 생각할 줄 아는 인재가 필요했던 거예요. 거기에서 많이 부딪쳤어요."

김영환 회장 역시 "사람에 대한 판단이 서로 달랐다."고 말했다. 김영환 회장은 핵심 관리는 반드시 오너가 해야 한다는 철학을 굽히지 않았다. 이는 1세대 창업주들의 공통점이기도 하다. '음식점 운영은 바닥에서부터 배워야 한다.'라는 신념으로, 내가 아닌 다른 사람을 세우지 않고 오너 본인이 점포의 세밀한 부분까지 틀어쥐고 직접 움직이는 것이 옳은 방식이라고 생각했다. 김영환 회장은 김태현이 자꾸만 직원을 통해 성공을 바란다며 답답해했다.

"음식점 사업은 바닥 생활부터 해야 합니다. 내 아들도 밑바닥에서부터 시작해서 고객들은 어떤 생각을 하나, 직원들은 어떻게 생각하나를 느끼며 경영 능력을 다지며 올라가길 바랐습니다. 하지만 동서고금을 막론하고 아들은 아버지의 말을 듣지 않잖아요. 그래서 일본 요식업계에서는 후계자 수업을 할 때 다른 기업에 보냅니다. 아버지에게 배울 수 없으니 다른 비슷한 기업에 보내서 배우게 하는 것이죠. 그런데 우리나라는 고만고만한 요식업계 기업들이 경쟁하는 입장이다보니 어디 다른 데 보내기도 여의치 않습니다. 그래서 제가 아들에게 자꾸만 제 말에 따르고 배울 것을 강요할 수밖에 없었던 거예요."

두 사람은 회사의 성장에 기여하는 방식이 다를 뿐이었다. 김태현은 김영환 회장이 혼자 도맡아하던 업무를 시스템화하여 조직이 자생할 수 있도록 구조를 개편했다. 기존에는 회장의 손이 닿지 않으면 운영이 어려운 형태였지만 시스템을 갖추어 운영을 뒷받침하도록 조직을 체계화했다. 그러나 김영환 회장은 이 같은 변화가 시스템 덕분이라고 생각하지 않았다. 김영환 회장은 오너의 주도적인 개입이 브랜드 성장의 핵심이라는 믿음을 버리지 않았다. 김영환 회장은 "내가 아니었으면 이 성장은 불가능했어. 성공의 원동력은 나야."라고 주장했다. 반면 김태현은 "운영이 안정되지 않으면 확장은 실패했을 겁니다. 제가 없었으면 이만큼 클 수 없었어요."라고 맞섰다. 자기 뜻대로 해야 직성이 풀리는 것은 두 사람이 같았다.

여기에, 김영환 회장은 평소의 불도저 같은 추진력은 온데간데없이 김태현이 벌이는 일들 앞에서는 돌다리도 두들겨보고 건너는 신중 모드로 변했다. 김태현 입장에서는 자신이 의욕을 가지고 덤비는

     식당은 어떻게 브랜드가 되는가

시도들에 아버지가 하나하나 제동을 거는 것과 다름없었다. "저는 제가 회사를 바꾸고 개혁하는 주체라고 생각했고, 아버지는 저를 가르쳐야 할 대상이라고 생각한 게 가장 큰 문제였어요." 기나긴 반목에서 김태현이 내린 결론이었다.

이 같은 갈등은 보편적인 부자 갈등이면서 동시에 가족기업들이 경영권 승계 과정에서 흔히 겪는 진통이기도 하다. 가업승계는 CEO 리스크를 제거하고 기업의 이미지와 브랜드를 대를 이어 지켜나갈 수 있는 효율적인 방식이다. 그러나 대부분 그 과정에서 막대한 진통과 갈등을 겪는다. 가족기업연구소 김선화 소장은 가족기업과 일반 기업의 가장 큰 차이에 관해 이렇게 설명했다. "일반 기업은 경제적인 합리성을 추구하는 1개의 시스템인 반면, 가족기업은 가족과 기업이라는 목표와 니즈가 서로 다른 2개의 시스템이 연결돼 있다는 것이다. 기업이 경제논리와 합리성을 중시한다면, 가족은 가치와 전통, 가족 구성원 간의 관계를 중시한다. 기업을 운영하는 가족들 간에 갈등이나 분쟁이 많은 이유가 여기에 있다."

갈등이 표면화된 이후 김영환 회장과 김태현은 출점을 앞둔 봉피양 지분에 누구 이름을 넣을 것이냐 하는 굵직한 이슈부터, 밑반찬에 호박무침을 넣느냐 마느냐와 같은 작은 문제에서까지 사사건건 부딪쳤다. 방이동 본사 사무실을 함께 쓰면서 직원들이 다 보는 앞에서 얼굴을 붉히며 언쟁을 벌인 적도 많았다. 다툼의 시간은 끝이 보이지 않았다. 극으로 치닫는 아버지와 아들의 관계에 아버지의 가슴은 멍으로 얼룩졌다.

"오로지 나를 이겨보겠다고 아들이 전투적으로 달려드는데, 하마처럼 달려오는 저놈아를 어떻게 하면 좋을지… 소리도 못 내고 숨죽여 울었습니다. 아들은 자꾸만 '아버지가 나를 사랑하지 않는다.'고 얘기하는데 마흔 살에 얻은 큰아들에 대한 심정을 어떻게 말로 표현할 수 있을까요. 피땀 흘려 만들어놓은 회사를 이어갈 귀한 아들인데, 서광이 비치지 않는 것 같으니 눈앞이 캄캄하고 애가 끊어지는 것 같았지요. 제가 젊었을 때 성당을 다니다가 말았는데, 그래서 하느님께 벌을 받는 것인가 하는 생각도 들었어요."

김영환 회장은 자신이 직접 아들을 인도하고 깨우치게 하려 하지 말고 모든 걸 져주고 양보하자고 마음을 바꿔 먹었다. 그는 "아들의 성장을 꼭 내 손으로 이뤄야 하는 것은 아니라는 걸 깨닫기까지 참 오래 걸렸다."고 말했다.

터닝포인트를 맞이하다

김영환 회장의 타들어가는 속을 까맣게 몰랐던 아들 김태현은 "나는 아버지가 돌아가셔도 눈물 한 방울 안 흘릴 자신이 있다."고 외치며

 식당은 어떻게 브랜드가 되는가

방황을 거듭했다. 가업을 이어받는 후계자의 자리는 날마다 가시가 자라는 면류관과 같다. 부모 덕에 회사를 맡았다는 선입견과 리더십에 대한 의구심을 불식시키기 위해 끊임없이 능력을 입증해야 하기 때문이다. 실패가 두려워 방어적으로 일을 할 수도, 자신의 능력을 보여주기 위해 무리하게 추진할 수도 없었다. 그러면서도 과정에 관계없이 수치와 지표는 언제나 아버지 세대 이상이어야만 했다. 미국의 대표적인 가족기업인 듀폰 가문은 최고경영자가 되면 경영권을 물려받을 당시의 매출보다 최소한 2배 이상으로 매출을 키워서 물려줘야 한다는 엄격한 규율이 있었을 정도다.

이러한 부담감 때문에, 후계자에게 가장 큰 도전은 '자기효능감'이다. 후계자가 기업 경영에 대한 자신감을 가지고 있지 않으면 경영성과나 지속 가능성에 부정적인 영향을 미칠 수 있다.[*]

2세 경영인으로서 이 같은 부담은 김태현의 몸과 마음을 병들게 했다. 경영 방식의 차이에서 오는 아버지와의 갈등, 동시에 후계자로서 능력을 입증해야 한다는 압박감은 김태현을 겨누고 있는 양날의 칼이었다. 김태현이 주도한 벽제구이로와 봉피양이 안정적으로 자리를 잡았지만, 그는 이것이 완전히 자신의 성공이라고 생각할 수 없었다. 스스로의 방식으로 경영을 해보고 싶은 욕망과는 달리, 김영환 회

[*] 김봉순·한문성, 〈가업승계시 후계자의 특성이 자기효능감, 경영성과 및 지속가능성에 미치는 영향에 관한 연구〉, 《상업경영연구》, 2017, 31(5): 59-83

장의 영향력에서 벗어날 수 없는 것이 현실이었다.

자신이 하고자 하는 의지와 아버지가 원하는 방향이 충돌하면서 김태현의 심리적 고통은 점점 커져갔다. 독립적인 경영을 하고 싶은 욕구에 아버지의 기대를 충족해야 한다는 부담감이 더해진 극심한 스트레스는 몸의 이상으로 이어졌다. 김태현은 네 번에 걸쳐 허리 디스크 파열을 겪었다. 인공 디스크를 삽입하고 척추뼈를 묶어놓고 나니 증상이 목 디스크로 넘어왔다. 계속되는 물리적 고통과 정신적인 방황으로 김태현은 언젠가부터 "죽고 싶다."는 말을 입버릇처럼 했다. 후계자로서, 경영인으로서 그리고 아버지의 아들로서, 자신에 대한 의심과 무력감은 어둠 속으로 김태현을 떨궜다. 삶을 놓는 게 차라리 나을 것 같다고 생각했다.

식사를 거르고 약에만 의존하며 몸을 극한까지 내버려두던 어느 날, 김태현은 숨이 끊어지는 듯한 순간을 경험하며 정신을 잃었다. 분명 그것은 삶의 끝이자 죽음의 문턱이었다.

"죽고 싶다는 말을 입에 달고 살았는데, 진짜로 죽음 직전까지 가보니 정신이 번쩍 들었어요. 죽는다는 것이 아무나 할 수 없는 일이더라구요. 그 순간에 마치 유체이탈을 하듯 그동안의 제 모습을 객관적으로 돌아볼 수 있었어요. 저는 그냥 제가 쓰러져 있는 모습을 누군가 발견하고 이슈라도 되기를 바랐던 것 같아요. '나 이만큼 힘들다, 나 좀 봐달라.' 하는 투정이었던 거죠. 그런데 벼랑 끝에서 극한의 공

    식당은 어떻게 브랜드가 되는가

포를 경험하고 나서야 그간 부족했던 나 자신을 냉정하게 평가할 수 있었습니다."

그날 죽은 것은 김태현의 나약했던 과거였다. 이날을 기점으로 김태현은 삶의 방향을 180도 바꾸었다. 과거의 나는 없고 이제는 앞으로 나아가야 한다. 살아내야 했다. 그렇다면 어떻게 살 것인가? 김태현은 후계자의 길에 들어선 이후 처음으로 터닝포인트를 맞이했다고 말했다.

"그날 이후로 '살자'로 결이 바뀌었어요. 그렇다면 어떻게 살고 무엇을 좇을 것인지 진지하게 고민을 해보게 된 거죠. 그동안은 아버지를 뛰어넘어야겠다고 생각했기에 너무나 힘들었어요. 아버지의 타고난 추진력과 에너지는 애초부터 저에게는 불가능한 것이었거든요. 후천적으로 생긴 몸의 핸디캡들이 있는데, 그걸 최대한 감추고 아버지를 따라 행동 중심의 리더십을 발휘하려니 얼마나 힘이 부쳤겠어요. 그건 처절한 몸부림이었어요. 그러다 제가 내세울 수 있는 포인트는 아버지와 다르다는 걸 깨닫고 나서야 비로소 앞으로 나아갈 자신감이 생겼어요. 나 자신을 인정하고 나니 그 이후의 행보에 용기가 붙더라구요."

김태현은 계속되는 수술로 장애 판정을 받은 상태였다. 그러나 이를 외면한 채 김영한 회장의 경영 방식을 좇아 그 이상의 성과를 내야 한다고 자기 자신을 압박해왔다. 자신과 아버지가 다른 점은 그저 약점이 될 뿐이라 여기고 무리수를 둔 것이다. 경영학자인 예종석 한양대 명예교수는 가업승계 기업의 2세대, 3세대 경영자에게서 나타나는 이 같은 특징을 '선대 창업자에 대한 콤플렉스'라고 말했다. "후계 경영자는 창업자를 뛰어넘기 위해 앞서 걸어왔던 방법과는 반드시 다른 방식으로 능력을 증명해 보여야 한다고 생각하는데, 이 같은 일념은 오히려 실패하기 쉽다. 전통을 지키면서 새로운 것과의 밸런스를 맞추는 것이 후계자들이 겪는 가장 큰 어려움이다."

그 무렵 김태현의 아이가 태어났다. 철없던 아들이 아버지가 되면서, 김영환 회장에 대한 마음도 바뀌었다. "아버지와의 갈등이 한창일 때 아이가 태어나고 자라는데, 제 아이를 볼 때마다 마음이 너무 괴로웠어요. 내가 내 자식에게 '아빠 말 들어야지.'라고 얘기를 못하겠는 거예요. 나중에 아이가 커서 '아빠도 할아버지 말 안 들었으면서 왜 나한테 그래?' 하고 물으면 할 말이 없는 거잖아요. 아버지에게 쏘았던 화살이 결국 저를 향하더라구요."

여러 가지 일을 겪으며 얼어붙어 있던 부자의 관계에 서서히 해빙기가 찾아왔다. 2016년 김영환 회장의 조카인 김경현 본부장이 본사에 합류해 조율자 역할을 한 것도 훈풍으로 작용했다. 김경현 본부장은 김영환 회장과 김태현의 가운데에서 양 측의 의견 차이를 차분히 좁히며 본사의 틀을 만들어갔다. 주기적으로 점장 회의를 열고, 손익계산서 작성법과 인센티브, 인사고과와 급여체계 등을 정립하기도

     식당은 어떻게 브랜드가 되는가

했다. 벽제갈비는 그동안 점포별로 제각각이었던 구먹구구식 운영 방식에서 벗어나 기업의 모양새를 갖추어갔다. 이는 지방분권 체제에서 중앙집권 체제로의 전환이자, 아버지에서 아들로의 권력 이양이기도 했다. 김영환 회장은 더 이상 본인이 모든 것을 직접 결정할 수 없다는 현실을 깨달았다. 김태현이 가업을 이어가게 하려면 그에게 권력을 넘겨주어야 한다고 판단했다. 결국 김영환 회장은 결단을 내렸다. "이제는 태현이가 직접 경험하며 배우도록 해야 한다."

치열한 전쟁의 역사를 뒤로하고, 김태현은 아버지의 양보와 인정을 바탕으로 권력을 이양받게 되었다. 그러나 모든 것이 뜻대로 되지는 않았다. 직원들은 변화에 저항했고, 고객들은 새로운 시도를 반기지 않았다. 시장의 반응도 기대만큼 폭발적이지 않았다. 김태현은 비로소 리더의 무게를 실감하게 되었다.

'아버지는 어떻게 그 오랜 세월 동안 회사를 지켜온 것일까?' 과거 김태현은 아버지의 방식이 구시대적이라고 생각했지만, 이제는 모든 의사결정의 결과를 스스로 감당해야 한다는 것을 깨닫게 되었다. "리더 혼자서 모든 것을 할 수는 없습니다. 하지만 리더가 방향을 제시하고 하나하나 챙겨야 한다는 것을 이제야 깨달았습니다."

김태현은 자신이 단순한 후계자가 아니라 새로운 미래를 만들어가는 경영자로 성장하고 있음을 자각하게 되었나. 진정한 후계자로 성장하려면 왕관의 무게를 견뎌야 한다.

김영환 회장은 이렇게 말했다. "아버지 세대에서 고깃집을 성공시켜 아들이 이어받은 사례가 버드나무집, 늘봄공원, 삼원가든, 형제갈비, 한우리 이렇게 다섯 곳입니다. 제가 사업을 시작한 초창기에는 먼저 앞서간 삼원가든이 너무나 크게 보였었죠. 그런데 지금은 그 2세들 중에서 우리 아들들이 제일 열심히 잘하고 있다고 자부합니다. 살아 있는 한, 언제나 아들의 뒤에서 든든한 지원군이 될 겁니다."

열 번 망한
설렁탕집

안타까운 점포들, 삼청점과 세종점

2013년 오픈한 벽제갈비 삼청점은 성장과 확장의 기세를 몰아 청와대까지 접수하겠다는 의지를 현실화한 공간이었다. 켜켜이 쌓인 고즈넉한 기와지붕이 만들어내는 삼청동 전경이 한눈에 내려다보이는 팔판로 35번지. 삼청동 문화거리 한가운데 위치한 벽제갈비 삼청점은 안뜰에 품은 연못과 정자가 바로 옆 한벽원미술관과 이어지며 차분한 아름다움을 뽐냈다.

인테리어를 총괄한 일본인 건축가 신교지 코지 씨는 방문마다 격

자무늬 창살로 한옥의 느낌을 살리고 홀의 파티션을 도자기로 꾸미는 등 삼청동 특유의 한국의 미를 유감없이 이끌어냈다. 인근의 청와대와 국무총리공관, 감사원의 '높은 분'들을 모시기에 모자람이 없었다. 김영환 회장은 삼청점이 청와대와 정부 고위 관료들에게 벽제갈비를 알릴 수 있는 창구이자 안테나가 될 것으로 기대했다. '혼을 담은 한식'이라는 문구를 간판에 넣은 것도 이때부터다. 청와대를 우군 삼아 한식의 부흥을 일으키겠다는 큰 그림이었다.

그러나 예상과 달리 공무원들은 비싼 가격대의 식당을 찾지 않았다. 가장 저렴한 단품요리인 평양냉면이 1만 3,000원, 탕 종류가 1만 5,000원을 훌쩍 넘는 가격대는 공직자들에게 장벽이었다. 삼청동은 저녁 유동인구가 없는 편이어서 밤에는 관광객들의 발길도 끊겼다. 전통을 중요시하는 지역 특성에 맞추어 저렴한 연잎 영양밥 세트를 개발하는 등 여러 변화를 시도해보았지만 반응은 미미했다. 간판도 '벽제한우설렁탕'에서 '한식벽제'로, 다시 '봉피양'으로 몇 차례 바꿔 달았다.

그러던 중 2016년 9월 부정청탁 및 금품 등 수수의 금지에 관한 법률, 이른바 김영란법이 시행되었다. 삼청동뿐 아니라 고급 식당 밀집 지역, 나아가 관련 자영업계 전반에 한파가 불어닥쳤다.

　　　　　　　　　　　　　식당은 어떻게 브랜드가 되는가

부동산업계에 따르면 9월 하순 '부정청탁 및 금품 등 수수의 금지에 관한 법률', 이른바 김영란법 시행을 앞두고 단독 건물을 임차해 한정식, 일식 등 고급 식당을 운영하는 자영업자들의 폐업이나 식당 양도가 잇따르고 있다. 서울지방경찰청과 정부서울청사와 가까워 공무원 수요가 많은 내자동이나 청와대 옆 삼청동이 가장 타격이 큰 지역으로 꼽힌다. 정부서울청사 인근 내자동의 C한정식집 사장은 "최소 2~3일 전에는 예약을 해야 하고 전체 수용 인원 40명 자리가 꽉 찼는데 요즘 빈자리가 늘고 있다"고 전했다. 정부부처의 세종시 이전과 경기침체의 타격을 받은 이곳은 궁여지책으로 저녁식사용으로 1인당 3만 원짜리 단품요리를 내놨다.

-《매일경제신문》 2016년 6월 8일

이 무렵 서울 종로구 조계사 옆의 유명 한정식집 '유정'이 60년 만에 문을 닫았다. 유정은 노태우, 김영삼, 이명박 전 대통령과 고위 공무원들의 단골집이었으나 김영란법이 시행되면서 적자가 더 커질 것을 우려해 운영을 접었다. 2016년 농림축산부가 발표한 4분기 외식산업 경기전망지수에서 한정식당의 지수가 62.33으로 전체 외식산업지수인 71.04를 크게 밑돈 기록은 이 시기 한정식집의 전반적인 경영난을 말해준다. 결정적인 악재는 그다음에 터졌다.

"김영란법으로 어려운 와중에도 힘들게 단골들을 유지하고 있었는데, 박근혜 대통령 탄핵 국면을 맞으면서 아예 장사를 할 수 없는 상황이 되었어요. 손님들이 주로 총리실, 감사원의 높은 분들, 또는 인근의 미술관 관장님들이었는데, 탄핵 사건 때 언론에 이름이 오르내린 분도 여럿 있었어요. 당연히 대통령 탄핵 이후 완전히 발길이 끊겼지요. 매일 거리에서 탄핵 집회가 열리는 바람에 일반 손님은 들어오지도 못하고, 창문으로 시위대를 내려다보는 게 일상이었어요. 참 예쁜 점포였는데… 지금도 안타까워요." 삼청동 매장을 살리기 위해 애썼던 김명숙 매니저의 말이다.

박근혜 대통령에 대한 탄핵소추가 진행되던 2016년 하반기부터 이미 점포 앞 팔판로는 주말마다 수십 만 명의 시위 인파가 집회를 벌이며 상권의 기능을 앗아갔다. 그럼에도 삼청동 점포의 임대료는 떨어질 줄 몰랐다. 높은 임대료를 감당하지 못하고 점포들이 빠져나가자 2017년 말 삼청동의 공실률은 서울 평균 공실률의 2.5배에 달하는 20%를 기록했다. 삼청동은 '죽은 상권'이라는 말이 나돌 만큼 젠트리피케이션 현상의 직격탄을 맞았다. 중국인 단체 관광객이 몰려들고 가까운 곳에 비슷한 한옥 콘셉트를 가진 익선동이 대체 상권

　　　　　　　　식당은 어떻게 브랜드가 되는가

으로 떠오르면서 삼청동은 힘을 잃어갔다. 벽제 또한 거듭되는 악재를 버티고 버티다 2020년 4월 봉피양을 끝으로 삼청동 시대를 마감했다. 김영환 회장은 "생각했던 꿈을 이루지는 못했다. 그러나 총 세 분의 대통령을 거치면서 주요 행사 때 우리의 갈비와 김치, 평양냉면이 청와대에 들어가는 기회를 누렸으니 후회는 없다."라고 소회를 밝혔다.

2013년에 출점한 봉피양 세종점 역시 전략적 접근이 성과를 내지 못한 사례였다. 세종시는 중앙행정기관 45곳, 국책연구기관 16곳, 공공기관 10곳이 자리 잡고 있는 요충지다. 김영환 회장은 세종시에 점포를 내면 정부부처 공무원 전체에 홍보가 될 것은 물론, 벽제갈비를 다녀간 연구기관 및 공공기관 인재들이 훗날 정권의 실무자로 뻗어나갈 것까지 방정식에 포함시켰다. "세종시에 들러서 업무도 보고 관광도 하는 사람들이 버스를 대절해 찾아오는 특화된 식당을 만들고 싶었습니다."

그러나 점포의 위치가 문제였다. 세종시 금남면 영곡리, 다람쥐가 뛰어노는 산 중턱 100평이 넘는 단독 매장은 드넓은 뜰 위의 자연친화적인 장소였다. 마당에는 커다란 항아리들을 놓고 몇 년치 된장, 고추장까지 담글 수 있었다. 김영환 회장의 계획대로 손님들이 타고 온 관광버스를 한꺼번에 여러 대 주차할 수 있을 정도로 공간은 넉넉했지만, 차가 아니면 찾아올 수 없는 입지는 6개월간 손님을 구경조차

할 수 없게 만들었다. 결국 봉피양 세종점은 오픈 반년 만에 세종시 시내로 자리를 옮겨야만 했다.

그제서야 세종시 공무원들의 식사 패턴이 눈에 들어왔다. 세종시의 직장인들은 점심은 시내에서 간단하게 먹고 저녁은 유성구 등 인근 구시가로 이동해서 해결하는 형태를 보인다. 이는 삼청동에서도 나타났던 패턴이었다. 삼청동에 있는 청와대, 총리실, 감사원 사람들이 저녁이 되면 안국역 주변이나 경복궁역 등 인근의 더 크고 오래된 상권으로 빠져나갔던 것과 유사했다. 세종시의 식당들 역시 고객의 90% 이상이 공무원과 공직자여서 김영란법의 영향을 받아야 했다. 당시 보도에 따르면 김영란법 시행 직후인 2016년 10월 세종시 관가 주변 식당과 정육점은 매출이 최대 70%까지 감소했다. 김영환 회장은 홀 서비스 전문가인 한길남 이사를 세종점에 급파했다. 한길남 이사는 거처를 아예 세종으로 옮기고 관광버스 여러 대를 확보해 공무원들을 청사에서 매장까지 실어 나르며 세종점 구하기에 나섰다. 그러나 1년에 1억 가까이 발생한 적자는 오픈 5년차에 5억 원을 넘어서고 말았다.

이 밖에도 벽제갈비 천호점과 청구백화점 매장, 봉피양 실비집 등 갖가지 이유들로 문 닫은 점포와 브랜드가 열거할 수 없을 만큼 많다. 핵심은 김영환 회장이 '버틸 때'와 '버릴 때'를 확실히 구분했다는 것이다. 그는 안 되는 사업장은 미련 없이 접고, 새로운 점포와 브랜

     식당은 어떻게 브랜드가 되는가

드를 론칭하는 것을 게을리하지 않았다.

"45평 점포라면 월 매출이 1억 5,000만 원 이상이어야 하고, 80평 점포라면 월 매출 3억이 넘어야 한다는 것이 저의 기준입니다. 이 수치가 무너지면 그 점포는 접어야 해요. 그동안 56개의 음식점을 열었고 그중 26개가 문을 닫았습니다. 사람들은 나에게 '미다스Midas의 손'이라고 하지만 실은 '마이너스minus의 손'이라고 해도 할 말이 없을 정도로 실패를 숱하게 경험했어요. 벽제갈비 천호점의 경우 저희가 임대한 매장 건물이 상속세 미납으로 경매 처분되는 바람에 보증금과 권리금 5억 원을 모두 날려 눈앞이 캄캄하기도 했었죠. 그러나 모두 나의 판단 실수고 경험 미숙으로 발생한 일이니 누구를 탓하겠어요. 경험을 발판 삼아 전략을 수정하고, 힘들어도 앞으로 나아가는 수밖에 없어요. 한쪽엔 아름다운 미소를, 다른 한쪽엔 주판을 들고 있어야 하는 것이 요식업의 숙명입니다."

열 번 망한 설렁탕집, 도전은 계속된다

벽제갈비가 열었다 문을 닫은 설렁탕집이 10개에 달한다는 것은 잘 알려지지 않은 사실이다. 벽제가 한우와 돼지살비, 평양냉면에서 최고의 자리에 오르고 설렁탕의 왕좌까지 차지하는 것은 테니스를 즐기는 김영환 회장에게 그랜드슬램과도 같았다. 최고급 한우를 14시간만 끓여 만든 벽제의 초벌 설렁탕. 라켓은 이미 쥐고 있었다. 김영환 회장은 서울의 3대 설렁탕으로 꼽히는 이문설렁탕, 이남장, 잼배옥의 3강 구도를 깨기로 마음먹었다.

"황성수 박사를 아시나요? 황 박사의 연구에 따르면 사골을 여러 번 우려내 조리하면 칼슘 함량은 낮아지고 인 성분이 나와 오히려 우리 몸의 칼슘을 몸 밖으로 배출시켜 골다공증을 유발합니다. 그러나 벽제설렁탕은 14시간만 끓어낸 초벌 설렁탕이기 때문에 건강에도 좋고 기존 설렁탕과도 차별화가 되지요. 충분히 승산이 있다고 생각했어요."

신경외과 전문의인 황성수 박사는 유명 저서인《곰탕이 건강을 말아먹는다》(동도원, 2006)에서 다음과 같이 밝혔다.

곰탕의 주재료가 되는 소꼬리, 소의 대장, 소장(곱창)에는 살코기에 비해 2배에서 3.4배까지 되는 많은 지방이 들어 있다. 중성지방과 콜레스테롤은 동물의 모든 조직에 존재하지만 특히 간과 창자에서 생성되므로, 창자를 재료로 끓인 곰탕을 먹으면 다량의 콜레스테롤을 한꺼번에 섭취하게 된다. (…) 이때 단백질을 필요 이상으로 많이 섭취해서 배설될 단백질의 양이 많아지면 배설을 담당하는 콩팥이 과중한 부담을 느끼게 되어 그 기능에 문제가 생길 수 있다. 또한 단백

　　　　　　　식당은 어떻게 브랜드가 되는가

질로부터 생성되는 암모니아는 독성이 매우 강한 성분이기 때문에 뇌에 손상을 주어 뇌기능에 해를 끼치기도 한다.

2006년 발표된 이 책은 '오래 고아낸 사골일수록 몸에 좋은 보양식'이라는 그동안의 고정관념을 흔들며 전국적인 센세이션을 일으켰다.

벽제갈비는 황성수 박사의 주장보다 훨씬 앞선 1992년도에 '14시간 끓여낸 맑은 설렁탕'을 내세우며 설렁탕 전문점인 '봉우리'를 차렸다. 봉우리가 있던 강남구 포이동은 1990년대 중반 양재동과 함께 벤처기업 밀집 지역으로, 한때 '포이밸리'라고 불리던 곳이었다. 직장인들이 많아 점심 장사는 잘되었지만 저녁이면 인근의 먹자골목으로 손님들이 빠져나가 매출은 신통치 않았다. 그러나 봉우리는 가격을 꺾지 않았다.

"1992년 당시 주변 설렁탕집은 한 그릇에 4,000~5,000원을 받았는데, 우리는 한우를 써서 6,000~7,000원을 받았어요. 처음에는 비싼 가격과 맑은 국물에 당황하는 손님도 있었지만, 한번 여기에 길들여지면 다른 데 걸 못 먹어요. 개운하고 담백한 국물 맛은 우리만 낼 수 있는 특별함이었으니까요." 당시 봉우리 주방을 책임지던 한영석 장인의 말이다.

별 재미를 보지 못하고 4년간 운영한 봉우리를 정리한 뒤, 김영환 회장은 2000년도에 강남구 도곡동 대림아크로빌 지하에 '벽제설렁탕'을 오픈했다. 그러나 매장 위치가 지하인 데다 손님이 많지 않아 2년 만에 간판을 내렸다. 이후 2009년에는 대치동에 '벽제장인탕가', 일본 진출을 염두에 두고 서초동에 차린 'BJ구르메설렁탕', 작고한 서예가 남전 원중식 선생이 특별히 이름을 지어준 '청미설렁탕' 등 크고 작은 규모로 여러 차례 설렁탕집을 차렸다. 하지만 번번이 실패했다.

"설렁탕은 가격 저항이 가장 심한 음식 중 하나예요. 1만 3,000원을 넘으면 안 됩니다. 그런데 우리는 최고급 한우 설렁탕이라 2만 원은 받아야겠으니 강남에 가게를 낼 수밖에 없었어요. 한번은 MBC '불만제로' PD가 우리 설렁탕을 취재하러 온 적이 있었어요. 한우라고 하면서 비싸게 받으니 육우를 쓰는 것은 아닌지, 국물에 프림을 타는 건 아닌지 확인하러 온 거예요. 한참을 주방을 뒤져보고 나오는 PD랑 딱 마주쳤는데, 글쎄 저에게 '회장님, 남들은 비싸다고 한우를 안 쓰는데 굳이 이렇게까지 한우를 쓰셔야겠습니까?' 하더라구요. 진짜배기 한우 설렁탕으로 인정을 받은 거죠. 그래서 '남들은 미쳤다고 해도 난 이렇게 내 방식대로 만들어야겠습니다.' 하고 대답한 적이 있습니다."

열 번의 실패에도 김영환 회장의 도전은 계속되는 중이다. 최근 김영환 회장은 용인에 자신의 호 '운정雲庭'을 딴 '운정곰탕'을 준비 중

　　　　　　　　　　　　　　　　식당은 어떻게 브랜드가 되는가

이다. "앞으로도 벽제갈비가 가장 좋은 소를 선점하고 최상급의 한우 퀄리티를 이어갈 수 있으려면 한우의 비선호 부위까지 식재료에 활용해 남김없이 소진시킬 수 있어야 한다."고 김 회장은 말했다. 비선호 부위를 해결하기에 최적화된 메뉴가 탕인데, 그중에서도 곰탕은 한우를 통해 풍미를 극대화시킬 수 있는 음식이다. 명탕을 키우는 것이 한우산업 전체를 키우는 길이라는 김영환 회장의 신념은 열 번의 실패 이후 오히려 강해지고 있다.

"아직 벽제보다 더 바르게 탕을 만드는 업자는 보지 못했습니다. 한우로 만든 설렁탕과 곰탕을 시장에서 인정받고야 말겠다는 욕구는 비수처럼 마음속에 있습니다. 감추고 때를 기다릴 뿐입니다."

고졸을 대졸로 만들어주다

고졸을 대졸로, 벽제의 산학협력

"쓸 만한 사람이 없다."라는 경영주의 푸념은 김영환 회장 앞에서는 핑계다. 쓸 만한 사람을 찾기보다는 쓸 만한 인재로 만드는 것이 중요하다고 말해온 김 회장은 일찍부터 산학협력에 힘을 쏟았다. 벽제갈비의 장인 제도를 꽃피우고 탄탄한 후계 구도를 뒷받침할 뿐 아니라 한식업계의 발전까지 도모할 수 있었던 토대가 바로 산학협력이다.

2008년 11월, 김영환 회장은 중국 진출을 앞두고 부산의 영산대학교에 직접 연락해 지원을 요청했다. 영산대학교는 부산·울산·경남 지역에서 유일하게 단과대학 규모로 호텔관광대학을 운영하는 대학이자 김영환 회장이 명예교수로 있던 곳이었다. 벽제갈비의 해외 진출을 위해 벽제 측 실무진과 영산대학교 4개 학과 교수들로 이뤄진 태스크포스 팀이 꾸려졌다. 음식 조리는 물론 실내 디자인과 종업원 유니폼까지, 한식의 고부가가치화 방안에 대해 전반적으로 자문을 주고받는 방식이었다. 실제로 이 과정에서 패션디자인 학과 4학년생 20여 명이 유니폼 아이디어를 내고 제작에 참여해 그중 4종이 최종 채택되기도 했다. 이를 계기로 벽제갈비는 영산대학교와 산학협동으로 한식국제경영학과를 개설했다. 이른바 '계약학과'로, 기업이 해당 학과에 학 자금 등 교육과정을 지원하고 졸업생을 채용하는 실용적인 제도다.

김영환 회장은 배움에 뜻이 있는 직원들의 늦깎이 대학 입학도 적극 장려 했다. 지금까지 벽제갈비를 다니며 영산대학교 졸업장을 받은 직원만 20명 이 넘는다. 입사 당시 고졸 학력이던 직원들이 직장생활과 학업의 두 마리 토 끼를 잡으며 어엿한 대졸 직원으로 성장하는 기회를 만들어준 것이다. 이는 고졸 직원들의 최종학력을 대졸로 승격시켜 고졸과 대졸 간 급여 차이를 없 애고 갈등을 원천적으로 차단하는 기능도 했다.

"회장님은 교육에 대해서만큼은 아끼면 안 된다는 의지가 확고하신 분이에 요. '내일 그만두는 직원일지라도 오늘 열심히 가르친다.'라고 항상 말씀하세 요. 사람 일이라는 게 앞일을 알 수 없고 요식업계는 워낙 이동도 많은데 그 렇게 투자한다는 건 정말 쉽지 않은 일이잖아요. 그런데도 회장님은 항상 직 원들에게 '나중에 우리 회사 안 있어도 괜찮아. 다른 데 가도 다 써먹을 수 있 으니 지금 공부 열심히 해.'라고 얘기하세요." 고졸 학력으로 홀 서비스직으로 입사했다가 40세가 넘은 나이에 영산대를 졸업하고 석사학위까지 딴 김명숙 매니저의 말이다.

김명숙 매니저는 김영환 회장의 지원으로 일과 학업을 병행해 벽제에서 여성 매니저 중 최초로 임원 자리에 올랐다. 마장동 벽제한우를 이끌고 있는 정승구 부장 역시 입사 후 김영환 회장의 지원으로 4년제인 상명대학교 외식유통경영학과를 졸업했다.

외식업계의 산학협력은 2004년 전국 15개 대학과 산학협동을 체결한 아웃백스테이크와 미스터피자 등 해외 프랜차이즈 브랜드가 시초다. 국내 기업으로는 2000년대 후반 벽제갈비를 필두로 (주)놀부, 식자재 유통업체인 CJ 프레시웨이 등이 산학협력에 나섰으며, 최근에는 백종원 대표가 이끄는 더본

산학협력은 벽제 인재 양성의 핵심 요소다.

    식당은 어떻게 브랜드가 되는가

코리아까지 수많은 기업이 산학협력으로 인재를 육성하고 있다. 현재 벽제갈 비는 협력 대상을 넓혀 영산대학교와 한국외식과학고등학교, 상명대학교, 중 부대학교 등에서 한식을 공부하는 학생들의 이론 교육과 현장 실습, 취업까지 책임지고 있다. 산학협력은 젊은 인재를 수혈할 수 있는 창구이자 기회다. 산 학협력을 통해 벽제갈비에 입사한 2002년생 박다희 씨는 이렇게 말했다.

"서울의 정보산업고등학교 조리학과에서 한식을 전공했는데, 한식 전공의 경우 졸업하면 벽제갈비와 삼원가든 둘 중에 한 곳을 골라서 갈 수 있는 시스 템이었어요. 그런데 먼저 졸업한 선배들이 전해준 이야기가, 벽제갈비가 다른 회사들보다 퇴사율이 낮고 재입사율이 높다는 거예요. 그래서 고민 없이 벽 제를 선택했고 제 선택은 옳았어요."

2006년 벽제아카데미 설립

벽제갈비는 업계에서 땅 없고 본사 건물 없기로 유명하다. 모든 매장은 임대 가 원칙이다. '부동산이 아닌 사람에 재화를 집중한다.'가 김영환 회장의 철학 이다. 열악한 중소기업이자 척박한 외식업계에서는 인재가 핵심 기술이고 미 래의 경쟁력이기 때문이다. 벽제갈비는 2006년 경기도 광주의 남한산성 아 래에 직원 교육 및 연수를 위한 '벽제아카데미'를 설립했다.

"사람은 배운 만큼 달라집니다. 2005년도에 제가 경기대학교 서비스경영 전문대학원에서 지식경영으로 박사학위를 받은 것이 의식의 전환점이 되었어요. 박사 공부를 해보니 우리 회사의 경쟁력을 어떻게 강화해야 할지 고민이 깊어지더군요. 기업의 재산은 사람인데, 황량한 외식업계에서 인재들이 벽제갈비를 택하게 만드는 시스템을 갖춰야겠다고 생각이 들었습니다. 효과가 나타나려면 시간이 걸리겠죠. 그러나 긴 호흡으로 교육의 토대를 만들어야 하는 시점이 왔다는 생각이 들었어요."

2005년 벽제갈비는 BIFF Byeok-je Innovation for Future 2005 프로젝트를 가동했다. 내부혁신 전문가 양성과 고객만족 증대를 통한 기업가치 향상 프로젝트였다. 내용을 보면 1) 한우 직영 정육점 운영, 2) 김치의 명품화를 위한 김치공장 설립, 3) 한식 식기 문화를 위한 벽제도예 설립, 4) 벽제아카데미 설립, 5) 직원들의 자질 향상을 위한 대학교육 후원, 6) 각 조리 부문에 도제 시스템 운영의 여섯 가지가 핵심이다. 이 중 4번부터 6번까지가 직원 교육과 인재 양성에 해당한다. 교육을 통한 벽제의 체질 변경을 목표로 한 대규모 프로젝트였다.

벽제아카데미를 설립하며 김영환 회장은 제일 먼저 삼성에버랜드 조리아카데미 출신의 강성부 교수를 영입했다. 삼성은 김영환 회장이 벽제갈비를 창업하는 순간부터 롤모델로 삼아온 기업이다. 김영환 회장은 제일모직이 삼성그룹의 인재 사관학교 역할을 했듯이 벽제아카데미가 외식업계를 리드하는 사관학교가 될 것을 기대했다. 제일모직은 2014년 삼성SDI에 흡수합병되기 전까지 삼성의 '인재 사관학교'로 불리며 이학수 전 삼성전자 부회장, 김

식당은 어떻게 브랜드가 되는가

징완 전 삼성중공업 부회장, 이상현 전 삼성전자 부사장, 송용로 전 삼성코닝 사장, 유석렬 전 삼성생명 사장 등을 배출했다.

에버랜드에 몸담았던 강성부 교수는 3년간 벽제아카데미를 진두지휘하며 각 점포의 팀장들에게 매장 내 각 포지션의 역할, 요식업계의 다양한 사례 연구 등 외식 경영 전반을 아우르는 폭넓고 깊이 있는 교육을 단행했다. 아카데미 설립 이후 벽제는 '요식업계의 삼성'이라는 이야기를 종종 들을 수 있었다. 그러나 이를 통해 얻은 가치는 따로 있다고 김영환 회장은 말한다.

"벽제아카데미 이후 가장 큰 변화는 직원들이 손님을 자신 있게 대하게 됐다는 점입니다. '우리는 그냥 음식점이 아니다. 우리는 지향하는 바가 높고 큰 요식기업이다.'라는 자부심을 회사 전반에 심어주었어요. 당시 호텔업계에서 최고의 서비스로 평가받던 곳이 리츠칼튼 호텔이었는데, 리츠칼튼은 손님뿐 아니라 직원들까지도 '신사숙녀'라고 칭하면서, '신사숙녀를 모시는 신사숙녀'로 이름을 날렸어요. 우리도 마찬가지입니다. 최고의 직원들이 최고의 손님들을 맞이할 수 있습니다. 이러한 인식의 변화는 교육 시스템을 통해서만 가능합니다."

코로나를 기회로, 줌을 통한 서비스 교육

2021년 겨울, 김영환 회장의 오랜 지인이 봉피양 대치점을 방문했다. 당시

대치점은 한 달간 '우족탕 할인 증정 프로모션'을 하고 있었는데, 제품 소진 시 이벤트가 종료되는 형태였다. 김 회장의 지인은 월초에 프로모션을 통해 우족탕을 받고 이에 만족해 월말 다시 매장을 찾았다. 그리고 프로모션 중인 우족탕을 직원에게 요청했지만 돌아온 대답은 "프로모션 마감됐어요."라는 짧은 대꾸뿐이었다. 불쾌감을 느낀 지인의 경험은 곧바로 김영환 회장의 귀에 들어갔다. 불호령 대신, 김영환 회장은 냉정하게 사안을 돌아보았다. 그 직원이 틀린 대답을 한 것은 아니었다. 그러나 고객이 원하는 것을 줄 수 없을 때는 직원의 공감과 이해가 함께 전달돼야 옳았다. "이것은 교육의 부재다." 그날 김영환 회장이 내린 결론이었다. 이 일은 벽제갈비의 서비스와 교육을 변화시키는 일대 사건이 되었다.

곧바로 김경현 본부장과 신라호텔 출신의 이건종 사장을 중심으로 벽제갈비의 서비스 교육 태스크포스가 꾸려졌다. 함께 계획을 수립하고 실행할 직원으로는 청미심의 점장이었던 오민경 부장과 박기석 차장이 발탁됐다. 이건종 사장이 태스크포스에서 가장 먼저 한 것은 MOT를 수립하는 것이었다. MOT란 'Moment of Truth'의 약자로, 고객이 식당을 방문할 때부터 음식을 주문하고, 음식을 맛보고, 서비스를 경험하고, 마지막으로 계산을 할 때까지의 과정에서 발생하는 다양한 접점을 뜻하는 용어다. 고객의 인식과 행복도에 결정적인 영향을 미치는 중요한 순간을 의미한다.

마침 때는 코로나19의 대유행기였다. 김영환 회장은 고객들이 식당을 찾지 않는 암흑의 시기를 오히려 기회로 받아들였다. "지금이야말로 교육에 집중할 수 있는 타이밍"이라며, 매뉴얼을 점검하고 제대로 된 직원 교육을 실시하기로 했다. 전국에 흩어진 점포의 직원들을 줌zoom으로 교육하자는 것도 김영환 회장의 아이디어였다. 교육을 담당한 오민경 부장은 양질의 교육을 위해 서비스 전문가 국가공인 자격증을 따기도 했다.

"제가 그 당시 프리미엄 매장 격인 청미심에서 점장으로 일하고 있었는데, 우리가 재료도 좋고 음식도 훌륭하지만 상류층 고객들을 접대하기에는 서비스 면에서 2% 부족하다는 생각이 들었어요. 그래서 교육을 담당하는 제가 아예 국가공인 서비스 과정을 이수하고 제대로 배워서 자격증을 따면 어떻겠냐고 김태현 부회장께 말씀드렸죠."

인재 교육에 아낌없이 투자하는 것은 아버지와 아들이 같았다. 김태현 부회장은 오민경 부장이 서비스 공부에 집중할 수 있도록 청미심 점장 업무를 축소하고, 자격증 취득을 적극 장려했다. 회사의 든든한 지원에 힘입어 오민경 부장은 한국생산성본부에서 3개월간 평일 오전 9시부터 오후 1시까지 수업을 이수하고 시험을 치러 SMAT Service Management Ability Test 서비스경영 자격증을 취득했다. 이후 오민경 부장은 다시 각 점포에서 경력이 많은 점장 및 직원들을 4개월간 인터뷰해 경험에서 우러난 고객 응대 매뉴얼과 주의사항을 정리했다. 이후 SMAT에서 배운 내용과 이건종 사장의 방향성을 녹여 벽제갈비만의 MOT를 완성했다.

이때 체계화된 MOT 몇 가지를 소개하면 다음과 같다. 고객이 매상 안으로 들어오면 아무리 바빠도 아이 콘택트를 하고 반드시 고객 쪽으로 몸을 기울여 "안녕하세요, 어서 오세요."라고 인사한다. 고객에게 메뉴를 추천할 때는 그저 메뉴 이름만 말하는 것이 아니라 "아까 제가 육부실에 잠깐 들렀는데요, 오늘 안창이 너무 신선했어요." 또는 "저희 매장에 들어온 등심 숙성날짜가 오늘 딱 맞아요."라는 식으로 진실성과 생동감을 담아 추천한다. 주문을 받을 때도 고객이 "등심 2인분 주세요." 하면 "네." 하고 끝내는 것이 아니라 "부족하시면 뒤에 양념갈비를 추가로 드셔도 좋고, 나중에 식사로는 저희 평양냉면이 굉장히 유명해요." 하는 식으로 추가 메뉴를 더한 그날의 전체적인 '플레이'를 한 번 보여준다. 또한 '가족 손님일 경우에는 어르신과 아이를 먼저 챙겨라.'부터 시작해서, 홀에 여성 그릴러가 많은 특성을 감안해 '연인이나 부부 손님이 왔을 때는 남성 고객에게 말을 많이 하지 말고 여성 고객 위주로 응대하라.' 같은 세부적인 지침도 있다.

현재 벽제의 30여 개 매장의 직원들은 연 2회에 걸쳐 줌을 통한 MOT 교육을 받고 있다. "서비스 측면에서 회사가 지향하는 바를 구체적으로 정리하고 일원화해서 교육하니까 고객 응대에 명확한 가이드라인이 생겨서 좋아요." 처음에는 귀찮아하며 줌 교육에 참여했던 직원들이 회를 거듭할수록 보내오는 피드백이다. 벽제갈비는 회사가 성장할수록 인원과 공간에 구애받지 않는 방식을 찾아 주기적인 서비스 교육에 주력한다는 방침이다.

식당은 어떻게 브랜드가 되는가

죽은 매장도 살려낸다
슈퍼바이저 김명숙

고기와 냉면, 설렁탕을 만드는 데에만 장인이 있는 것이 아니다. 벽제에는 고기를 굽는 최상급의 그릴링 기술은 물론, 고객의 마음까지 읽으며 매장의 품격을 끌어올리는 홀 서비스 전문가가 있다. '죽은 매장도 살려내는' 점장으로 이름난 매니저 김명숙은 '서비스 장인'의 칭호를 받기에 손색이 없는 인물이다. 김명숙은 폐업 직전의 매장이더라도 한 번 붙들고 나면 인기 점포로 등극할 때까지 꽉 쥐고 놓지 않는다. 매출은 서비스 매니저의 손끝에서 피어난다.

 "지고는 못 사는 성격이에요. 김영환 회장님은 우리 직원 1인이 하루 40만 원 정도는 팔아야 한다고 하시는데, 그럼 저는 1인당 100만 원씩 팔겠다고 마음먹는 사람입니다. 이렇게 열심히 하는 이유요? 다른 식당들은 조리한 음식을 날라주기만 하면 끝이지만 벽제갈비에서는 서빙하고 구워주는 저희가 또 다른 요리사가 되어야 해요. 아무리 주방에서 맛있는 고기가 나와도 그것을 어떻게 스토리텔링하는지, 얼마나 손님의 기호에 맞춰 질 굽는지에 따라 매출이 달라지거든요. 아무나 할 수 없는 일이기 때문에 항상 공부하고 노력

슈퍼바이저 김명숙

해야 합니다. 자부심을 느껴요."

김명숙은 2004년에 벽제갈비 방이점으로 첫 출근을 했다. 그때 나이 38세, 한창 아이들은 커가고 들어갈 돈은 많았다. 화장품 미용지도사와 어린이 교재 판매 등 닥치는 대로 일을 하던 김명숙은 생활정보지 한켠에 있던 벽제갈비 구인 공고를 보게 되었다. 그때 송파구에서 제일 비싼 고깃집으로 소문이 나 있던 벽제갈비는 20대 젊은 직원들만 서빙을 한다는 이야기가 돌았다. 위축된 마음으로 벽제갈비 매장에 들어선 김명숙은 "나이가 많은데 괜찮을까요?"라고 먼저 물었다. 이에 대해 "전혀 많지 않습니다. 지금이 일하기 딱 좋은 나이예요."라고 용기를 준 사람이 갈비 장인 윤원석이었다. 그렇게 입사한 뒤 김명숙은 처음으로 '배움의 희열'을 느꼈다.

"매장에서 일을 시작하면서 쇠고기의 각 부위에 대한 지식과 함께 어떤 부위가 왜 비쌀 수밖에 없는지, 각 부위별로 어떻게 다르게 구워야 하는지 등등을 체계적으로 배우기 시작했어요. 그때 '아, 여기는 그냥 식당이 아니라 사람을 가르치고 키우는 회사구나.'라는 생각이 들었어요. 배우는 족족 틈나는 대로 자료들을 찾아보고 읽어보고 하면서 그동안 몰랐던 공부의 재미를 처음으로 알게 됐습니다. 매일 아침 그날의 점포 운영 방향에 대해 토의하고 소통하는 조회 시간이 기다려질 정도였으니까요."

아는 것이 늘어날수록 바꾸어야 할 점도 눈에 들어왔다. 김명숙은 매장 운영의 개선 방향이나 메뉴 개발, 가격 정책 등에 대해 거침없이 목소리를 냈다. 입사한 지 얼마 안 된 신입 직원이 주인의식을 가지고 매장을 챙기는 모습은 금세 윗사람들의 눈에 띄었다. 김명숙은 입사 3년 만인 2007년 벽제갈비 서초점 점장으로 발탁됐다. 마침 김영환 회장이 인재 관리에 있어서 변화의 필요성을 느끼던 시점이었다. "그동안은 열심히 '30대 남성 점장'들을 키워왔는데, 그들이 퇴사와 이직 등으로 신뢰를 저버리면서 실망하고 있던 터였습니다. 그러던 차에 김명숙 매니저가 눈에 들어왔죠. 한 매장의 점장이 되려면 적절한 나이와 고객 응대력 등 다양한 요소가 필요한데, 무엇보다 가장 중요한 것은 통솔력입니다. 강단이 있으면서도 합리적으로 매장을 끌어가는 김명숙 매니저를 보면서 앞으로 '40대 여성 점장들'을 육성하고 그들에게 투자해야겠다고 목표를 바꾸었어요."

김명숙이 점장으로 처음 발령받은 벽제갈비 서초점은 적자에 시달리던 곳이었다. 이곳은 원래 CJ푸드시스템에서 운영하던 '두프원하우스Doof 1 House'라는 고깃집이 있던 자리였다. 대부분의 고깃집이 온돌방에 앉아 구워 먹는 방식이 일반적이었던 데 반해, 두프원하우스는 전 좌석을 테이블로 구성하고 샐러드바를 갖춘 신개념 고깃집이었다. 그러나 강남의 젊은 직장인들을 겨냥했던 CJ의 실험은 실패로 끝났다. 이어 그 자리에 문을 연 벽제갈비 역시 애매한 콘셉트의 망한 고깃집을 인수했던 탓에 고전을 면치 못했다. 위치상 강남의 세무사들이 주요 고객이어서 점심 장사는 그럭저럭 됐지만 저녁에는 비어 있는 테이블이 많았다. "할 수 있는 모든 방식을 시도해봤어요. 파티션을 만들어보기도 하고, 방을 아예 새로 공사해 단독 VIP룸도 만들어보구요. 회장님이 매장을 방문할 때마다 제가 요구사항을 너무 많이 늘어놓으니

식당은 어떻게 브랜드가 되는가

까 한동안 저를 피해 다니실 정도였죠."

김명숙의 의욕과 함께 서초점의 상호도 'BJ구르메설렁탕', '벽제설화등심'으로 바뀌는 등 여러 차례의 변화를 거쳤다. 오피스 상권이었음에도 김명숙은 근처 초등학교 앞에 전단지를 붙이거나 할인쿠폰을 나눠주는 일에도 열심이었다. 가족 단위 손님들을 끌어들이기 위해서였다. 당시는 각 가정에 배달되는 신문에 식당 전단지를 끼워 홍보하던 시절이었다. "수많은 전단지 사이에서 버려지지 않고 눈에 띄려면 디자인이 품격 있고 간결해야 해요. 정보를 많이 넣는 것보다 차분한 폰트에 조선일보나 한겨레 같은 주요 언론사 보도만 핵심적으로 넣는다든지 하는 것이 효과가 좋았어요." 홍보자료 하나에도 요구사항이 많고 최종 인쇄 전에 꼭 직접 시안을 확인했기 때문에 본사 디자인실에서도 김명숙은 골치 아픈 점장이었다.

서초동 매장은 결국 간판에 '봉피양'을 달고 나서야 안정기에 접어들었다. 봉피양은 주메뉴가 돼지갈비였지만 김명숙은 본사를 설득해 쇠고기를 메뉴판에 넣는 등 객단가를 높이기 위한 노력을 계속했다. 김명숙의 권유로 전 매장의 음식 퀄리티와 가격이 달라진 일도 있었다.

"서초점 단골 중에 포스코 전무님이 계셨는데 그분한테 갈비탕 때문에 항상 혼이 났어요. 마구리(소의 갈비 부위 중 등심과 양지를 떼어내 살코기가 별로 없는 부위)를 줄이고 갈비를 더 넣으라고 말이죠. 그때 서초동은 버드나무집이라는 식당이 꽉 잡고 있었어요. 거기 갈비탕이 하도 맛있다고 이름이 났길래 저 혼자 몰래 가서 줄을 서서 몇 번을 먹어봤어요. 도대체 우리랑 다른 게 뭔지 알아내려구요. 그런데 막상 가서 먹어보니 거기도 생각보다 마구리가 많은 거예요. 그때 든 생각이, 우리는 아예 마구리를 빼고 완전히 고급화로 가는 게 훨씬 경쟁력이 있겠다는 것이었어요. 장사가 안 된다고 자꾸 할인하고 끼워 팔고 하는 건 우리 음식을 스스로 낮추는 것밖에 안 돼요. 반대의 방법으로 고급화, 차별화를 해야 한다고 생각했어요."

마구리는 갈빗살을 얻기 위해 제거되는 척추나 가슴 부위로, 살코기가 적고 뼈가 많아 갈비탕이나 육수 재료로 많이 쓰인다. 2007년 당시 버드나무집의 갈비탕이 1만 1,000원, 벽제갈비는 1만 3,000원이었는데, 두 곳 다 마구리가 적지 않게 들어갔다. 김명숙은 본사와 김영환 회장에게 "마구리 대신 갈비를 더 넣고 가격을 올려 받자."고 요청했다. 자신 있는 부분을 확실하게 밀고 나가자는 전략이었다. 결국 서초점은 갈비 양을 늘려 음식의 질을 높인 뒤 갈비탕 가격을 1만 5,000원으로 인상했다. 그러자 부진했던 갈비탕 판매량이 오히려 늘어난 것은 물론이고, 그동안 갈비가 적다, 마구리가 많다 등 자주 들었던 불만이 사라졌다. 서초점의 성공을 지켜본 벽제갈비는 다른 매장의 갈비탕도 마구리를 줄이고 갈비를 더 넣는 레시피로 변경하고 가격을 인상했다. 그녀의 전략은 결과로 입증되었다.

서초점을 본궤도에 올려놓은 뒤 김명숙은 자리를 옮겨 벽제갈비 용산점을 성장시키기에 이른다. 용산점 역시 처음 점포를 열었을 당시에는 골목 끝에 위치해 유동인구가 적고 한산한 곳이었는데, 최근 들어 '용리단길'이라 불리며 젊은이들 사이에서 핫플레이스로 떠올랐다. 김영란법 이후로 단골이었던 국방부 관계자들의 발길이 끊겨 잠시 위기였으나 그 자리를 아모레퍼시픽과 삼일회계법인, LS그룹과 하이브엔터테인먼트 등 탄탄한 기업들이 채워 매출은 전보다 나아지고 있다. 김명숙이 말하는 용산점 고객들의 특징이 흥미롭다. "벽제갈비 1호점이 신촌점이잖아요. 지금 용산점에 오시는 분들 중에는 신촌에서 학창시절을 보내며 벽제갈비에 추억이 있는 분들이 많아요. 연세대나 이화여대 졸업식 날 가족들과 함께 벽제갈비에서 고기를 먹었던 대학생들이, 이제는 인근의 아모레나 삼일, 퀄컴, E1 등을 다니는 번듯한 직장인이 되고 가장이 돼서 부모님이나 가족들과 함께 용산점으로 다시 오는 거예요. 저희 벽제갈비가 세대를 이어가는 소중한 추억으로 존재한다는 게 더없이 기뻐요."

김명숙은 최근 들어 요식업계의 패러다임이 바뀌고 있다는 걸 느낀다. 가장 큰 변화는 직장인들의 회식 문화가 빠르게 사라지고 있다는 점이다. 저녁이 있는 삶을 찾는 MZ세대의 성향 때문이기도 하지만, 길어지는 불경기와 인건비 상승도 중요한 원인이다. 김명숙이 처음 용산점에 왔던 2017년의 최저시급은 6,030원이었는데, 7년이 지난 2024년의 최저시급은 9,860원으로 50% 이상 인상되었다. 고용주 입장에서도 회식이든 야근이든 직원들과의 시간이 늘어날수록 운영비와 야근수당 등의 지출이 커져 경제적인 부담으로 작용한다. 이러한 움직임은 요식업계에도 변화를 가져왔다.

"늦게까지 하는 회식이나 모임이 줄면서 저녁 매출이 줄어들고 대신 점심 매출이 늘고 있어요. 회식 싫어하는 MZ세대 때문에 억지로 그렇게 된 것 같지만 꼭 그런 것만은 아니에요. 사장님이나 관리자들 중에서도 회식이 없어져서 좋다고 말씀하시는 분들이 많아요. 회식하느라 큰돈 안 써도 되고, 젊은 사람들 데리고 같이 있기도 여러모로 까다로워졌으니까요. 그래서 식당이나 매장들도 영업시간이 점차 짧아지고 있습니다. 식당을 관리하는 입장에서도 직원들에게 휴식 시간이나 주휴수당 등을 챙겨주는 것이 부담이라 퇴근 시간이 당겨지고, 그러다보니 가게 문 닫는 시간도 빨라졌어요. 요식업 문화도 점차 개인화의 방향으로, 그러나 합리적으로 바뀌고 있습니다.”

이 시대의 주인공은 ‘1인 고객’이다. 회식이나 가족 모임보다 혼밥족, 혼술족이 주된 손님이 된 것이다. 이들이 올리는 매출에는 한계가 있다. 그러나 개개인이 다양한 경로로 목소리를 내는 시대이기 때문에 고객 한 명의 영향력은 더 커졌다. 누가 인플루언서고 누가 유튜버인지, 어떤 식으로 SNS에 올라갈지 알 수 없기 때문에 손님 한 명 한 명을 더 신경 써서 대접해야 한다.

“고객들이 뭔가를 찾을 때 없으면 그냥 ‘없습니다.’ 하는 것이 아니라 그걸 회사에 전달하고 개선해서 적용하는 게 저희 역할이에요. 회장님이 저를 대학에도 보내주시고 대학원 석사까지 투자하신 이유가 바로 그런 거라고 생각해요.” 김명숙은 현장에서 일하면서 고객들이 궁금해하는 것들, 필요로 하는 것들을 귀담아 듣다보면 해답이 나온다고 말한다. “현장에서 고객들과의 접점에 있는 사람이 바로 저희 서비스 매니저들이라는 자부심을 가지고 일하고 있습니다.”

식당은 어떻게 브랜드가 되는가

3부

글로벌

일본 미즈호노와의 우정

벽제의 형제, 미즈호노

벽제 40년사에 빠질 수 없는 기업이 있다면 일본의 미즈호노 みづほ野 그룹이다. 김영환 회장은 1999년 4월 한국외식업교류협회를 통해 일본 미즈호노의 바바 노보루 馬場昇 회장과 인연을 맺었다. 미즈호노는 가나가와현의 소도시인 히라쓰카에서 한때 25개 브랜드의 레스토랑 50여 개를 직영으로 운영해온 중견 외식기업이다. 현재는 연 매출이 700억 원대로 벽제갈비보다 낮지만, 70년 넘게 회사를 이어오며 한때 연 1,000억 원이 넘는 매출로 지역경제를 활성화시켰다. 몇 년 전

까지 강남구 신사동 사거리에서 커다랗고 붉은 게를 간판에 달고 영
업하던 게 요리 전문점 '코오라'에 식재료를 납품한 곳이기도 하다.

미즈호노의 바바 노보루 회장은 "회사 성장을 위해 점포 수를 늘려
도 상품과 서비스 품질 저하는 있을 수 없다."라는 경영 철학을 가지
고 있다. 음식의 재료에 집중한다는 점, 점포는 반드시 직영만 고집한
다는 점, 다점포를 전개하되 철저히 통제한다는 점, 이 세 가지 경영
방침은 벽제갈비와 맥이 같았다. 김영환 회장과 인연을 처음 맺을 무
렵, 아들이 없는 바바 노보루 회장은 데릴사위인 바바 아키히코馬場昭
彦를 후계자로 삼아 경영 수업을 이어가던 중이었다. 김영환 회장과
바바 노보루 회장, 그 후계자인 바바 아키히코 사장은 한번 만났다
하면 회사 운영부터 한국과 일본 요식업계의 사정에 이르기까지 온
갖 이야기를 나누었다. 김영환 회장이 자신보다 네 살 많은 바바 노
보루 회장을 기꺼이 멘토로 삼으며 두 회사의 20년 넘는 우정은 시작
되었다.

이후 미즈호노와 벽제는 형제 회사처럼 활발히 기술과 정보를 교
류했다. 벽제는 미즈호노에게 한식을 전수해주고 미즈호노는 일본의
조리 기술을 아낌없이 벽제에 지원했다. 쇠고기 다루는 기술이 필요
하면 미즈호노 사람들이 벽제에 오고, 생선에 대해 배우고 싶으면 벽
제의 직원들이 미즈호노에 가는 식이었다. 마침 한일 간 외식업 교류
를 활발하게 하자는 취지의 사단법인이 국내에 만들어지면서 그 기

                                    식당은 어떻게 브랜드가 되는가

일본 미즈호노의 바바 회장과 김영환 회장(2014년)

금으로 두 회사의 인재들이 정기적으로 양쪽 회사를 오갈 수 있게 되었다. 1년에 두 번씩 벽제의 직원들이 2주간 일본에 파견돼 미즈호노 사의 숙련된 조리 문화와 서비스 시스템을 교육받고, 미즈호노의 직원들도 1년에 두 차례 한국에 머무르며 벽제의 다양한 점포와 한국 요식업계의 발전상을 배워 갔다.

미즈호노는 벽제갈비와의 관계를 단순 협력이 아닌 비즈니스 파트너로 격상하기를 바랐다. 특히 벽제갈비와 봉피양 브랜드를 일본으로 가져가 외연을 확대하고 싶어했다. 그러나 소도시 위주로 매장을 열어온 미즈호노의 점포 운영 방식은 대도시 위주로 다점포를 여는 벽제갈비와 달라 성사되지 못했다. 그런 그들에게 기다리던 기회가 찾아왔다. 2003년 삼성이 일본 진출 50주년을 기념해 도쿄 롯폰기에 27층짜리 빌딩 '롯폰기 T-큐브'를 완공한 것이다. 롯폰기는 구글, 야후, 골드만삭스 등 글로벌 기업들이 몰려 있는 도쿄 최대의 번화가다. 당시 인천공항 출점과 함께 해외 시장에 눈을 돌리던 김영환 회장은 롯폰기 T-큐브 빌딩에 벽제갈비 오픈을 야심차게 추진했다. 미즈호노 역시 이 기회에 벽제와 손잡고 소도시를 벗어나 도쿄에 입성한다는 목표를 세우고 적극적으로 움직였다.

그러나 T-큐브 빌딩의 관리 규정상 건물 외부에 간판을 크게 달 수 없다는 점이 크나큰 장애물이었다. T-큐브 빌딩은 일본 최대의 부동산 기업인 미쓰이부동산이 지분 일부와 관리 권한을 가지고 있었는데, 건물 외관에 대형 간판을 달 수 없고 작은 간판으로만 업장 이름을 알리도록 하는 규정이 있었기 때문이다. 몇 년 뒤 비슷한 콘셉트로 완공된 서초동의 삼성 본사 건물 외관을 떠올리면 이해가 쉽다.

간판 문제 외에도 도쿄 노른자 땅의 신축 빌딩에 걸맞은 높은 임대료도 난관으로 작용했다. 당시 미쓰이부동산이 벽제갈비에 제시한 임대료는 한국 돈으로 환산해 평당 25만 원으로, 80평 매장의 운영에 들어가는 월세가 2,000만 원이었다. 통상적으로 임대료는 매출의 7% 전후여야 한다는 김영환 회장의 계산법에 따르면 월 3억 원의 매

    식당은 어떻게 브랜드가 되는가

출을 올려야 수익이 나는 구조였다. 간판도 제대로 달지 못하는 상황에서 일본에 처음 진출하는 식당이 매달 3억 원의 매출을 올리기는 현실적으로 쉽지 않았다. 결국 벽제의 롯폰기 진출은 최종 단계에서 무산되고 말았다.

이후로도 두 회사의 다양한 시도는 계속되었다. 2008년 미즈호노는 벽제와 합작회사를 설립하고 30%의 지분을 출자해 인천공항 교통센터에 봉피양을 오픈했다. 인천공항 교통센터점은 낮은 객단가와 높은 월세로 '고통센터'라 불리며 자본잠식 끝에 문을 닫았다. 그러나 미즈호노는 포기하지 않았다. 벽제갈비의 브랜드가 실패하자 이번에는 미즈호노의 브랜드로 한국 시장의 문을 다시 두드렸다. 2017년 미즈호노는 한국법인 미즈호노코리아를 설립하고 30%의 지분을 투자해 자사의 돈가스 브랜드인 '다이치'를 한국에 론칭했다. 다이치는 10일간 숙성된 돼지고기를 두툼하게 튀겨 만든 숙성 돈가스 전문 식당으로, 일본에서 2개의 점포가 성업 중이었다.

벽제갈비는 윤원석을 일본으로 두 달간 급파해 돼지고기 숙성에서부터 조리 방식, 메뉴판 구성 등 여러 가지 요소를 미즈호노로부터 전수받았다. 이어 롯데백화점 잠실점 지하 1층, 그중에서도 유동인구가 많은 목 좋은 위치에 다이치를 오픈했다. 같은 층에 봉피양을 출점하면서 다이치돈가스도 '끼워팔기'식으로 한 사리 얻은 것이다. 그러나 오픈과 동시에 손님이 몰려든 봉피양과는 달리 다이치에 대한 반응은 미지근했다. 이에 대해, 윤원석은 한국과 일본의 식문화 차이를 이유로 설명했다.

"한국과 일본의 돼지고기는 종자가 달라요. 일본의 돼지고기는 10일간 숙성하면 부드럽게 되지만 우리나라 돼지고기는 15일이 필요합니다. 그리고 일본에서는 두툼하고 육즙이 흘러나와야 맛있는 돈가스라고 해서 딱 70도까지만 익히고 가운데 붉은색이 살짝 남아 있게 합니다. 그런데 우리나라는 돼지고기를 완전히 익혀 먹어야 한다는 문화잖아요. 사실 돼지고기라고 해도 붉은 기는 전혀 문제될 것이 없거든요. 그런데 사람들의 인식이 그렇다보니 음식이 나갈 때마다 손님들을 설득해야 하고, 붉은 기가 없어지는 85도까지 고기를 익혀야 했어요."

돈가스는 한국에서도 가장 기본적이고 대중적인 메뉴다. 그래서 롯데백화점 잠실점 안에만 돈가스를 파는 식당이 일곱 곳이었다. 아이러니하게도 그중에 브랜드라고 불릴 만한 돈가스집은 한 군데도 없었다. 김영환 회장은 "우리나라에서 돈가스란 분식집 메뉴와도 같아서 프리미엄 브랜드로 인정받기가 매우 어려운 종목입니다."라고 말했다. 일본의 유명 돈가스 체인인 '긴자 바이린', '안즈 돈가스' 등이 한국 시장에 진출했지만 큰 반향을 일으키지 못한 이유가 그것이다. 그나마 아워홈이 들여온 '사보텐'이 자본력을 앞세우며 서울 시내 주요 자리에 대형 매장을 열어 프리미엄 돈가스 브랜드로 자리를 잡았

다. 그러나 결국 다이치는 이렇다 할 바람을 일으키지 못한 채 코로
나 시기를 맞으며 5년 만에 한국에서 철수하고 말았다.

바바 아키히코, "또 한 명의 아버지, 김영환 회장"

경영적인 수치는 부진했지만, 미즈호노와의 합작은 벽제가 한국과
일본, 나아가 전 세계 요식업계를 통찰할 수 있게 해준 기회였다. 한
국과 일본의 음식 문화와 그로 인한 요식업의 특징에 관한 미즈호노
의 후계자인 바바 아키히코 사장의 분석이 흥미롭다.

　"일본 음식과 한국 음식은 비슷한 것 같아도 전혀 다릅니다. 한국
음식은 간이 강하고 또 냄새가 심한 음식도 있습니다. 한국에 놀러온
일본 관광객들이 좋아하는 한국 음식을 일본에 론칭하는 경우가 있
는데, 그럴 경우 실패할 확률이 높습니다. 관광객으로서는 맛있었지
만 평소 일본인이 먹는 음식으로는 적당하지 않은 것이 많거든요. 고
기의 경우에도 한국은 양념을 해서 굽지만 일본은 생고기를 구워 양
념에 찍어 먹는 식입니다. 비슷하지만 다른 점이죠. 한국 음식은 비빔
밥처럼 비벼 먹는 경우가 많은데, 아름답게 만든 다음 다 섞어버리는
방식을 보고 일본인들은 안타깝다, 아깝다고 생각합니다. 또 한국에
서는 반찬을 푸짐하게 주는데, 일본인은 음식을 남기면 실례라고 생

각하기 때문에 반찬이 많은 것을 보면 오히려 스트레스를 받습니다. 또 일본인은 신 김치를 싫어하는데, 한국 사람들은 묵은지를 좋아한다는 차이점도 있지요.”

바바 아키히코 사장은 지금도 업무차 한국에 오는 것이 자신에게는 가장 좋은 휴식이라고 말한다. 그는 불고기, 냉면, 전, 도토리묵 같은 한식을 즐길 줄 알고, 부대찌개에는 반드시 신라면 사리가 들어가야 한다고 말하는 남자다.

“제게는 바바 노보루 회장님 외에 또 한 명의 아버지가 있는데, 그분이 김영환 회장입니다. 김영환 회장님께 배운 것은 ‘반드시 현장을 챙기라.’는 것입니다. 음식과 매장에 대해 늘 직접 기획하고 챙기며 손님들의 이야기를 들으라는 것이죠. 사장의 자리에서도 반드시 기획부터 결과까지 다 지켜봐야 한다는 가르침을 주셨습니다.”

두 회사가 우정을 이어온 25년의 기간 동안 벽제는 성장을 거듭하며 대한민국을 대표하는 한식 명가로 자리 잡았다. 반면 한때 수백 개의 직영점을 운영하던 미즈호노는 일본의 장기 불황에 오랜 시간 맞서다 사세가 줄어들어 현재 두 회사의 규모는 비슷해졌다. 맞바뀐 성장 그래프에도 벽제와 미즈호노는 여전히 우호적인 관계를 유지하며, 서로에게 “언제든 대환영 いつでも大歓迎”을 외치는 파트너십을 이어가고 있다.

　　　　　　　　　　　식당은 어떻게 브랜드가 되는가

중국 진출 실험의 명과 암 11

국내 요식업계 첫 프랜차이즈 수출

2008년 3월 12일, 일본 출장 중이던 김영환 회장은 급한 전화 한 통을 받는다. 서울의 본사 기획실에서 걸려온 전화였다. 중국에서 온 중요한 손님들이 김영환 회장을 꼭 만나야겠다고 하니 서둘러 귀국해 달라는 내용이었다. 당시 김 회장은 도쿄에서 열리는 푸드쇼 관람과 신사업 구상을 위해 일본을 방문 중이었다. 당일 바로 서울로 돌아가는 비행기 시간을 알아보니 가장 빠른 비행기가 서녁 7시 하네다발 김포행 대한항공이었다. 김포공항에 도착하면 밤 9시 반, 전속력으로 차를 밟아 방이동 본사까지 가면 밤 10시 반이었다. 그리하여 자정이 다 된 시각, 김영환 회장과 중국 측 인사들은 벽제갈비 방이동 본사 3층 회의실에 마주앉았다. 열띤 대화를 나누느라 시간이 가는 줄도 몰랐던 새벽 1시 무렵, 중국 측 대표자가 외쳤다. "우리는 벽제갈비와 손잡겠소. 당신 기질을 보니 될 것 같습니다. 잘해봅시다!"

당시 중국은 소득수준이 오르면서 외식에 관심을 갖는 소비층이 커지고 있었다. 원래부터 중국은 한국보다 외식 문화가 일찍 자리 잡아 가정에서의 식사보다 외식을 주로 하는 국가다. 중국인들은 체면을 중시하기에 해외 유명 브랜드들이 파고들기에 매우 적합한 시장이 중국이었다. 당시 베이징과 상하이, 광저우 등 대도시에서는 한식 고깃집이 붐을 일으키며 중국 언론에서도 한식 열풍이 연일 보도되고 있었다. 중국 허난성에서는 성 정부 고위 관리자와 경제계 인사들이 나서서 중국 전역에 프랜차이즈화할 수 있는 한국의 식당들을 1년여간 물색해왔다. 2008년 8월의 베이징 올림픽을 눈앞에 두고 그들의 시계는 더욱 빨라졌다. 특히 허난성 정부가 직접 베이징에서 운영하는 허난호텔이 올림픽 지정 호텔로 선정되면서 글로벌 식당 체인을 유치하는 것에 혈안이 되어 있었다. 전 세계의 이목이 베이징 허난호텔에 집중될 것에 대비하기 위함이었다.

베이징 올림픽을 5개월 앞둔 2008년 3월 초, 허난성 정부 관계자들은 직접 한국으로 넘어와 사전에 조사해놓은 3~4개 요식업체 대

  식당은 어떻게 브랜드가 되는가

표들을 만났다. 그리고 마지막으로 벽제갈비와 접촉했다. 당시 중국 측 인사들이 점찍은 최종 후보는 벽제갈비와 또 한 곳의 유명 국내 식당으로 전해졌다. 쟁쟁한 경쟁자들 사이에서 최종적으로 중국인들의 마음을 움직인 것은 김영환 회장의 열정이었다. "나는 지난 십수 년간 일본 요식업계를 완벽히 공부하고 그것을 한국화해서 벽제갈비에 적용하는 데 인생을 바친 사람입니다. 일본뿐 아니라 전 세계 어디를 가도 벽제갈비만큼의 퀄리티를 가진 식당은 없을 겁니다."

김영환 회장은 다른 식당 브랜드와 차별화된 벽제의 경쟁력으로 세 가지를 제시했다. 첫 번째는 최상급 품질의 일본 로스터를 쓴다는 것, 두 번째는 쇠고기의 퀄리티는 벽제의 한우가 일본의 와규보다 우월하다는 것, 그리고 세 번째는 벽제의 모든 메뉴는 도제 시스템에 의해 규격화·표준화되어 있어 해외에서 프랜차이즈를 할 준비가 충분히 갖추어져 있다는 내용이었다. 한밤에 펼쳐진 김영환 회장의 열띤 프레젠테이션에 중국 바이어들은 엄지손가락을 치켜들었다. 그리고 앞으로 중국에서 100개, 200개 넘는 프랜차이즈를 확대해보자고 의욕을 불태웠다.

다음 날 오전, 양 측은 벽제갈비 타워팰리스점 귀빈실에서 다시 모였다. 세부 조건들을 정리하고 계약서에 도장을 찍기 위해서였다. 중국 측에서는 허난성 정부 최고위직과 허난호텔 사상단이, 벽제갈비 측에서는 김영환 회장과 윤원석 등 핵심 임원들이 서로 마주보고 앉았다. 화통했던 어제와는 달리 묘한 긴장감이 흘렀다. 중국 측에서는 전날의 대화와는 다르게 벽제갈비가 현금을 투자하길 원했다. 대신 벽제갈비 허난호텔 지점의 지분 25%를 주겠다는 조건을 제시했다. 그러나 김영환 회장은 이를 거절했다.

"벽제갈비로서는 첫 해외 경험인 데다 중국 시장이 어떤지 확실히 겪어보지 못한 상황에서 지분을 투자할 수는 없었습니다. 저는 오로지 프랜차이즈 방식만을 허용했어요. 그리고 프랜차이즈 로열티(브랜드 및 기술 사용료)로 전체 매출액의 4%를 그들에게 요구했습니다."

비슷한 시기에 미국의 도미노피자가 우리나라 점포에서 받아 가는 로열티가 3%, 해외로 진출한 한국의 치킨 프랜차이즈 BBQ가 외국 점포에서 받는 로열티가 3.5%였다. 벽제가 중국 측에 요구한 4%는 높은 수수료에 속했다. 그러나 김영환 회장은 "수십 년간 구축해 온 벽제만의 육부 기술과 한국을 대표하는 탕과 냉면 기술이기 때문에 4% 이하로는 협상할 수 없다. 대신 우리의 모든 노하우를 빠짐없이 전수하겠다."라고 의지를 피력했다. 화통하고 직설적인 김 회장의 화법에 그들은 또 한 번 설득당했다. 허난호텔 회장이 "벽제갈비의 맛에 먼저 반했고, 두 번째로 경영 방식에 반했다. 벽제갈비를 중국 내 최고급 음식점으로 만드는 것은 물론, 앞으로 벽제를 세계적인 브랜드로 만들겠다."라고 말하며 협상은 마무리되었다.

그렇게 벽제갈비는 2008년 9월 중국에 진출했다. 첫해에는 5만 달

식당은 어떻게 브랜드가 되는가

베이징 허난호텔에 벽제갈비의 첫 해외 점포를 낸 역사적인 조인식이었다.

러와 매출액의 4%를 받고 둘째 해부터는 매출액의 3%를 로열티로 받는 조건이었다. 벽제갈비 측은 조리장을 파견하고 경영 지도와 내부 설계, 브랜드 사용권을 공급하고, 허난성 측은 식당의 시설 투자와 운영 관리를 맡기로 했다. 이는 벽제갈비의 이름으로 해외에 꽂은 첫 번째 깃발이자, 한국의 외식업체가 로열티를 지급받는 방식으로 중국에 진출한 첫 사례로 기록되었다.

총체적 난국의 1년

벽제갈비의 중국 1호점인 베이징 허난호텔은 베이징시 차오양朝陽구에 위치한 5성급 호텔이다. 허난성 정부가 직접 운영하면서 정부의 고위급 인사들과 지역 상류층이 주로 드나드는 최고급 사교클럽의 기능을 겸하고 있다. 호텔 1층에 위치한 벽제갈비 베이징점은 기암괴석과 빼어난 자연 경관을 자랑하는 중국 쑤저우 지역을 콘셉트로 인테리어에 많은 공을 들였다. 330평의 드넓은 식당 한가운데에는 아름다운 연못이 있었고, 연못의 끝자락에는 악기를 연주할 수 있는 공간을 두었다. 윤원석을 필두로 7명의 벽제갈비 정예 멤버가 두 달간 중국인 직원들과 합숙하며 하루도 쉬지 않고 매장 오픈을 준비했다.

처음 김영환 회장이 중국 현지에서 띄우고 싶은 메뉴는 김치와 설렁탕이었다. 2008년 당시는 한우 반출이 금지됐던 시기라 김 회장은 우리 맛을 살린 김치와 설렁탕만큼은 한국에서 만들어 중국으로 보내기를 원했다. 그런데 당장 김치에서부터 길이 막혔다. 중국 측에서는 "중국에도 충분히 좋은 재료들이 많은데 왜 한국산 재료와 음식을 들여와야 하느냐?"며 반발했다. 식재료에 관한 국가 간 무역 규제도 매우 까다로워, 한국에서 만든 음식이나 한국산 식재료를 중국으로 보내는 것은 불가능에 가까웠다.

윤원석은 메뉴판부터 뜯어고쳤다. 한식에 매몰되지 말고 메뉴를

식당은 어떻게 브랜드가 되는가

보강해야 했다. 원래 벽제갈비는 갈비와 등심 등 쇠고기 종류만 10여 개에 각종 탕과 냉면 등 음식의 가짓수가 30개를 넘어, 한국의 여느 식당에 비해 메뉴가 많은 편에 속했다. 윤원석은 여기에 게살냉채와 해선죽, 송이산적구이 등 중국 현지 손님 입맛에 맞는 메뉴를 추가해 50가지의 메뉴를 리스트업했다. 그런데도 중국인 손님들이 메뉴판을 보더니 "이 집은 먹을 게 없네." 하고 메뉴판을 덮고 나가버리는 일이 벌어졌다. 50가지 음식이면 중국에서는 동네 적당한 규모 식당의 가짓수였다. 중국의 대형 식당은 식당의 절반을 주방이 차지하고 최소 100가지 이상의 요리가 메뉴판에 나열돼 있다. 하물며 허난 호텔의 벽제갈비는 최고급 호텔 안에 있는 식당이었으니 50가지 음식으로는 턱없이 부족했다. 또한 중국의 대형 식당에서는 더운 요리, 찬 요리, 고기 요리, 생선 요리 등등 수십 가지의 음식을 섹션별로 구분해 이른바 '칸막이'를 치고 메뉴판에 올려야 한다. 그러나 무엇보다 힘들었던 점은 하드웨어가 아닌 소프트웨어였다고 윤원석은 말한다.

"중국은 공산주의 사회다보니 같이 벌어서 같이 나누는 구조잖아요. 그러니 직원들 입장에서는 일을 열심히 해도 그만, 안 해도 그만인 분위기가 있더라구요. 하던 일만 계속하려고 하고 추가로 다른 일을 시키면 안 하려 들고…. 홀 서비스 교육도 쉽지가 않았어요. 한국 음식을 모르는 직원들에게 한국 요리와 우리의 서비스 마인드까지 가르친다는 건 마치 '소 귀에 경 읽기'와 같은 느낌이랄까요. 개업 전

두 달간의 교육으로는 턱없이 부족해 개업 이후에도 보완할 점이 끝없이 이어졌어요. 한마디로 총체적 난국이었죠.”

웨이하이점의 성공과 칭다오점의 실패

베이징 허난호텔점을 오픈한 때로부터 1년 남짓 지난 2009년 7월, 벽제갈비는 베이징에 이어 산둥성 웨이하이威海에 두 번째 깃발을 꽂았다.

중국 측 파트너는 산둥성에 진출한 성공한 한인 사업가인 강영일 영림기업 회장이었다. 강영일 회장은 1994년 중국에 정착해 목각공예품인 불단佛壇을 생산해 일본에 수출하는 기업을 이끌고 있었다. 그는 중국에서 사업을 하면서 관료들이나 외국 바이어들을 접대할 일이 많았는데, 이들을 대접할 변변한 한식당이 없는 것이 늘 안타까웠다. 그러던 중 벽제갈비의 김영환 회장을 만나게 됐고, 중국에 한식 문화를 심어보자고 의기투합한 지 약 3년 만에 산둥성 웨이하이시에 ‘벽제 봉피양’을 오픈했다. 상호가 ‘벽제 봉피양’인 이유는 ‘봉피양’을 한자로 표기하면 본평양이 되어 북한 식당으로 오해받기 때문이었다.

베이징 1호점의 시행착오를 바탕으로 2호점인 웨이하이점은 일사천리로 출점이 진행되었다. 웨이하이는 한국과 지리적으로 가까운

식당은 어떻게 브랜드가 되는가

데다 삼성전자 등 국내 대기업들이 진출해 있어 한국인 수가 5만 명이 넘었다. 2009년에 웨이하이의 한식당 수는 이미 50개를 넘어 시장의 분위기도 좋았다. 벽제 봉피양 웨이하이점은 오픈 초기부터 한인들과 중국 고위층에게 인기를 끌었다. 베이징 허난호텔점에서 얻은 교훈으로 중국인 직원들의 한국어 교육과 고객 클레임 대처 방법 등을 철저히 사전준비했다. 앞선 베이징점보다 메뉴를 좀 더 현지화한 전략도 맞아떨어졌다. 중국인 손님과 한국인 손님의 비율이 5 대 5 정도로, 중국 정부 고위 인사들과 한국 기업 관계자들, 그리고 경제력이 있는 가족 단위 현지 손님들이 주 고객이었다. 객단가는 1인당 110위안, 우리 돈 1만 9,000원 정도로 중국 물가에 비해 높았지만, 쇠고기구이와 평양냉면, 비빔밥과 탕류가 골고루 인기를 끌며 줄을 서서 먹는 맛집이 되었다.

웨이하이점의 성공을 보고 어느 사업가가 칭다오 출점을 제의했다. 중간 연결을 맡은 조선족 파트너는 칭다오 시내의 목 좋은 자리에 크기도 적당하고 월세도 비싸지 않은 곳이 있다고 소개했다. 이곳에 벽제갈비를 오픈하면 반드시 성공할 수 있다고 끈질기게 설득했다. 김영환 회장은 웨이하이점에서 성공을 거뒀으니 칭다오점부터는 한국에서처럼 부가가치세도 받고 봉사료도 받아보자는 계획을 세웠다. 이대로 중국 내 프랜차이즈 진출이 성공하는가 싶었다.

그러나 그곳은 칭다오의 중심지가 아닌 칭다오에서 좀 더 들어간

청양城阳이라는 외곽 지역이었다. 식당을 열게 된 곳은 청양 안에서
도 경제력이 낮은 사람들이 주로 사는 지역으로, 알고 보니 가구 공
장들이 즐비하고 빈민층 거주 지역이 멀지 않은 위치였다. 한마디로
썩은 사과를 덥석 문 것이다. 결국 칭다오점은 계약 기간 5년을 채우
지 못하고 2년 반 만에 문을 닫고 말았다.

사드 사태의 직격탄을 맞다

2013년에 8월에 오픈한 쓰촨성 청두成都점은 롯데백화점 내에 입점
해 비교적 안전하게 운영됐다. 롯데는 2008년 합작 형태로 중국 베
이징에 1호점을 내며 현지 백화점 사업에 진출했는데, 이후 톈진·청
두·웨이하이·선양 등에 점포를 내며 중국 내 영향력을 확장하던 중
이었다. 그중에서도 롯데백화점 청두점은 중국 최대의 쇼핑몰로, 각
종 유명 브랜드 매장과 식당가는 물론 워터파크까지 갖춰 중국인과
현지 한인 모두에게 사랑받았다.

　돌부리는 예상치 못한 곳에서 튀어나왔다. 2017년 사드THAAD 미
사일 배치 논란, 이른바 '사드 사태'가 벌어진 것이다. 롯데가 경상북
도 성주의 골프장을 주한미군 사드 부지로 제공하기로 하면서 중국
관영 매체들은 부지를 내준 롯데에 맹공을 퍼부었다. 중국인들의 보

　　　　　　　식당은 어떻게 브랜드가 되는가

복은 상상 이상이었다. 롯데백화점과 롯데마트 등 롯데와 연관된 모든 사업장에 손님이 뚝 끊긴 것은 물론이고, 사람들이 떼 지어 백화점 앞에 몰려들어 돌을 던지고 시위를 벌이는 통에 백화점 1층 유리창이 전부 깨져 사라질 정도였다. 물리적으로 영업을 할 수 없는 상황에 이르자 벽제갈비도 문을 닫을 수밖에 없었다.

중국 내 악재는 이외에도 많았다. 2013년 시진핑이 국가주석에 오르면서 일정 금액 이상의 식사와 접대를 금지하는 지침이 공무원들에게 내려졌다. 정부 고위 관료 및 이들과 연결된 상류층이 주요 고객이었던 벽제갈비도 타격을 입었다. 또 허난호텔 운영 주체가 허난성 정부이다보니 매해 3월 중국의 정기국회 격인 전국인민대표대회가 열리는 기간에는 내내 영업을 할 수 없었다. 결국 벽제갈비 베이징 허난호텔점은 7년의 계약 기간을 겨우 채우고 더 이상 계약을 연장하지 않았다. 2025년 기준으로 벽제갈비는 웨이하이점만을 남겨두고 나머지 점포는 모두 중국에서 철수한 상태다.

김영환 회장이 중국에서 4개의 매장을 운영하며 얻은 결론은 "중국은 아직은 안정적인 시장이 아니다."라는 것이다. 벽제갈비와 같은 고급 음식점이 시진핑 정권의 시책과 맞지 않는다는 이유도 있지만, 점포를 운영하는 방식이나 과정에 있어서 표준화와 균일화 그리고 과학화가 아직은 어려운 시장이 중국이었다. 그 뒤에도 중국의 사업가들이 벽제갈비에 합작 또는 직영 운영에 투자하겠다는 제안을 몇

차례 해왔지만 모두 거절했다. 중국 진출 경험을 계기로 김영환 회장
은 벽제갈비의 정체성을 '파인다이닝'으로 정하고, 그 무대를 세계 7
대 도시인 뉴욕, 런던, 파리, 싱가폴, 베이징, 상하이, 도쿄로 제한하겠
다는 생각을 확고히 하게 되었다.

12

탄핵으로 날아간 아랍의 꿈

아부다비 한복판에 서다

"그동안 많은 나라를 가보았지만 이렇게 맛있는 쇠고기는 처음 먹어봅니다. 어떤 방법을 써서라도 이 음식을 아랍에 진출시키고 싶습니다."

'맛있다'는 뜻의 아랍어 "하-다 라디-드!إنهلذيذ"를 확신에 찬 눈빛으로 외치는 이 남성은 아랍에미리트 재계의 거물 후세인이었다. 2007년은 국내 정유사들이 고도회 시설을 통해 경실유 생산을 확대하면서 해외 수출 비중이 껑충 뛰던 해다. 중동의 석유업계와 한국의 정유기업을 연결해주는 브로커이자 아랍에미리트 3위 건설사 오너인 후세인을 김영환 회장이 알게 된 것은 GS칼텍스 허동수 회장 덕분이었다. 전통의 오일 강국인 아랍권 국가에 우리가 역으로 석유 제품을 수출하면서 GS칼텍스와 SK에너지 등 국내 정유사들과 중동 국가들 간의 관계는 날로 긴밀해지고 있었다.

허동수 회장은 후세인이 한국에 올 때면 평소 자신이 즐겨 찾던 벽제갈비 타워팰리스점에서 식사를 대접했다. 김영환 회장이 작정하고 만든 최고급 시설의 타워팰리스점은 2000년대 중반 외국에서 온 귀빈들에게 한식을 접대하기에 최적의 장소였다. 주요 단골이던 이재용 당시 삼성전자 전무와 이부진 호텔신라 상무, 슈뢰더 전 독일 총리 등 수많은 정재계 인사들이 해외 각국의 인사들과 함께 타워팰리스 황실룸을 찾곤 했다. 후세인 역시 그런 손님 중 한 명이었다. 허동수 회장을 따라 벽제갈비를 오가며 한우의 맛에 눈을 뜬 후세인은 김영환 회장에게 정식으로 면담을 요청했다. 후세인과 허동수 회장, 김영환 회장은 벽제갈비 타워팰리스점 황실룸에 모여 앉았다.

"벽제갈비를 아랍에미리트에 유치하고 싶습니다. 아부다비 최고의 호텔인 에미리트 팰리스 호텔에 벽제갈비가 입점했으면 좋겠습니다. 당장 저와 함께 아랍에미리트로 가시죠."

아무리 배포가 큰 김영환 회장에게도 이 같은 제안은 얼떨떨한 일

 식당은 어떻게 브랜드가 되는가

이었다. 당시인 2007년은 벽제갈비가 가까운 일본이나 중국에도 발을 내딛기 전, 국내 매장 7~8개를 챙기기에 급급하던 때였다. 그런데 중동 최고 부국 아랍에미리트의 수도 아부다비, 그것도 아부다비를 대표하는 호텔이라 불리는 에미리트 팰리스였다. 김영환 회장은 어안이 벙벙했다. 부담도 잠시, 김영환 회장은 큰아들 김태현을 데리고 후세인이 초청한 비행기 비즈니스석에 몸을 실었다. 정신을 차려보니 어느덧 번쩍이는 에미리트 팰리스 호텔 앞에 서 있었다.

에미리트 팰리스 호텔은 사진으로 보던 것보다 훨씬 웅장한 아우라를 뿜어냈다. 에미리트 팰리스는 아부다비에 최초로 지어진 자칭 7성급의 최고급 호텔로, 원래 궁전으로 지으려던 것을 건설 단계에서 용도 변경해 아부다비의 대표 럭셔리 호텔로 자리매김했다. 공사비만 3조 원, 당시 세계에서 두 번째로 많은 공사비를 기록한 건축물로 인기 미국 드라마 〈섹스 앤 더 시티〉 극장판의 촬영지이자 2009년 이명박 대통령이 아부다비를 방문할 때 머물렀던 곳이기도 하다.

에미리트 팰리스 호텔은 본래 용도가 궁전이다보니 호텔로 들어가는 데에만 자동차로 15분이 걸릴 정도로 어마어마한 규모를 자랑했다. 그러나 바로 그 점이 문제였다. 벽제갈비가 입점 제안을 받은 호텔 2층의 레스토랑 자리는 호텔 숙박객이 아닌 일반 손님은 접근하기가 어려운 위치였다. 김영한 회장은 고민에 빠졌다.

"최고의 호텔이자 랜드마크이긴 했지만 잠재 고객이라 할 수 있는 유동인구가 사실상 없다고 볼 수 있는 위치였어요. 호텔 이용객이 아니면 올 수 없는 곳이니까요. 한국에서처럼 사람들이 오가며 가게가 노출되거나 편하게 한 번 먹으러 갈 수 있는 곳이 아니에요. 가장 중요한 것은, 우리가 현지에서 외국인을 고용해 7성급 호텔의 격에 맞게 교육하고 매장을 운영할 자신이 없었다는 겁니다. 한국의 숙련된 인력을 데려가자니 인건비를 감당할 수 없었구요.”

2007년 당시 아랍 경제권의 90%를 가지고 있던 아부다비는 무엇이든 크고 화려했고, 물가도 한국보다 비쌌다. 그러나 인건비만큼은 외국인 고용이 열려 있어 한국보다 낮았다. 아부다비 대부분의 레스토랑이 외국인 매니저를 고용하고 있었는데, 영국이나 미국 유학을 다녀온 관리자급 엘리트 인력의 월급이 우리 돈 100만 원 수준이었다. 그러나 이와 같은 현지의 저렴한 고급 인력이 벽제에게는 ‘그림의 떡’이나 마찬가지였다. 현지의 외국인을 고용해 교육하고, 해외로 나가서 매장을 운영할 만한 역량이 그때 벽제에는 없었다. 당시 벽제갈비의 조리장 월급이 500만 원, 매니저는 400만 원 선이었는데 이들을 아부다비로 파견할 경우 운영비는 기하급수적으로 올라간다. 아무리 생각해도 수지타산이 맞지 않았다.

고심 끝에 김영환 회장은 ‘No’라는 의사를 밝혔다. 그렇다고 해서 해외 점포를 운영할 역량이 부족하다고 사실대로 말하는 것은 자존심이 허락지 않았다. 김영환 회장은 “벽제갈비의 상징인 한우를 해외

식당은 어떻게 브랜드가 되는가

로 반출할 수 없기 때문에 점포를 내는 것이 어렵다.”는 이유를 들어 거절했다. 그러자 후세인 측에서 생각지도 못한 카드를 꺼내 들었다. ‘외교행낭’을 이용해 한우를 아부다비로 가지고 갈 수 있게 하겠다는 것이었다. 외교행낭이란 ‘외교서류 또는 공용 물품만을 넣은 포장물’로, 국가 간에 세관검사를 거치지 않고 물품을 주고받는 방식이다. 영어로는 Diplomatic Pouch로, 이 표시가 붙어 있는 물건은 함부로 개장하거나 검사할 수 없는 외교적 특권이 부여된다. 한마디로, 공항의 모든 절차를 통과할 수 있는 ‘프리패스’ 권한인 셈이다. 과거 북한이 이러한 외교행낭을 이용해 위조 달러를 보내다 적발된 사례가 있었고, 2021년 코로나19 대유행 상황에서 우리 정부가 외교행낭을 통해 인도네시아 교민들에게 산소발생기를 보내기도 했다. 이같이 중대한 사안에서 쓰이는 외교행낭을 벽제의 한우를 위해 동원하겠다고 설득할 정도로 후세인은 벽제갈비에 진심이었다.

계속되는 설득에도 김영환 회장이 거절 의사를 밝히자 후세인은 아들 김태현을 공략했다. 한창 카레이싱에 빠져 있던 스물한 살의 김태현이 이를 받아들일 리 만무했다. 김태현은 카레이싱을 방패 삼아 “저는 아직 사업보다는 레이싱 선수로 더 발전하고 싶습니다.”라고 말했다. 그러자 후세인은 김태현의 어깨를 두드리며 “장사라는 것도 때가 있고 기회가 있는 법이디. 가레이싱도 성발 멋진 일이지만 기회가 왔을 때 잡는 것도 멋진 남자”라고 말했다. 진심을 담은 후세인의 설득에 감동을 받은 부자는 한동안 말을 잇지 못했다.

그러나 한우 반출 문제부터 해외 인력 운용 등 아직 중동 진출은 시기상조임이 분명했다. 영원히 불이 꺼지지 않을 것만 같은 에미리트 펠리스 호텔을 뒤로한 채 김영환 회장과 김태현은 한국으로 돌아가는 비행기에 올랐다. 김 회장은 이때의 일을 '놓쳐버린 두 번의 기회' 중 하나라며 두고두고 후회했다.

만수르 동생이 가져온 두 번째 기회

두 번째 기회는 그로부터 7년이 지난 2014년에 찾아왔다. 이번에도 아부다비였다. 상대는 더욱 막강했다. 비공식 세계 최고 부자인 만수르의 동생이자 아랍에미리트의 외교장관이었던 압둘라 빈 자이드 알 나흐얀이 한국에 왔을 때의 일이다. 아랍에미리트는 2015년 아부다비에 왕립병원을 열고 서울대병원을 위탁 운영자로 선정해 5년간 1조 원의 지원을 약속하는 대규모 계약을 체결했다. 이때 아랍 측 결정권자로 한국을 오갔던 인물이 만수르의 바로 아랫동생 압둘라였다.

　　　　　식당은 어떻게 브랜드가 되는가

서울대병원이 해외 종합병원을 통째로 맡아 운영하는 '위탁 운영권'을 국내에서 처음으로 따냈다. 보건복지부와 서울대병원은 10일 "서울대병원이 아랍에미리트 왕립 셰이크 칼리파 전문병원SKSH의 위탁 운영자로 최종 선정됐다"고 밝혔다. 2015년 4월 공식 개원하는 칼리파 병원을 서울대병원이 5년간 맡아 환자 진료, 병원 정보 시스템 구축, 현지 의료진 교육 등을 책임지게 됐다. 여기에 필요한 예산은 UAE 대통령실로부터 5년에 걸쳐 1조 원을 지원받는다. 보와스 기념병원이 2012년부터 두바이 재활센터를 위탁받아 운영하고 있지만, 종합병원의 운영을 맡기는 이번이 처음이다. UAE 대통령실이 직접 건립한 칼리파 병원은 두바이에서 북동쪽으로 약 30km 떨어진 라스 알 카이마에 있으며, 지상 5층, 지하 1층 248병상 규모다. 국민 복지를 위해 상징적으로 건립한 병원이기 때문에 전 병실이 1인실이며, 최고 시설을 갖췄다. UAE 정부는 암·심장·신경계 질환, 재활의학 등의 분야에서 최고 수준 병원으로 키울 계획을 갖고 있다.

지난해 9월부터 시작된 입찰 경쟁은 뜨거웠다. 서울대병원의 경쟁 상대는 미국의 존스홉킨스, 스탠퍼드, 조지워싱턴대학병원과 영국 킹스칼리

많은 이를 깜짝 놀라게 한 역사적 계약이 체결되던 이날, 오병희 당시 서울대학병원장은 아랍에미리트와 서울대병원 양측 관계자들을 초청해 축하 만찬을 열었다. 그 장소가 바로 벽제갈비 삼청점이었다. 이 자리에서 압둘라는 "벽제갈비에 대해 익히 들어서 알고 있다."며 오너인 김영환 회장을 소개해줄 것을 요청했다. 만수르의 가족은 지난 2007년에 벽제갈비 입점 논의가 오갔던 에미리트 팰리스 호텔의 소유주이기도 하다. 압둘라는 과거부터 벽제갈비를 알고 눈여겨보고 있다가 한국에 와서 그 맛을 확인한 뒤 다시 한 번 아부다비 진출을 추진했던 것이다.

김영환 회장은 압둘라와 만나기 위해 그가 머물던 삼성동의 파크하얏트로 갔다. 처음 아부다비 진출 제안을 받았던 2007년 당시 벽제갈비는 8개의 매장을 운영하고 있었는데, 다시 그들을 마주한 2014년에는 17개의 매장을 운영하는 중이었다. 그사이 중국에서의 해외 점포 운영 경험도 축적돼 있었다. 압둘라는 자신의 예상보다 벽

식당은 어떻게 브랜드가 되는가

제갈비의 음식 맛이 훌륭한 것은 물론 회사 규모도 커졌다고 기뻐하며, 곧바로 김영환 회장을 아부다비에 초청했다. 김영환 회장은 윤원석과 함께 2014년 12월 아랍에미리트행 비행기에 올랐다. 7년 만에 다시 찾은 아부다비였다.

도착한 곳은 서울대병원이 위탁 운영하기로 한 세이크 칼리파 병원이 위치한 라스 알 카이마 지역이었다. 압둘라 측은 미리 준비한 세 군데의 벽제갈비 입점 후보지를 차례로 보여주었다. 첫 번째는 반얀트리 리조트였고, 두 번째는 힐튼호텔 계열 중 최상위 라인에 해당하는 아스토리아 월도프 호텔이었다. 세 번째 후보지는 바닷가 앞 항구의 '마리나 베이'라 불리는 고급 레스토랑 거리였다. 세 곳 모두 무엇 하나 빠지지 않는 아부다비 최고의 핫스팟이었다. 이 중에서 김영환 회장은 골프장과 리조트가 어우러진 아름다운 경관의 반얀트리 부지가 마음에 들었다. 김영환 회장은 아부다비 현지 부호들이 벽제갈비를 찾아와 터번을 두르고 갈비를 뜯는 모습을 머릿속에 그려보았다. 7년 전보다 더 가슴이 뛰었다. 그러나 구체적인 논의에 들어가기도 전에 암초를 만났다. 바로 '할랄 인증'이었다.

'할랄Halal'이란 이슬람 경전에 쓰인 단어로, '받아들일 수 있는, 허용된, 합법적인'이라는 뜻이다. '할랄식품' 또는 '할랄제품'은 무슬림이 사용하거나 소비할 수 있도록 허용된 것늘을 말한다. 한국에서 복잡한 검역을 거쳐 한우를 반출하는 것은 가능할 수 있어도 아랍 국가에 들어가는 단계에서는 반드시 할랄 인증을 받아야 했다. 그러나 2014년 당시 한국은 할랄에 대한 인식이나 개념이 미비했다. 반면 세계적으로는 무슬림 인구가 18억 명에 달하며 할랄 시장이 블루칩으로 부각되고 있었다. 압둘라는 "할랄푸드가 얼마나 큰 시장인데 아직도 한국이 할랄 인증을 안 하고 있느냐."며 펄쩍 뛰었다.

한국으로 돌아온 김영환 회장은 농림축산식품부에 공문을 보냈다. "벽제갈비 수출 건으로 아랍 정부 관계자들을 만나고 왔다. 아랍에미리트에 서울대병원이 진출한 이 시점에 의료뿐 아니라 한우를 비롯한 한식이 중동에 진출할 수 있도록 할랄 도축장 건립을 요청한다."는 내용이었다. 이에 대해 농림부는 "정부에서는 아직 나서서 할 수 없는 여건이니 벽제갈비가 도축 사업을 주도적으로 추진한다면 적극 돕겠다."라는 희망적인 답신을 보내왔다. 그리고 다음 해인 2015년 3월 박근혜 대통령이 중동을 순방해 아랍에미리트와 '농업 및 할랄식품 협력 업무협약MOU'을 체결하기에 이른다. 이 MOU는 식품·농업 분야에서 아랍 정부와 우리 정부 간의 첫 MOU로, 이를 계기로 향후 국내 업체들이 할랄식품 시장에 좀 더 쉽게 진출할 수 있게 되었다. 농림부의 한 관계자는 "벽제갈비를 비롯한 당시 협력자들이 민간 외교채널이 되어 정부의 수출 노선 확대에 기여한 결과"라고 말했다.

아랍과의 교류에 적극적이던 박근혜 정부의 지지 아래, 벽제갈비는 풀무원과 손잡고 할랄 인증 도축장 건립 계획을 구체화해갔다. 국내 축산물이 할랄 인증을 받기 위해서는 운영자 및 도축자가 모두 무슬림이어야 하고, 도축동물의 스트레스를 최소화하고, 도축 전 아랍어 기도를 해야 하는 등의 매우 까다로운 기준을 충족해야 한다. 김영환 회장은 "도축장 1개를 만드는 데 드는 예산이 약 50억 원으로 추산됐는데, 돈보다도 관련 기준에 부합하는 것이 훨씬 더 어렵다."라고 설명했다.

할랄 도축장에 대한 농민들의 부정적인 시각, 지역 주민의 반대 등 각종 난관에 부딪히던 중 2017년 2월 박근혜 대통령이 탄핵되었다. 그동안 청와대와 농림부의 암묵적인 지원 사격을 받으며 추진되고 있던 할랄 도축장 건립은 혼란스러운 국정 상황에 '올스톱'되었다. 할랄식품산업은 그 뒤 대통령이 두 번 바뀌고 나서야 경색 국면이 풀렸다. 처음 벽제갈비와 할랄 논의가 오간 2014년 이후 약 10년 만인 2023년 6월, 처음으로 한우 10마리분이 할랄 인증을 거쳐 말레이시아에 수출되었다. 농식품부가 2016년 10월부터 말레이시아 정부와 한우 수출검역 협상을 진행해오다 7년 만에 할랄 도축장 수출 작업장 승인을 얻은 것이다. 그러나 종교단체 및 동물보호단체의 반발, 지역 주민의 반대 등 방해 요소가 여전히 산적해 있어 속도가 더디게 진행되고 있다.

실패한 싱가포르에서
가능성을 확인하다

13

싱가포르에 첫 해외직영점 진출

영리한 여우는 굴을 여러 개 판다. 중국 진출의 그림자를 경험한 후, 벽제갈비의 시선은 아시아 최고 부국 싱가포르로 향했다. 그사이 홍콩에서도 합작법인을 운영하자는 제안이 왔지만 중국 반환 이후 불안정해진 경제 상황 탓에 홍콩은 후보지에서 지워졌다. 반면 싱가포르는 서울과 비슷한 면적에 인구가 600만 명이 안 되는 작은 국가지만, 2024년 기준 1인당 국민소득이 9만 달러가 넘는 경제대국이다. 세계 7대 도시에 벽제의 깃발을 꽂겠다는 목표를 세운 김영환 회장

식당은 어떻게 브랜드가 되는가

에게 싱가포르는 당연히 거쳐 가야 할 경유지였다.

오랜 기간 싱가포르 시장을 노려보고 있던 중 대기업에서 먼저 입질이 왔다. 2010년 쌍용건설이 싱가포르에 마리나베이 샌즈 호텔을 완공하면서 이곳에서 벽제갈비를 직접 운영하고 싶다는 제의를 해온 것이다. 김석원 전 쌍용그룹 회장의 동생인 김석준 쌍용건설 회장은 김영환 회장의 고려대 후배이기도 했다. 그러나 김영환 회장은 쌍용건설의 제의를 거절했다.

"김석준 회장과 개인 간 동업이었다면 받아들였을 거예요. 재벌기업 총수와 내가 '개인 대 개인'으로 합작을 하면 서로 간의 인간적인 신뢰를 바탕으로 사업이 진행되기 때문에 분쟁거리가 생겨도 웬만하면 좋게 넘어가게 됩니다. 기업 총수와 대등한 파트너가 되면 나의 그레이드도 올라가는 것이구요. 그러나 '회사 대 회사'로 합작을 할 경우에는 애기가 전혀 달라집니다. 경영권이나 상표권 등을 놓고 대기업과 분쟁에 휘말리면 꼼짝없이 우리가 '을'의 상황이 돼요. 우리 같은 작은 회사는 대기업과 갈등이 생겼을 때 거기에 회사 역량을 쏟아부을 수가 없습니다. 자칫하다가는 회사의 존립 자체가 불투명해질 수가 있어요."

건설사 출신인 김영환 회장의 눈에 쌍용건설은 위태로운 파트너였다. 쌍용건설은 1998년 IMF 외환위기와 2008년 글로벌 금융위기를 겪으며 두 차례 워크아웃을 경험한 건설사다. 이후 쌍용건설은 김영환 회장의 우려대로 2014년 법정관리까지 간 끝에 2015년 아랍에미리트 두바이투자청에 인수되었다.

싱가포르에 직영으로 진출할 것인가, 마땅한 투자자를 물색할 것인가. 여러 선택지를 놓고 생각에 잠긴 김영환 회장이 홀로 싱가포르의 세인트레지스 호텔 뒷골목을 걷고 있을 때였다. 거짓말처럼 김영환 회장의 눈앞에 한국인이 운영하는 정육점이 나타났다. 정육점 옆 공간은 한창 공사를 하고 있었는데, 한눈에 봐도 식당을 준비하는 중이었다. 김영환 회장은 무작정 들어가 인부들을 붙들고 물었다. "여기 사장이 누굽니까? 나는 벽제갈비 김영환 회장이라고 합니다."

한인 업자가 꽤 큰 규모의 정육점을 운영하면서 바로 옆 가게를 얻어 정육식당을 차리려던 참이었다. 식당의 면적이며 정육점과 붙어 있는 형태 등 모든 것이 마음에 들었던 김영환 회장은 2~3일에 걸쳐 낮이고 밤이고 가게를 지켜보았다. 30대 후반의 젊은 한국인 사장이 열심히 정육점을 운영하며 식당을 준비하고 있었다. 김영환 회장은 싱가포르에 있는 한국인 인맥을 동원해 정육점 사장에 대해 알아보았다. 금전적으로도 깨끗하고 교민사회에서도 성실하다고 인정받는 사업가였다. 그의 가족 중에 한국에서 왕성하게 활동하고 있는 현직 국회의원이 있다는 사실도 신뢰감을 주었다. 며칠간의 사전조사 끝에 김영환 회장은 정육점 문을 열고 들어가 말했다. "벽제갈비 김영환 회장입니다. 나는 이 자리가 무척 마음에 듭니다. 여기에서 우리와

     식당은 어떻게 브랜드가 되는가

함께 봉피양을 하시죠."

봉피양의 싱가포르 진출이 빠르게 가시화되자 이를 지켜보던 김태현이 나섰다. "아버지, 싱가포르 사업은 제가 성공시키고 싶습니다." 그즈음 김태현은 '청미심'이라는 벽제갈비의 세컨드 브랜드를 만들어 청담동에 진출했으나 고전을 면치 못하고 있었다. 청미심의 초라한 성적표를 받아들고 낙심하던 김태현에게 봉피양의 해외 진출은 구원의 동아줄같이 여겨졌다. 그러자 김영환 회장은 조건을 걸었다. "프랜차이즈가 아닌 해외 직영 점포는 직접 나가서 챙기지 않으면 성공할 수 없다. 이 일을 맡으려거든 싱가포르에 뼈를 묻을 각오로 덤벼야 한다."라는 것이었다.

걱정은 기우였다. 싱가포르에 몸이 달아 있는 것은 오히려 김태현 쪽이었다. 반전의 기회를 적당히 흘려보낼 수는 없었다. 김태현 부회장은 벽제갈비의 에이스들로 팀을 꾸려 곧바로 싱가포르로 출국했다. 직접 가서 본인이 두 팔 걷어붙이고 운전대를 잡아야 직성이 풀리는, 천상 그 아버지에 그 아들이었다. 이때 싱가포르에 파견되었던 인물은 윤원석, 이중현, 탁중원 등 현재까지도 벽제의 각 분야에서 최고로 꼽히는 명장들이다. 김태현은 지금도 그때를 '어벤저스'라고 떠올리며 자랑스러움을 감추지 못한다.

"싱가포르에 진출하면서 가장 큰 난관은 한우의 해외 반출이 안 된다는 것이었어요. 한우가 우리의 본질이자 가치인데, 과연 한우 없이

벽제 최초의 해외직영점인 봉피양 싱가포르점

외국에서 싸울 수 있을까. 너무 걱정이 많았어요. 그런데 우리의 숙
련된 장인들이 대거 출동해 할 수 있는 모든 방법을 동원해서 한우가
빠진 맛을 채워냈어요. 마치 '어벤저스'처럼요. 예를 들어 현지에서
양념이 이 맛이 아니다 싶으면 간장을 다른 종류로 써보고, 고추장
도 한국 고추장은 거기에 없으니 다른 현지 재료들로 최대한 비슷하
게 만들어보고 하는 식으로요. 어떻게든 우리가 알고 있는 한국에서
의 맛을 구현하기 위해 가진 역량을 다 쏟아부었는데, 글쎄 이게 되

　　　　　　　　식당은 어떻게 브랜드가 되는가

는 거예요. 고기며 탕, 냉면 육수까지, 그토록 추구했던 그 맛이 외국에서도 어느 정도 만들어질 수 있다는 걸 확인했어요."

2019년 2월 문을 연 봉피양 싱가포르점은 곧바로 인기 한식당으로 급부상했다. 싱가포르의 대표적인 고급 호텔인 세인트레지스 뒷길의 한눈에 점포가 들어오는 탁 트인 위치는 접근성과 가시성을 동시에 만족시켰다. 국제도시의 위용에 걸맞게 경제력 높은 현지 손님들이 외국인 바이어를 모시고 봉피양에 몰려들었다. "싱가폴은 외식 문화가 발달해서 미슐랭 레스토랑이 많았는데, 거기서 근무하는 외국인 셰프들이 한식을 맛보겠다며 많이 왔어요. 봉피양의 냉면을 먹기 위해 자카르타에서 비행기를 타고 오는 손님도 있을 정도였죠." 싱가포르점의 서비스 교육을 담당했던 오민경 부장의 말이다.

한국인 교민들 사이에서 봉피양 싱가포르점은 한국에서보다 두 배 높은 가격으로도 연일 화제였다. 한국에서의 핵심 인력들을 뽑아 해외에 데려갔으니 그만큼 늘어난 인건비와 운영비를 가격에 반영할 수밖에 없었다. 가격 정책에 관한 한 김태현의 생각은 확고했다.

"거기서 파는 비싼 파스타나 스테이크에 밀리고 싶지 않았어요. 그들이 만드는 파스타보다 우리가 만드는 평양냉면이 훨씬 더 비싸고 좋은 재료가 많이 들어가는데 말이죠. 파스타 한 그릇에 25달러를 받으면 우리 냉면도 25달러는 받아야 합니다. 맛없는 스테이크도 한 덩어리에 40~50달러씩 하는데, 왜 정성 들여 만든 한국식 돼지갈비는

50달러 받으면 안 되나요? 우리 음식도 비싼 값을 받을 자격이 충분히 있습니다. 그게 한식의 가치와 위상을 높이는 길이라고 생각해요.”

봉피양 싱가포르점은 월 매출 1,000만 원을 안정적으로 찍었다. 벽제갈비가 70%, 싱가포르 현지 정육점 사장이 30%의 지분을 투자해 조인트벤처를 만들어 합작 운영하는 방식이었다. 매출은 꾸준히 올랐고 서울에서 보내 오는 운영 자금도 끊긴 적이 없었다. 그런데 시간이 지날수록 싱가포르점에서는 물품 대금이 자꾸만 밀리고 집세를 납부하지 않았다는 등 납득 못 할 사고들이 발생했다.

매장의 임대료를 내지 않았다며 수도가 끊기는 일까지 벌어지자 그제서야 김태현은 진상 파악에 나섰다. 그리고 계약 관계에서의 결정적인 실수를 깨달았다. 해외에서 처음 하는 직영점이다보니 금융 관련 처리나 행정 절차는 싱가포르 현지 사장 측에 전적으로 일임했는데, 그것이 화근이었다. 현지의 재무 담당자가 중간에서 돈을 유용하면서 매장 운영에 차질이 빚어진 것이었다. 횡령이 분명하나 법적으로 입증할 방법이 없었다. 현지인인 그들은 미리 준비해둔 그물을 치고 법망을 유유히 빠져나갔다. 이대로 점포를 계속 끌고 나가다가는 더 큰 금전적 책임을 뒤집어쓸 가능성이 높았다. 오픈한 지 5개월 만에 벽제의 첫 해외직영점인 봉피양 싱가포르점은 문을 닫아야만 했다.

   식당은 어떻게 브랜드가 되는가

"언제 어디에 오든 우리를 꼭 다시 불러주세요"

매장에 전기마저 끊겨 쫓기듯 철수하던 날 저녁, 한국의 어벤저스 군단과 그동안 함께 일했던 싱가포르 현지 직원들이 마지막으로 모였다. 현지에서 채용한 직원들의 국적은 중국, 말레이시아 등 다양했다. 그러나 준비 기간부터 시작해 1년 가까운 시간 동안 봉피양의 일원이 되어 일궈낸 성과와 노고는 그 자리의 모두가 같았다.

김태현은 그동안 수고 많았다며 현지 직원들에게 작별 인사를 건넸다. 그러자 직원들이 한 명 두 명 다가오더니 떨리는 목소리로 "오히려 저희가 감사했다."고 말하는 것이었다. 그들은 조리장 윤원석 상무가 주방의 제왕으로 군림하지 않고 자신들을 인간적으로 대해주어 진심으로 고마웠다고 이야기했다. 거기에 최고책임자인 김태현까지 자신들과 함께 밤낮으로 음식을 나르고 그릇을 치우고 카운터 계산과 주차 안내까지 몸을 사리지 않고 뛰는 모습에 감명을 받았다고 말했다. 싱가포르 직원들은 입을 모아 이렇게 외쳤다.

"봉피양에서 일하는 동안 정말 행복했습니다. 이 회사가 나중에 다시 싱가포르에 진출한다면 그곳이 어디든 꼭 저희를 불러주세요. 반드시 다시 와서 함께 일하겠습니다."

그들은 다 같이 부둥켜안고 너나 할 것 없이 뜨거운 눈물을 흘렸다. 자신도 한국으로 갈 테니 계속 일할 수 있게 해달라고 울면서 간청하는 직원들도 있었다. 김태현의 인생에서 결코 잊을 수 없는 싱가포르의 마지막 밤이었다.

"우리보다 선진국인 싱가포르에서 벽제의 열정이 그들을 울렸을 때, '우리도 할 수 있다.'는 것을 처음으로 느꼈어요. 맛과 기술을 넘어서 감성적인 부분까지 모두가 하나가 된 값진 경험이었어요. 흔히들 '기업의 제일 중요한 요소는 사람이다.'라고 하는데, 그 본질을 싱가포르에서 처음으로 확인하게 된 거예요. 지역과 언어의 장벽을 뛰어넘은 그날의 눈물과 희열을 경험한 이후 엄청난 자신감이 생겼어요. 우리도 해외에서 얼마든지 사람의 마음을 움직일 수 있다는 것, 그리고 제 삶의 동력이 거기서 나온다는 것을요. 문화 사업은 이렇게 하는 거라는 사실을 드디어 알게 됐어요."

한국은 전 세계 요식업 기준에서 볼 때 중국과 일본에 비해 후발주자다. 그러나 싱가포르에서 얻은 경험은 한국이 감성이나 문화의 측면에서 얼마든지 앞서갈 수 있다는 사실을 깨우쳐주었다. 각 나라마다 특징과 개성은 달라도 뜨거운 가슴을 원하는 것은 인류가 동일했다. 벽제라는 집단이 이를 충족시켜줄 에너지를 충분히 가지고 있다는 것을 확인한 전환점이었다.

식당은 어떻게 브랜드가 되는가

대량화의 최종병기, 14
곤지암 센트럴키친

두 번째 생산기지, 곤지암 센트럴키친

2023년 4월의 마지막 금요일, 김영환 회장과 김태현 부회장, 그리고 벽제갈비 임직원 100여 명이 경기도 광주로 향했다. 블랙 앤 화이트의 드레스코드로 단정히 갖춰 입은 사람들은 상기된 표정으로 곤지암의 어느 가건물 앞에 섰다. 이제 막 골라낸 붉은 흙은 황량해 보였지만 따뜻한 봄기운을 머금은 공기가 부드러웠다.

"지금부터 벽제갈비 곤지암 센트럴키친의 현판식을 시작합니다!"

손종우 부장의 목소리와 함께 벽제갈비의 두 번째 생산기지인 곤지

벽제갈비의 두 번째 생산기지, 곤지암 센트럴키친의 준공식.

암 센트럴키친이 2년간 준비해온 베일을 벗었다. 2023년 4월 28일은 벽제갈비 기업사에서 기념비적인 날로 기록된다.

갈등의 터널을 지나온 아버지와 아들이었지만, 시종일관 의견이 일치했던 사안이 바로 센트럴키친의 확대였다. 점포가 30여 개로 늘어난 시점에서 과거 급하게 만들어놓은 하남 센트럴키친의 생산량은 포화 상태를 넘은 지 오래였다. 각 점포에서는 물량을 더 달라고 아우성이었고, 어쩌다 홈쇼핑에서 대량주문이 들어와도 물량을 소화할 수 없어 굵직한 매출 기회를 놓치는 일이 늘어났다. 하남 센트럴키친

   식당은 어떻게 브랜드가 되는가

에서는 하루 24시간 풀타임으로 공장을 돌려도 탕 기준으로 840인분, 돼지갈비는 200인분이 당일 생산량의 최대치였다.

2017년 미슐랭 가이드에 봉피양이 오른 뒤, 김태현은 센트럴키친의 추가 건립을 결심했다. 식품산업의 충분한 확장 가능성을 보았기 때문이었다. 김태현은 평일과 주말을 가리지 않고 작은아버지인 김영배 사장, 그리고 손종우 부장과 함께 양평, 남양주, 경기도 광주 등지를 돌아보았다. 좋은 땅이 나왔다고 하면 일요일에도 차를 끌고 공장 부지까지 내달렸다. 냉랭한 기류를 이어가던 아버지 김영환 회장에게도 수시로 전화해 묻고 또 물었다. "아버지. 양평에 여기 가보셨어요? 괜찮은 땅이 나왔다는데." "아버지 지금 나랑 광교에 좀 같이 갑시다. 이번 주에 보려면 지금밖에 시간이 안 나요. 빨리요."

제2센트럴키친의 입지 조건에서 1순위로 따진 것은 기존의 센트럴키친인 하남에서 멀지 않아야 한다는 점이었다. 서울 각 점포들과의 '거리'도 중요한 요소다. 김태현은 핵심 점포인 방이점에서부터 센트럴키친까지의 거리, 그리고 서울의 가장 외곽 점포에 해당하는 신월점과 인천 파라다이스시티점에서부터 센트럴키친까지의 거리를 각각 재보았다. 조리한 음식은 최대 16시간까지 공장에 머무를 수 있기 때문에 실시간 교통 상황도 중요한 요인이었다. 새벽 시간 배송차가 달렸을 때 2시간을 넘기지 않는 곳으로 지역을 좁혀나갔다. 다음으로 중요한 것은 확장성이었다. 제2공장에서 그치지 않고 제3

공장도 추가로 건립될 수 있으므로, 인근에 여유 있는 부지가 받쳐주어야 했다. 북쪽보다는 남쪽이 확장성이 좋았다. 파주와 포천, 동두천이 제외됐다.

그렇게 부지를 알아보며 2년이 지났을 즈음, 경기도 광주 곤지암읍 오향리에 괜찮은 공장 매물이 나왔다는 소식이 들려왔다. 공장의 건물은 3개. 각각 냉동창고, 변기창고, 목적이 불분명한 유령 회사 등 식자재와는 거리가 먼 공장들이었지만 김태현은 평평한 양지에 자리 잡은 너른 이 땅이 퍽 마음에 들었다. 땅 주인도 단 한 명, 등기부등본도 말끔했다. 김태현은 아버지와 간부들을 끌고 와서 공장 부지를 보여주고 동의를 구했다.

기능과 입지, 확장성까지 충족하는 곤지암에 2,000평의 대지 위에 150평짜리 4개의 건물을 지어 센트럴키친이 만들어졌다. 매입한 토지비만 52억, 시설비 16억 등 2년간 70억 원에 육박하는 자금이 센트럴키친에 투입됐다. 세 번에 걸친 은행의 신용평가 조사에서 '재무통' 이부연 상무의 활약으로 벽제갈비가 우수기업으로 인정받은 것이 자금 조달을 원활하게 했다. 벽제 역사상 가장 큰 투자였다.

"40년 가까이 벽제갈비가 이어져 오면서 우리 이름으로 된 땅에 우리 건물을 세운 건 이번이 처음입니다. 시간이 한참 지나서 돌아보았을 때, 곤지암 센트럴키친이 벽제가 미래로 가는 데 있어 정말 중요한 분기점이었다고 기록될 수 있도록 최선을 다하겠습니다." 준공식

     식당은 어떻게 브랜드가 되는가

단상에 오른 김태현은 100여 명의 사람들 앞에서 굳게 약속했다.

최첨단 설비로 비용 절감과 대량화 성공

흰색 방진복을 입은 조리사들이 양질의 고기들을 빠른 손놀림으로 해체한다. 균일하게 정리된 고기 원물은 하룻동안 핏물을 빼는 전처리 과정을 거쳐 어른 키만 한 350리터짜리 솥으로 남김없이 들어간다. 솥에서 100도씨의 뜨거운 온도로 4시간 동안 팔팔 끓여진 탕은 스위치를 누르면 파이프라인을 타고 필터를 거쳐 냉각기로 내려간다. 두 개의 관이 나란히 설치된 파이프라인은, 하나는 설렁탕과 같이 맑은 육수가 지나가는 관이고 나머지 하나는 양곰탕 등 진득한 국물이 이동하는 관이다. 파이프라인을 따라 이동하는 육수와 국물은 2차에 걸쳐 필터를 통과한다. 1차에서는 이물질을 걸러내고 2차에서는 미세한 균을 잡아낸다. 컨베이어 벨트가 오차 없이 돌아가는 모습이 흡사 반도체 공장을 연상케 하는 이곳은, 2024년 곤지암 센트럴키친의 탕부 공장이다.

100도 이상 뜨겁게 가열됐던 탕은 이제 초록색 파이프라인을 따라 급속 냉가된디. 이 구간을 동과하면 탕이 30도 이하로 떨어져 포장 가능한 상태가 된다. 고감도 필터와 파이프라인을 거쳐 냉각 처리까

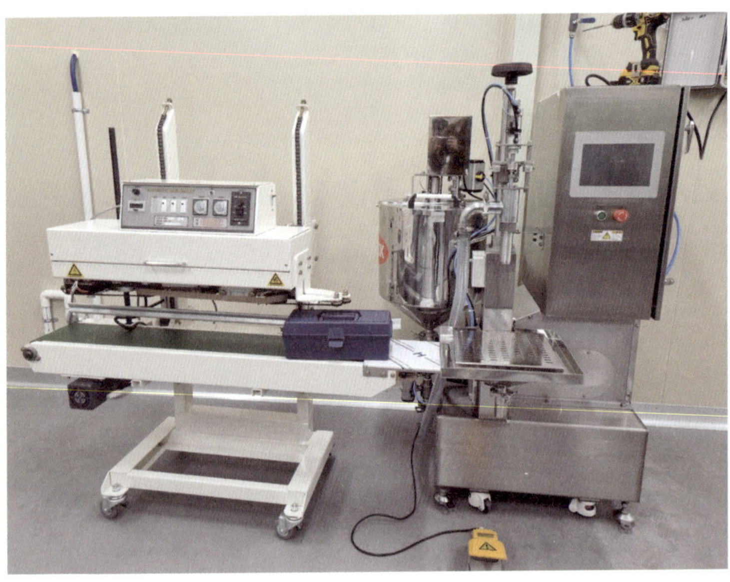

식당은 어떻게 브랜드가 되는가

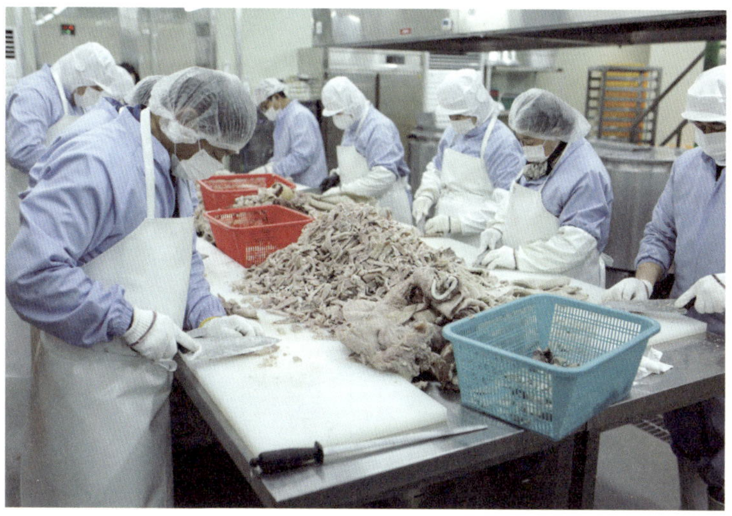

곤지암 센트럴키친의 자동화된 시스템은 노동력과 시간 절감은 물론 위생까지 빠짐없이 챙기면서도, 전통적인 핸드메이드의 가치를 지키고 있다.

지 마친 탕은 로터리 기계로 향한다. 1억 3,000만 원을 호가하는 최첨단 기계다. 로터리 기계에 들어온 탕은 중량에 맞추어 세 번의 밀봉 과정을 거쳐 한 팩으로 포장된다. 여기서 끝이 아니다. 마지막 관문인 금속 검출기를 통과해 이물질 여부와 0.01그램의 오차까지 잡아내는 중량 체크를 마치면 오른쪽의 '합격 칸'에 밀봉팩이 떨어진다. 이렇게 완성된 팩은 바로 옆 급랭고로 들어가 영하 40도의 냉기 속에 꽁꽁 얼려진 채로 내일을 기다린다. 다음 날 새벽 급랭고 옆 벽면이 열리면 바로 앞에 배송 트럭이 기다리고 있다. 트럭에 실린 밀봉팩이 점포에 도착하는 시간은 오전 8시. 명품 탕의 긴 여정은 비로소 마무리된다.

"과거 하남 센트럴키친 시절에는 냉각기가 따로 없어 탕을 식힐 때면 일일이 찬물에 가두어 식혀야 했어요. 무거운 탕을 찬물이 있는 곳으로 옮기는 것부터가 강도 높은 노동이었죠. 조선시대 화롯불 유지하듯 당직을 정해서 돌아가며 새벽에 출근해 불을 때우고 끓여야 했구요. 그래서 이번 곤지암 센트럴키친은 이전의 하남 센트럴키친에서 불편했던 부분들을 보완해 만들었습니다. 설비를 짤 때부터 냉각기를 함께 연결해, 스위치만 누르면 모든 과정이 한 번에 진행됩니다." 곤지암 센트럴키친의 설비와 운영을 책임지고 있는 손종우 부장의 설명이다.

연중무휴로 가동되는 곤지암 센트럴키친은 조리의 과정과 인력의 동선 등 A부터 Z까지 철저한 사전설계 끝에 만들어졌다. 센트럴키친을 가동하기 전에는 음식에 쓰이는 재료들을 각각의 점포에서 직접 다듬고 손질해 시간과 비용이 많이 들었다. 예를 들어 무의 경우 깎고 자르고 다듬는 등의 전 과정을 분업화하다보니 방이점에서는 무를 담당하는 사람만 5명이었다. "저도 입사 초기에 그 다섯 명 중 한 명이었어요." 이제는 책임관리자가 된 손종우 부장의 말이다.

곤지암 센트럴키친 건립으로 전처리와 조리 과정이 자동화되면서, 다섯 명이 하던 일을 한 명이 할 수 있게 되었다. 각 점포에 흩어져 있던 채소 절단기와 세척기, 육류 가공장비 등이 센트럴키친에 집중돼 점포마다 비용과 공간의 여유가 생겼다. 이를 가동하기 위한 가스비나 전기료, 음식물쓰레기 처리 비용도 절감됐다.

시간과 비용은 단축된 반면 생산량은 대폭 늘었다. 과거에는 본갈비(뼈를 제거하지 않은 상태의 갈비) 500인분을 매장에서 조리할 경우 재료를 손질하고 양념을 만들어 입히는 과정을 합쳐 5시간 40분이 소요되었다. 그러나 그 대부분의 과정을 센트럴키친이 대신하게 되면서 1시간 10분으로 생산 시간이 줄었다. 탕을 끓이는 기계도 1개당 500인분의 탕을 끓여내 총 7개 기계의 하루 최대 생산량이 5,000인분에 육박한다. 여기서 주목할 점은 대량생산 시스템에도 불구하고 전통적인 핸드메이드hand-made의 가치를 유지한다는 사실이다. 생산 과정의 단계별로 장인들의 손을 반드시 거치도록 하여 단순히 음식을 찍어내듯 만드는 '식품 공장'이 아닌 '장인의 공방' 형태를 이어가고 있다. 일본 등 해외가 아닌 국내의 센트럴키친에서 이와 같은 사례를 찾기는 어렵다.

모든 생산 공정은 스마트 해썹HACCP 관리의 컴퓨터 프로그램으로 제어, 24시간 모니터링된다. 센트럴키친 내에 있는 컴퓨터는 물론 서울 방이동 본사의 PC에서도 실시간으로 확인이 가능하다. 만약 냉장고의 온도나 설비 작동에 이상이 생기면 그 즉시 공장 책임자와 설비 담당자, 시스템 관리자 등 관련자 5명에게 경보 문자가 전송된다. 스마트 시스템이 없었던 하남 센트럴키친 시절에는 퇴근하고 아침에 출근해보면 국이 다 상해 있거나 고기가 쉬어 있는 경우가 종종 있었다. 그러나 지금은 스마트 시스템을 통해 센트럴키친 앞 숙소에 사는 당직자에게 실시간으로 연락이 가서 조치를 바로 취할 수 있다. 손종우 부장은 "공장을 세팅하고 기계를 선정할 때 제1원칙은 A/S였어요. 혹시라도 설비가 고장 나거나 멈출 경우 6시간 이내에 달려와서 고칠 수 있는 업체를 우선순위에 두었습니다."라고 말했다.

급성장하는 센트럴키친 시장

최근 한국의 요식업계에서는 센트럴키친의 수요가 급증하고 있다.

　　　　　　　　　　식당은 어떻게 브랜드가 되는가

가파르게 인상된 최저임금과 주 52시간 근무제 시행으로 조리사의 인건비 부담이 크게 높아진 것도 그 배경 중 하나다. 대량의 식재료를 전처리하거나 반조리한 상태로 공급해주는 만큼, 그동안 많은 조리 인력을 필요로 했던 외식·급식업체들은 시간 단축과 인건비 절감, 그리고 맛의 표준화까지 '1석 3조'의 효과를 거둘 수 있다.

골목 식당 '손맛' 사라진다… '센트럴키친' 유행

대형 식자재 유통기업들이 센트럴키친 생산량을 확대하는 등 사업을 강화하고 있다. 삼성웰스토리는 지난 4월 충남 아산에 센트럴키친 시설을 짓기로 하고 약 3만 5,844㎡(1만 842평) 규모의 부지를 계약했다. 신세계푸드는 2015년 212개 품목에 생산량 1,780톤이던 센트럴키친 사업 규모를 올해 500개 품목, 사상 첫 1만 톤 이상으로 확대한다는 계획이다. 이를 위해 신세계푸드는 공장 내에 국제공인시험분석기관인 KOLAS의 인증을 받은 식품안전센터를 운영 중이며, 월 단위 소요량을 예측·생산해 발주와 동시에 배송해주는 물류 시스템도 새로 구축했다. 경쟁사들도 잇따라 센트럴키친 사업 강화에 나서고 있다. 아워홈은 현재 80여 품목, 1,500톤 수준인 생산량을 내년까지 150개 품목, 3,000톤으

로 확대할 계획이고, 현대그린푸드는 올해 말 가동되는 스마트 푸드센
터 내에 센트럴키친 라인을 설치할 방침이다. CJ프레시웨이는 지난 달
농산물 전처리 전문업체 제이팜스·제이앤푸드를 인수했다.

-《문화일보》 2023년 6월 16일

　　벽제갈비 센트럴키친의 목표는 '각 점포별 맛의 표준화'가 1순위였
다. 비용 절감이나 조리시간 단축 등은 그다음 문제다. 첫 번째 기준
도 맛, 두 번째 기준도 맛이었다. 전국 모든 점포에서 동일한 맛과 퀄
리티를 유지하기 위해 센트럴키친을 만들다보니 비용의 절감과 생
산량 증가도 덤으로 따라왔다. 이와 함께 센트럴키친은 온라인 시장
의 확대를 열었다. 온라인 자사몰 '벽제한곳'(구 '벽제갈비 미식마켓')은
하남 센트럴키친의 활약에 힘입어 2018년 1,700만 원이던 월 매출
이 2021년 1억 4,000만 원으로 1,200% 이상 뛰었다. 곤지암 센트럴
키친까지 가세한 2023년에는 온라인 매출이 월 3억 원, 연 매출이 30
억 원을 훌쩍 넘으면서 온라인 판매 부문이 벽제갈비의 신新 캐시카
우로 부상했다.

　　　　　　　　　　식당은 어떻게 브랜드가 되는가

장기근속자의 비밀, '기회를 주고 또 준다'

기회를 주고 또 준다

2018년 구인구직 플랫폼 '사람인' 조사를 보면 MZ세대의 평균 근속년수는 2.8년으로 나온다. 외국의 경우도 다르지 않아, 2021년 이후 미국 근로자들의 평균 근속년수는 1.8년으로 급감했다. 그러나 벽제갈비는 거꾸로 장기근속 직원이 늘어나는 추세다. 벽제에는 현재 30년 이상 근속한 직원이 3명, 20년 이상 근속한 직원이 20여 명 포진해 있다. 현장에서 일하는 홀 서비스 직원들도 평균 5년 이상 일한 근속자가 대부분이다. 이렇게 장기근속자가 많은 이유는 무엇일까?

벽제갈비에서는 회사를 나갔다가 다시 돌아온 직원을 가리켜 '별을 달았다'고 표현한다. 특정 행위에 대한 관용적 표현이 있다는 것은 그만큼 그 일이 많이 일어난다는 뜻이다. 벽제갈비에는 별을 한두 개 단 직원은 부지기수고, 많게는 네 개까지 별을 단 직원도 어렵지 않게 볼 수 있다. 직원들이 돌아와 별을 달 때마다 김영환 회장은 따뜻하게 맞아준다. 벽제갈비에서 오랜 기간 일한 직원들은 '기회를 주고 또 주는' 기업 문화가 벽제의 장기근속의 열쇠라고 말했다.

"직원이 뭔가 나쁜 짓을 하면 그 사람을 오히려 키워서 내 사람을 만드는 게 김영환 회장의 특징이에요. 실수하거나 잘못을 해도 기회를 다시 주고 품어주려고 합니다. 시말서를 세 번이나 썼는데도 주방장 하면서 대우받고 있는 사람도 있고, 심지어 고기를 들고 나가다가 걸려서 적발된 사람들도 잘 다니고 있어요. 제 딴에는 그냥 내보냈으면 하는 사람도 어떻게든 구슬리고 달래서 그걸 또 자기 사람으로 만들더군요. 그러면 그 직원은 다음부터는 회사를 나가지 않고 충성을 다하게 되더라구요." 김영환 회장과 동년배로 오랜 시간 그를 지켜본 이부연 상무의 말이다.

한 번은 유명한 전직 국무총리의 누이가 신촌에 한식당을 오픈하면서 벽제갈비 신촌점의 주방이사를 데려간 적이 있었다. 어제까지 벽제갈비에서 일했던 주방장이 오늘은 바로 옆 경쟁 식당에서 일하게 된 것이다. 김영환 회장은 그 식당에 직접 찾아가 진심이 담긴 화환을 선물했다. 사람을 빼간 것을 따져 물어도 시원찮을 판에 공손히 찾아가 축하 인사를 건넨 것이다. 그러고는 그 식당 주인에게 "이 녀석 일 참 잘합니다. 그런데 꼬장이 좀 있으니 잘 다독거려주시면 좋겠습니다. 번창하십시오."라고 당부하고 가게를 나왔다. 화환을 보낼 때부터 김 회장은 그 주방장이 얼마 안 가 다시 벽제로 돌아오리라는 것을 알았다. 예상대로 그 직원은 새로 옮긴 식당에서 오래 버티지 못하고 벽제

  식당은 어떻게 브랜드가 되는가

갈비로 돌아와 과거를 뉘우쳤다.

배신하고 나간 사람에게 왜 기회를 계속 주느냐는 물음에 김영환 회장은 이렇게 말한다. "분명한 장점을 가지고 있고 나와의 신뢰가 구축된 인재라면 몇 번을 나갔더라도 다시 받아줍니다. 벽제에서 일해야 하는 이유, 연구해야 하는 과제를 끊임없이 제시하면서 어떻게든 내 사람으로 만들면 인생에 그만한 보람이 없습니다."

구간마다 적절한 보상

2020년 1월 한양대학교 HIT관 6층의 벽제갈비 연회장에서는 두 사람이 나란히 단상에 올라 박수갈채를 받았다. 주인공은 벽제갈비의 최고 장인인 박영근, 윤원석이었다. 두 장인의 '30주년 장기근속자 공로패 증정식'이 열린 이날은 벽제갈비 전 점포의 점장들과 본사 간부들, 가족들까지 100여 명이 모여 두 장인의 외길인생을 축하해주었다. 박영근 장인의 아내는 벽제에 청춘을 바치며 나이 들어간 남편의 사진들이 큰 화면에 비추자 조용히 눈물을 훔쳤다. 30년을 벽제에 몸담아온 장인들을 위한 부상으로는 10돈의 황금열쇠와 포상금 200만 원, 5일의 휴가가 주어졌다.

"벽제에서 30년을 근속하신 분들에게는 기념연회를 열어드리고, 20년 근속하신 분들께는 감사패를 전달합니다. 15년 근속은 금 석 돈짜리 배지를 달아드리고요. 긴 시간 벽제를 위해 일해온 보상이 반드시 주어져야 한다는 것이 회장님과 부회장님의 생각이에요. 무형의 업적과 시간에 대해 그 가치를 알아봐주고 인정해주는 것이 장기근속자가 많은 비결이 아닌가 싶습니다." 장기근속자 보상의 기획과 기념식 사회를 도맡고 있는 인사부 강현욱 차장의 말이다.

가장 최근에는 갈비 장인 강성호 부장의 30주년 기념연회가 방이동 벽제 글로벌연구원에서 열렸다. 이 자리에서 강성호 부장은 "사고란 사고는 다 치고 다녔는데도 회장님이 저를 믿고 끌어주셔서 30년이 될 때까지 근무할 수 있었던 것 같습니다."라고 특유의 억양으로 소감을 말해 모두를 박장대소하게 했다.

장기근속을 장려하기 위한 회사 측의 선제적 노력도 있다. 예를 들어, 실력 있는 직원이 있으면 3년 또는 5년 동안 경쟁사로 이직하지 않기로 약속하고 해마다 일정 비율의 급여 인상을 계약하는 식이다. 유능한 기술자들을 이 같은 방식으로 확보해 레시피나 기술을 아랫사람들에게 전수한다. 음식점은 일정한 맛을 유지하는 것이 생명이다. 맛의 키를 쥐고 있는 사람이 수시로 바뀌지 않도록 인력 관리에 힘쓰는 것은 외식기업의 핵심 관리 영역이다.

급여는 경쟁사보다 더, 봉사료는 노터치

벽제갈비는 직원들의 급여 테이블을 작성할 때 동종업계의 급여와 처우를 먼저 알아보고 그보다 조금씩 더 높은 급여를 책정한다. 주로 삼원가든, 강강술래, 신화푸드, 놀부 등을 모니터링한다. 요식업계 내에서 인력이 돌고 도는 경향이 있다보니, 다른 업체에서 온 직원들을 통해 이전 직장의 처우와 복지를 취재하기도 한다.

벽제갈비는 점포가 여러 곳이라 순환 근무가 가능하다는 것도 직원들 입장에서는 큰 장점이다. A점포가 안 맞으면 B점포로 갈 수 있다. 각 점포마다 법인은 달라도 퇴직금은 계속 이어서 누적 정산되는 방식이다. 사람을 내보내지 않는 분위기라 본인만 잘 맞는다면 평생직장으로 다닐 수 있는 곳이 벽제다.

반면, 손님들이 직원에게 주는 봉사료는 일절 터치하지 않는다. 벽제갈비와 봉피양은 고객들에게 고기를 일일이 구워주는 서비스를 제공하기에 다른 식당보다 팁이 많이 발생하는 편이다. 손님이 많은 매장은 직원 한 사람이 받는 팁이 한 달에 50만 원 가까이 되어, 월급과 합치면 쏠쏠한 수입이 되기도 한다. 팁은 온전히 직원의 몫이다. 회사가 팁에 손을 대면 회계상 수입으로 잡아야 하고 5% 세금도 떼야 하는 등 처리가 복잡해지기도 한다. 팁은 손님을 응대한 직원이 100% 가져가야 한다는 것이 창업 초기부터 김영환 회장의 생각이다.

외국인 직원도 똑같이

벽제갈비는 중국 동포, 이른바 조선족을 비롯한 외국인 직원의 급여를 한국인 직원과 동일하게 주고 있다. 업무에 있어서도 차별을 두지 않으며, 인센티브와 포상 제도 역시 한국인 직원과 동일하게 누릴 수 있다. 여기에는 이유가 있다.

"제가 고등학생 때 처음 벽제갈비에서 아르바이트를 할 때만 해도 '조선족은 행동이 거칠다.'라는 인식이 있었어요. 성인이 되어 본격적으로 점포 일에 뛰어들면서 관찰해봤더니 우리나라의 매너를 배운 적이 없는 것이었어요. 그냥 배우면 되는 거였는데 말이죠. 그걸 알게 된 계기가 있었는데, 조선족 직원들은 그릇을 테이블에 놓을 때 탁 소리가 나도록 거칠게 놓잖아요. 그래서 그러지 말고 조심히 놓아달라고 얘기했더니 그 직원이 '아, 죄송합니다. 저희 지역에서는 이렇게 시끄럽게 탁 하고 놓는 게 손님을 대하는 에너지이자 매너라서 그랬습니다.'라고 하는 거예요."

조선족 직원의 말을 들은 김태현은 몹시 부끄러웠다고 한다. 그리고 앞으로 이 직원을 본인이 가진 특성과 장점을 살리는 방향으로 가르쳐야겠다고 다짐했다. "당시 다른 식당들이 한국인 직원 월급을 150만 원 줄 때 우리는 160만 원을 준 것도 놀라운 일이었지만, 조선족 직원에게도 한국인과 똑같이 160만 원을 준 것도 파격적이었어요. 그랬더니 그 직원이 너무나 고마워하면서 눈물을 보이더라구요."

식당은 어떻게 브랜드가 되는가

그릇을 거칠게 놓았던 그 조선족 직원은 그 뒤로도 벽제갈비에 오랜 기간 근무하며 매니저급으로 성장했다. 그리고 한참 뒤 벽제갈비가 중국에 진출한 2017년에는 중국 현지 점장으로 파견돼 매니저로 맹활약했다. 김태현은 말한다. "우리가 키워낸 인재가 중국에 매니저로 출동해서 현지의 직원들을 가르치고 벽제의 문화를 전수하다니, 이보다 더 멋진 일이 있을 수 있나요. 이게 바로 글로벌라이제이션입니다."

인센티브와 양질의 교육

직원 한 명이 한 시간에 올리는 매출 수치인 '인시매상고'는 직원의 노동생산성을 측정하는 대표적인 지표다. 이와 비슷하게 벽제갈비는 '인일매상고'와 '인월매상고'를 집계해 인센티브를 제공한다. 인일매상고란 직원 한 명이 하루에 얼마의 매출을 올리는지 나타낸 수치이고, 인월매상고는 직원 한 명이 한 달에 올리는 매출 수치다. 김영환 회장은 모든 직원이 포부를 크게 가져야 한다며 15년 전부터 인일매상고 목표를 100만 원으로 잡았다. 그리고 전 직원 평균 인월매상고 대비 성과가 좋은 매장과 직원을 선별해 1인당 최대 150만 원까지 성과급을 받을 수 있도록 인센티브 제도를 운영하고 있다.

코로나19 대유행이 끝나고 경기침체가 오면서 성과급 지급이 어려워지자 이를 무작정 중단하지 않고 교육으로 전환해 직원들에게 제공하기도 했다. 벽제의 경우 BMS 9등급 한우만 취급하는 것으로 잘 알려져 벽제의 육부를 경험하는 것을 목표로 입사하는 직원이 많다. 이에 벽제갈비는 생육 되을 매입해 상품화 과정을 거쳐 매장으로 보내는 전 과정을 교육하는 '한우 전문가 과정'을 인센티브 차원에서 개설했다. 도축 회사와 벽제한우, 발골 공장 등 각 생산과 제조 시설에서 최상급 한우를 가지고 교육과 실습을 받는 이 과정은 6개월 코스의 한 회 과정에 2,000만 원가량의 예산이 소요된다. 지금까지 두 번에 걸쳐 한우 전문가 과정이 성료되었으며, 이를 수료한 총 7명의 직원이 한우 전문가로서 인센티브 이상의 가치를 얻었다.

식당은 어떻게 브랜드가 되는가

레시피는 표준화할 수 있다
설렁탕 장인 한영석

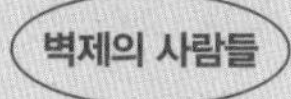

그의 오른쪽 다리에는 허벅지 위부터 발가락 끝까지 다리 전체에 이어지는 화상 자국이 있다. 4년 전 하남 센트럴키친에서 설렁탕을 끓이다 펄펄 끓는 국물이 장화 안으로 쏟아져 들어갔기 때문이다. 발등에는 3도의 중화상을 입어 신경과 조직이 완전히 손상되었다. 허벅지 가장 윗부분의 피부를 10제곱센티미터 넘게 도려내 발등에 이식하는 대수술을 치렀다.

"나 말고도 이런 화상 입은 사람이 탕부에는 많아요. 나 정도 되니까 이만큼으로 끝난 거지, 허허." 아무렇지 않게 화상 자국을 보여주며 너털웃음을 짓는 이 사람은 허영만의 《식객》 11편 '24시간의 승부'의 주인공인 설렁탕 장인 한영석이다.

한영석이 말하는 벽제 설렁탕의 특징은 단 14시간만 우려낸 '초벌 설렁탕'이라는 점이다. 최고급 한우 사골을 재탕 없이 딱 한 번만 우려내고 폐기한다. 이렇게 초벌로 끓인 설렁탕은 국물이 맑고 담백하다. 대부분의 설렁탕 업체는 2~3일씩 오랜 시간 우려낸 설렁탕임을 강조한다. 그러나 오래 끓인 설

설렁탕 장인 한영석(가운데)과 그의 후계자들

렁탕은 눈으로 보기에는 국물 색이 뽀얗고 탁해 진국으로 보이지만 누릿한 냄새가 나고 맛은 더욱 떨어진다는 것이 한영석의 설명이다. 오래 끓이면 끓일수록 골분(뼛가루)이 많이 나와 퀴퀴한 맛이 나는 것은 물론, 건강에도 좋지 않다는 학자들의 연구 결과가 이를 뒷받침한다.

"초창기 벽제의 설렁탕은 지금보다 더 국물이 맑았어요. 거의 곰탕에 가깝게 말이죠. 지금도 김영환 회장님은 초기 벽제 설렁탕의 맑은 맛을 잊지 못하세요. 그런데 시대가 변하면서 사람들이 점점 더 진한 국물을 찾는 쪽으로 입맛이 바뀌더라구요. 우리도 여러 차례 변화를 시도한 끝에 5년 전부터는 과

  식당은 어떻게 브랜드가 되는가

거보다 좀 더 진하게 국물 맛을 내는 것으로 기준을 맞추었어요. 그러나 반드시 원칙은 지킵니다. 초벌로만 딱 14시간 끓여낸다는 원칙 말이에요. 더 오래 끓인다고 해서 맛이 진해지는 게 아니에요. 우수한 품종의 한우 사골을 더 많이 넣어서 딱 한 번 끓이는 것, 그게 비법이에요."

한영석은 절대미각을 가진 어머니 덕분에 지금의 자신이 있다고 말한다. 돌아가신 한영석 장인의 어머니는 장터에서 홀로 생선 장사를 하며 7남매를 키워냈다. 어머니가 만들어준 생선조림과 매운탕 국물을 잊지 못해 예순이 넘은 지금도 그 맛을 비슷하게 내는 큰누님 집으로 가 밥을 얻어먹는 그다. 한끝 차이의 국물 맛과 예리한 혀의 감각을 유지하기 위해 평소에 술을 마시지 않는 것도 그의 신조다. 음주 후에는 미각이 둔해져 음식 맛이 달라진다는 것이다. 후배들에게도 술을 적당히 즐기는 것은 좋지만 술 마신 다음 날 음식의 간은 꼭 다른 사람이 보게 하도록 조언한다.

한영석은 과거 주방장들에게 국자로 맞아가며 요리를 배운 1세대 조리장이다. 옛날 주방장들이 후계자 양성은커녕 레시피의 전수도 없이 윽박만 지르며 군림하던 시기를 견뎌낸 세대다. 한영석은 자신의 후배들에게는 이 같은 악습을 이어가지 말자고 다짐했다. 후계자 양성에 있어 가르칠 때는 엄하게 가르치더라도, 어느 정도 배웠다는 생각이 들면 인정과 보상 그리고 권한을 주어 궤도에 올려놓는 방식을 이어갔다. 한영석을 중심으로 한 벽제갈비의 1세대 장인들은 조리 문화의 세대교체를 이끌었다는 평가를 받고 있다.

"처음에 양식당에서 주방 일을 시작했는데, 얼마나 서럽고 힘들게 배웠는지 몰라요. 방망이나 바가지로 머리통 얻어맞는 건 예사고, 몇 년 동안은 칼 한 번 제대로 쓰지 못하게 했어요. 칼질을 익혀야 하는데 방법이 없으니 다 쓰고 버린 양배추를 몰래 주워다 구석에서 칼질을 연습하고, 그러다 들키면 혼쭐나고… 우리 때는 다들 그렇게 배웠죠. 내가 겪어온 그 문화를 절대로 벽 제의 주방에 이어지게 하고 싶지 않았어요. 동년배인 윤원석 장인과 얘기하 기를 '우리는 후배들한테 우리가 배운 대로 하지 말자. 아는 정보를 모두 오픈 하고, 최대한 체계화하고 현대화해서 성심성의껏 가르치자.'라고 했어요. 특 히 제가 몸담고 있는 탕은 젊은 사람들이 기피하는 분야입니다. 다른 어떤 음 식보다도 탕은 '정성'이 중요해요. 하루 종일 물을 끓이고 국을 저어주고 불순 물을 걷어내는 게 일이니까요. 그런데 이것만 강조해서야 어느 젊은이가 탕 을 배우려고 하겠어요. 윗사람인 저부터 과학적이고 체계적으로 바뀌지 않는 다면 절대로 맛과 기술을 전수할 수 없어요."

그러나 아무리 합리적인 방식으로 후계자를 양성하려 해도 다음 세대를 잇 는 '허리'가 없어 한영석의 고민이 깊다. 고기를 다루는 육부는 배움을 원하는 젊은 조리인들의 수요가 늘 많다. 그러나 오랫동안 불 앞에서 시간과 싸우며 미묘한 맛과 간의 차이로 승부를 내야 하는 탕부는 후진 양성에 빨간불이 켜 진 상태다. 허영만의 《식객》에서도 설렁탕을 가리켜 "인간과 불의 끊임없는 심리전"이라 표현했다. 미디어를 통해 '셰프'라는 직업이 각광받으면서 젊은 조리사들이 많이 등장했지만 가장 이직이 높고 후계자 양성이 어려운 분야가 탕이다. 《식객》 앞머리에는 한영석을 포함해 탕부 직원 4명이 활짝 웃고 있

 식당은 어떻게 브랜드가 되는가

는 과거 사진이 실려 있다. 그들 중 현재까지 벽제에 남아 있는 사람은 한영석 한 명뿐이다. 한영석은 "언젠가는 한식업계도 인력 부족으로 외국인 조리사들이 채워가는 구조로 바뀔 것"이라고 내다봤다.

"지금 우리 탕부에서 가장 어린 막내 직원의 나이가 쉰입니다. 지금까지는 괜찮았지만 앞으로가 정말 위기예요. 향후 이 빈자리는 몽골이나 베트남 등에서 온 외국인들이 채워가게 될 거라고 봅니다. 외국인 조리사여도 10년 정도 우리 맛에 길들여지도록 가르치고 익히고 하면 충분히 그 맛을 낼 수 있거든요. 그러면 지금의 한식 기술을 업그레이드까지는 못 해도 유지는 할 수 있습니다. 예전에 우리가 중국에 점포를 오픈했을 때 중국 본토 사람인 한족 주방장에게 탕 만드는 법을 가르친 적이 있었어요. 안 되는 언어로 손짓 발짓해가며 3개월 내내 탕 만드는 기술을 전수했는데, 석 달을 그렇게 매일같이 만들어보고 먹어보고 하니 그 맛을 내더라구요. 그리고 1년 뒤에 레시피 점검차 중국의 그 점포에 다시 가서 먹어보니 다행히 설렁탕 맛이 잘 유지되고 있었어요."

그의 말대로 정부는 2023년 11월 일부 음식점에 대한 외국인 고용을 허용한 바 있다. 기초자치단체 226곳 중 도시 지역 100곳에 있는 음식점, 그중에서도 한식당에만 외국인 고용이 허가됐다. 음식점을 연 지 5년 또는 7년이 되어야 한다는 조건도 따라붙었다. 그러나 이 조건을 충족할 수 있는 음식점이 거의 없어 식당업계의 인력난 헤결에는 도움이 되지 않았다. 이에 2024년 들어 정부는 한식당만 가능하던 외국인 고용을 중식 · 일식 · 양식 · 주점까지 확대하고 대부분의 제한을 푸는 방안을 추진 중에 있다.

"맛의 전수를 위해 가장 중요한 것은 '레시피의 표준화'입니다. 누가 와서 방향키를 잡아도 일정한 맛을 낼 수 있으려면 레시피를 체계화하는 게 핵심이에요."

벽제는 이미 10년 전부터 센트럴키친을 중심으로 레시피의 표준화를 정착시켰다. 그래서 한영석은 40여 년 벽제사에서 가장 중요한 터닝포인트를 2009년의 하남 센트럴키친 설립으로 꼽는다. 하남 센트럴키친으로 맛의 표준화를 이루고, 이를 곤지암 센트럴키친이 이어받아 대량화의 길을 열었다. 그중에서도 특히 설렁탕과 곰탕, 양곰탕 등 탕부의 메뉴들은 조리 후 급속 냉동해 매장에 공급하거나 대량생산해 온라인으로 판매하기에 최적화된 것이다. 한영석 장인은 "탕이야말로 센트럴키친의 수혜를 가장 많이 본 분야이자 가장 편리한 방법으로 매출 볼륨을 키울 수 있는 핵심 메뉴"라고 말한다. 동시에 벽제의 미래는 온라인에 있다고 강조했다.

"코로나를 겪으며 절실히 깨달았어요. 만약 우리 온라인 판매가 코로나 전에 미리 기반이 돼 있었다면 코로나 때 돌풍을 일으켰을 텐데, 그 기회를 놓친 게 너무 아까워요. 이제라도 늦었다고 생각 말고 계속 앞으로 나가야 합니다. 점포 확장보다는 온라인에 집중하는 것이 옳은 방향이라고 생각해요. 지금은 센트럴키친에서 한 번에 생산할 수 있는 설렁탕의 최대 개수가 4,500개인데 앞으로 1만 개까지는 가능하게 될 겁니다. 물론 그렇게 되려면 인력도 24시간 돌아가야 하고 냉동창고도 더 있어야 하겠죠. 어쨌든 온라인은 계속

식당은 어떻게 브랜드가 되는가

확장하는 시장이기 때문에 지금부터 차분히 준비하고 있습니다."

그가 느끼는 설렁탕의 가장 큰 변화는 과거 서민 음식이었던 설렁탕이 시대가 바뀌면서 고급 음식이 되었다는 점이다. 설렁탕, 곰탕 등은 1940년대 초반부터 사대문 안 저잣거리에서 서민들이 자주 사 먹던 한 끼 식사였다. 서울생활사박물관이 전시한 〈서울 외식 이야기〉 자료에는 "서울은 해방 이후 1950년대부터 1970년대 중반까지 강북을 중심으로 도시 노동자 밥집이 형성되었다. 당시 서울의 대표적인 끼니형 음식점 메뉴는 설렁탕·해장국·곰탕·추어탕 등이었다."라고 나온다.

"1980년대 말 신촌의 '연세설렁탕'에서 설렁탕을 처음 끓였는데, 그때는 한우 설렁탕 1인분 가격이 6,000원이었어요. 수입산 고기를 쓰는 설렁탕집에서는 4,000원을 받았구요. 주머니 얇은 대학생이나 노동자들이 국물에 밥 말아 한 그릇 후딱 먹고 일어나는 음식이었죠." 그의 말대로 설렁탕은 가격을 500원만 올려도 손님이 뚝 끊기는, 라면 및 소주와 더불어 가격 저항이 강력한 음식이었다. 그런데 해외의 다양한 음식들이 유입되고 외식 선택의 폭이 넓어지면서 설렁탕, 곰탕, 평양냉면 같은 한식은 어느새 1만 원 넘는 고급 메뉴로 위치가 바뀌었다.

설렁탕이 사라진 서민 음식의 자리는 이제 순댓국, 김치찌개, 칼국수 등이 채우고 있다. 한정식당 역시 고급화로 단계를 올려 이제 2만 원 이하의 한정식은 서울에서 찾아보기 힘들게 되었다. 우리가 지금 편하게 먹는 순댓국, 김치찌개, 된장찌개 같은 음식도 몇 십 년 뒤에는 외식 시장에서 어떤 포지션으로 바뀌어 있을지 알 수 없는 일이다.

"한식이 전반적으로 고급화로 가고 있다는 것은 우리에게는 기회예요. 특히 설렁탕의 경우 벽제같이 맑고 담백한 스타일이 누릿하고 탁한 스타일보다 외국인들의 입맛에 거부감 없이 다가갈 수 있어요. 다른 브랜드의 설렁탕보다 세계화 가능성이 더 크다는 뜻입니다."

한영석은 중국 웨이하이점에 있을 때 현지 직원들을 대상으로 설렁탕 블라인드 테스트를 한 적이 있다. 맑고 담백하게 끓인 설렁탕과 진하고 탁하게 끓인 설렁탕 두 종류를 놓고 중국인 직원들에게 시식을 하게 한 것이다. 그런데 이를 먹어본 중국인 직원들이 모두 "맑고 담백한 벽제 스타일의 설렁탕이 더 입맛에 맞는다."라고 대답했다.

"저희로서도 놀라운 일이었죠. 서양인들에게도 마찬가지예요. 미국 LA나 버지니아에도 25년 전부터 한국 설렁탕이 많이 진출해 있습니다. 과거에는 한국인 교포들 위주였지만 이제는 외국인들도 그 맛에 익숙해져서 많이들 찾고 있어요."

한국에서도 몇 십 년에 걸쳐 서양 음식이 익숙해지고 우리 입맛을 바꾸어놓았듯, 서양인들에게 한식이 점점 친숙해지면서 그들의 입맛도 변화하고 있다. 그런 점에서 확장 가능성이 높은 벽제의 초벌 설렁탕은 해외 고객들의 입맛을 사로잡을 준비가 이미 되어 있다. 미래를 내다보고 세계를 볼 줄 아는 설렁탕 장인 한영석이 그 중심에 있다.

식당은 어떻게 브랜드가 되는가

김태원의 마지막 후계자
냉면 장인 탁중원

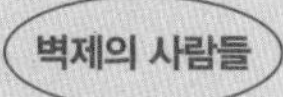

생후 1년도 안 된 갓난아기일 때 길가에 버려졌다. 기억에도 없는 갓난아기 시절부터 그는 고아원에서 자랐다. 열악하고 폐쇄적인 1980년대 초반, 전라도 광주 산중턱의 무등보육원에서 폭력과 억압을 견디다 못해 도망쳐 나왔다. 단돈 6,000원을 손에 쥔 채 무작정 기차를 잡아타고 서울로 올라가, 먼저 고아원을 나간 형들에게 전화를 돌렸다. 그때 그의 나이 열여섯. 서울에서 허드렛일을 전전하다 자리를 잡게 된 어느 식당에서 그는 평생의 인연을 함께하게 될 아버지를 만났다. 벗어나고 또 달아나도 아버지는 계속 그를 찾아 자신의 옆에 끌어다 앉혔다. 이것은 냉면 장인 탁중원과 김영환 회장의 이야기다.

"1991년쯤이었나, 광주 고아원에서 나와 무궁화호 기차를 타고 올라와서 수유리 양말공장에서 일했어요. 월급 20만 원에 숙식 제공이었는데 고향에서보다는 많이 주는 편이었죠. 거기서 일하다 놀다가 그렇게 1년 남짓 지났을 때 고아원 선배에게 연락이 왔어요. 식당에서 일할 생각 없냐고 하더라구

냉면 장인 탁증원

식당은 어떻게 브랜드가 되는가

요. 그때는 식당에서 일한다고 하면 중국집 철가방부터 떠오르면서 하찮은 생각이 들었어요. 그런데 식당 급여가 양말공장의 따블인 43만 원에 숙식 제공도 된다길래 면접을 한번 보러 갔어요. 거기가 조선면옥이었지요."

조선면옥은 1989년 방배동에서 시작해 전국에 6~7개의 지점을 내며 1990년대 함흥냉면의 열풍을 불러일으킨 곳이다. 현재는 많이 축소되었지만 본점의 명맥을 잇고 있는 조선면옥 청계산점은 지금도 전국 주요 냉면 지도에 빠지지 않고 오르는 냉면집이다. 탁중원이 일했던 조선면옥 신림동 지점은 당시 2층 건물에 100평이 넘는 규모로 운영돼 "신림동 돈은 조선면옥에서 다 쓸어 간다."는 말이 돌 정도로 장사가 잘되는 냉면집이었다.

탁중원은 그곳에서 서빙 보조로 일을 시작했다. 주방에서 음식이 나오면 손님들에게 가져다주고, 다 먹은 상을 치우고 빈 그릇을 날랐다. 주방에는 들어가본 적도 없었다. 가진 것 없고 경험도 없는 열여덟 살의 탁중원에게는 거기까지만 허용되었다. 그러나 냉면과의 평생에 걸친 연도 이곳에서 시작되었다.

조선면옥에서 일하면서 탁중원은 술 마신 다음 날 출근을 안 해버리거나 멋대로 그만두는 날들을 이어갔다. 그러다 같은 고아원 출신 친구가 신월동의 큰 식당에서 일하고 있다며, 한번 놀러오라고 연락을 해왔다. 마침 탁중원이 군 입대를 앞두고 일을 쉬던 중이었다. 그렇게 친구를 만나러 찾아간 곳이 바로 벽제갈비 신월점이었다. 탁중원은 친구외 같이 아르바이트나 하자 생각하고 숯불을 피워 손님들 식탁으로 날라주는 일을 했다. 행동은 거칠지만 시키는 일은 마다 않고 툭툭 해내는 까까머리 고아 청년을 매장 직원들은 마음에 들어했다.

그것을 시작으로 탁중원은 벽제갈비 신월점에 직원으로 입사하게 된다. 하루 종일 밖에서 숯불을 피워 손님들 테이블에 나르고 다 식은 숯불은 빼주는 일을 하면서, 식당에서 삼시세끼를 먹고 잠은 매장 바닥에서 잤다. 이때도 그만두다 말다를 반복했다. "친구들과 어울려 밤새 놀다보면 다음 날 일 나가기가 그렇게 싫었어요."

무단결근도 하고 아예 그만두기도 하는 등 철없는 행동이 이어졌지만 신월점의 점장과 실장은 탁중원을 예뻐했다. 당시 탁중원은 숯불 피우는 일을 조선족 노인과 함께 맡았는데, 나이 든 어른이 얼마나 힘이 드시겠나 싶은 마음에 한여름 땡볕에도 웬만하면 궂은일을 다 맡아서 했다. 탁중원은 일하기가 싫어 배짱을 부리며 식당을 그만뒀다가도 돈이 떨어지면 슬그머니 매장에 전화를 걸었다. 그때마다 점장은 "얼른 와. 여기 니 자리 항상 있어."라고 따스히 맞아주었다.

"신월동 매장이 참 좋았어요. 같이 일하는 사람들도 그렇고, 가족이 없는 저는 말 그대로 가족 같은 분위기라는 걸 그때 처음 느껴본 것 같아요. 실장님과 점장님도 웬만한 건 다 이해하고 받아주시고… 그래서 몇 번을 나갔다가도 다시 돌아오게 되더라구요. 올 때마다 받아주는 그 맛에 내가 벽제갈비를 못 놨어요."

탁중원은 벽제갈비 신월점에서 숯불 담당을 거쳐 탕부 막내 보조로 처음 주방에 들어가게 되었다. 벽제갈비의 주방은 설렁탕, 양곰탕 등 탕을 담당하는 탕부, 평양냉면을 만드는 냉면부, 그리고 고기를 다루는 육부로 나뉘어 있었는데, 보통은 육부를 선호한다. 육부 기술이 있으면 어느 식당, 어느 분야에 가더라도 일할 수 있기 때문이다. 같은 보조급이어도 냉면 보조나 육부 보조냐에 따라 급여가 달랐고, 육부 기술이 있으면 탕이나 냉면을 못 해도 대우를 받았다. 그런데 거꾸로 탁중원은 고기보다 탕과 냉면이 좋았다.

"국물을 끓이고 맛을 내는 것에 욕심이 나더라구요. 그때 제가 있던 신월동 매장은 고기는 본사에서 한우를 공급받아 인기가 많았지만 탕이나 냉면처럼 국물이 들어가는 요리는 평가가 엇갈렸어요. 센트럴키친이 없던 시절이라 방이점 선배들이 탕 만드는 것을 적당히 보고 와서 따라 하려니 만들 때마다 맛도 다르고 먹는 사람 반응도 달랐던 거예요. 답답하고 열이 받아서 아예 방이점으로 쳐들어갔어요. 내쫓든 말든 탕 만드는 조리장 옆에서 몇 달을 먹고 자고 하면서 탕을 배웠죠."

탁중원이 냉면 후계자로 지목된 것은 2010년 무렵의 일이었다. 그때 봉피양은 우래옥 출신의 김태원 장인을 영입해 평양냉면의 신흥 강자로 이름을 날리고 있었다. 김영환 회장은 김태원 장인의 후계자로 탁중원을 내심 점찍었지만 다혈질의 성격이 마음에 걸렸다. 탁중원은 수가 틀리면 매장을 나가버리거나 기약 없이 잠수를 타고는 했다. 그럴 때마다 김영환 회장이 어떻게든 탁중원을 찾아내 어르고 달래 다시 끌고 온 일이 여러 번이었다.

어느 날 또다시 탁중원이 매장을 박차고 나가 연락이 두절되자, 서부 지역

총책임자인 김성현 본부장이 "회장님, 탁중원이 때문에 도저히 우리 회사의 위계질서가 안 잡힙니다. 이참에 탁중원을 그냥 내보내는 게 회사를 위해서 좋을 것 같습니다."라고 직언했다. 그 말을 들은 김영환 회장은 벌컥 화를 내며 이렇게 말했다. "탁중원이가 남이냐. 너, 중원이 데려와서 사람 못 만들면 중원이가 아니라 너부터 이 회사 그만둘 생각해!"

김성현 본부장은 김영환 회장 큰형의 아들이자 집안의 장손이다. 피 섞인 장조카 앞에서도 김영환 회장은 탁중원의 편을 들며 역정을 냈던 것이다. 수소문 끝에 다시 돌아온 탁중원은 이 이야기를 김성현 본부장에게 직접 전해 듣고는 가슴속에서 뜨거운 무언가가 북받쳐 오르는 걸 느꼈다. 함부로 행동했던 지난 십수 년간의 시간들이 죄책감으로 밀려왔다. 이날 이후 탁중원은 다시는 회사를 나가지 않았다. 그리고 이전과는 완전히 다른 사람이 되었다.

"젊은 나이에 벽제에서 인정도 받고 내 방식대로 음식도 만들고 하면서 아래 직원들이 잘 못하면 소리도 지르고 욕도 하고… 그땐 그러는 게 카리스마인 줄 알았어요. 뭔가 조금만 내 뜻대로 안 돌아간다 싶으면 '에이 씨, 나 안 해!' 하고 나가버리고, 회장님한테 붙들려 돌아왔다가도 또 나가고 했었으니까요."

김영환 회장이 탁중원을 인천공항 본점 실장으로 승진을 시켰을 때는 그곳 직원들이 "탁중원이 실장으로 오면 저 여기서 일 못 하겠습니다."라며 단체로 그만두겠다고 들고일어선 일이 있었다. "그때 정말 망치로 머리를 얻어맞은 기분이었어요. 내가 지금까지 해왔던 행동이 카리스마가 아니라 쓰레기 짓이었다는 걸 한순간에 깨닫게 되더라구요." 그다음부터 탁중원은 달라졌다. "전에는 얘기를 하려고 하면 입에서 욕부터 나왔어요. 그러나 이제는 다른 사람들 입장도 생각해보고 최대한 배려하려고 노력해요. 하니까 또 되더라구요."

탁중원을 왜 그렇게 믿고 찾느냐는 질문에 김영환 회장은 "근성이 다른 아이"라는 한마디로 표현했다. 냉면을 만든다는 것은 남들이 다 자고 있는 새벽에 불 앞에서 육수를 끓이는 것부터 시작하는 일이다. 매일 같은 자리에 서서 한여름에는 땀을 뻘뻘 흘리고 한겨울에는 덜덜 떨어야 하는데, 일이 고되다 보니 젊은 친구들은 김태원 장인 밑에서 견디지 못하고 모두 나갔다. 불같은 성격의 김태원 장인은 본인이 하나부터 열까지 다 해야 직성이 풀리는 고집스러운 명인이었다. 탕부에 새로 온 탁중원을 말 한마디 없이 세워놓고 투명인간 취급하기 일쑤였다.

탁중원은 김태원 장인의 마음을 얻기 위해 새벽에 일찍 나와 물 끓이는 일부터 시작했다. 이른 새벽 하루도 빼놓지 않고 어르신보다 먼저 나와 육수를 끓이고 재료를 완벽히 준비해두었다. 장인에게 배우기 위해 방이점에서 먹고 자고 하기를 3년. 그제서야 김태원도 탁중원을 후계자로 인정하게 되었다.

"그때만 해도 '레시피'라는 게 없던 시절이었어요. 어르신이 이거는 이만큼, 저거는 저만큼 혼자 슥슥 손재주를 펼치면 곁눈질로 봐두고 머릿속에 기억해놓는 것이 다였죠. 그렇게 눈대중으로만 하다보니 제대로 배우기가 어려웠어요. 그래서 죽이 되든 밥이 되든 레시피부터 징리해야겠다고 마음을 먹게 되었어요."

불같은 성격의 김태원 장인의 후계자가 된 것은 '꼴통' 탁중원이있다.

탁중원은 김태원 장인이 "이만큼 넣어." 하고 양념을 넣으면 얼른 그만큼을 몰래 저울에 달아보고 숫자를 기록했다. 들키는 순간에는 불호령이 떨어졌다. "니 뭐한다꼬 그딴 짓을 해쌌나!" 하루가 멀다 하고 혼이 났지만 탁중원은 기록을 멈추지 않았다. 늦은 밤 모두가 퇴근한 뒤 혼자 주방에서 이렇게 저렇게 맛을 내보고, 궁금한 것이 생기면 윤원석이나 박영근 또는 이중현 장인에게 물어보며 레시피를 정리해나갔다. 그렇게 체계화된 냉면 레시피는 지금까지 이어지는 봉피양 평양냉면의 비책이 되었다. 이는 센트럴키친의 대량생산 시스템에서도 핵심적인 수치로 이어진다.

식당은 어떻게 브랜드가 되는가

"센트럴키친이 생기면서 냉면 육수도 전보다 맛이 제대로 잡혔어요. 육수라는 게 양념을 한 바가지를 퍼도 손을 이렇게 기울일 때랑 저렇게 기울일 때가 다르고, 이 사람이 넣을 때와 저 사람이 넣을 때가 다르잖아요. 그런데 모든 공정이 기계화되면서 양념이나 물의 그램 수를 오차 없이 계량해 넣으니 이전보다 맛이 탄탄하게 잡힌 겁니다."

평양냉면은 팬덤이 명확한 음식이다. 국물 맛이 조금만 달라져도 귀신같이 아는 손님들 덕분에 조리하는 매 순간 심혈을 기울이지 않을 수 없다고 탁중원은 말했다. 김영환 회장, 김태현 부회장도 냉면에 관해서는 탁중원에게 전권을 일임했다. 사람들 말에 휘둘리면 맛이 변질될 수 있기 때문에 육수만큼은 '노터치'다. 탁중원 부장이 말하는 봉피양 냉면 육수의 비법이라면, 과거에는 양지 하나만 넣고 육수를 끓였는데 지금은 사태를 중심으로 닭고기, 돼지 삼겹살, 돼지 등뼈, 한우 뼈를 다양하게 넣는 것이다.

오랜 기간 요식업에 몸담으면서 느껴진 변화를 묻자 탁중원 부장은 이렇게 말했다.

"예전에는 육개장이면 육개장, 곰탕이면 곰탕, 이렇게 딱 정통이 있었는데, 요즘엔 퓨전이 많아졌어요. 해장국만 봐도 예전에는 뼈에 우거지 정도 넣는 게 다였는데 요새는 미나리도 넣고 고사리도 넣구요. 건강을 생각한 식재료들을 접목한 새로운 음식이 많이 생겼어요. 평양냉면도 마찬가지예요. 육수 맛은 크게 달라지지 않았어요. 대신 요즘의 신흥 냉집들은 꾸미와 고명으로 색다른 변화를 주는 게 특징이에요. 얼마 전에 갔던 곳은 낙성대에 있는 고깃집이었는데, 비빔냉면에 청어 알을 올려주더라구요. 면은 그냥 시중에서 파는 냉면이랑 같은데 이름을 '청어알 비빔냉면'이라고 하니 젊은 사람들 사이에서 화제가 되는 거죠. 그렇게 남들과 다른 개성 있는 맛이나 음식이 많아지는 게 요즘의 변화예요. K푸드가 열풍이라지만 외국인들은 차가운 국물을 싫어해서 평양냉면의 글로벌화는 시간이 걸릴 것 같아요. 그러나 비빔냉면이라면 얘기가 달라요. 우리나라 불닭볶음면이 지금 외국에서 엄청 팔리는 거 아시죠? 저는 물냉면보다 비빔냉면이 해외에서 더 먹힐 거라고 봐요. 비빔냉면의 매콤한 맛에 달콤한 한우 불고기를 고명으로 얹어주면 매운맛과 단맛이 조화를 이루면서 입에서 쭉쭉 당기죠. 간간하면서 달달하게 말이에요. 비빔냉면의 확장성이 아주 기대가 돼요."

식당은 어떻게 브랜드가 되는가

4부

현재와 미래

15

3수 끝에 성공한 '벽제갈비 더청담'

청미심의 실패

2016년, 김태현은 심상치 않은 움직임을 감지했다. 요식업계가 폭발을 앞두고 꿈틀대던 때, 김태현이 딛고 있는 발 아래로 진동은 점점 커지고 있었다. SG다인힐은 삼원가든의 노하우 아래 숙성 등심 전문점인 '투뿔등심'을 성공시켜 10호점을 오픈했다. 마장동에서 시작한 '본앤브레드'는 한우 오마카세의 원조로 불리며 신흥 강자로 떠오르고 있었다. 호박식딩의 김치헌 대표가 만든 '한와담'도 숙성 한우와 와인을 내세우며 몸집을 불렸다. 한식당 밍글스가 'Asia's 50 Best

Restaurants' 신인상을 받으며 화려하게 등장했고, 미슐랭 코리아는 《미슐랭 레드 가이드 서울편》 발간을 공식 발표했다. 멀리 미국 뉴욕에서는 '아토믹스Atomix'의 전신이 되는 '아토보이Atoboy'가 한식 레스토랑을 열었다. 이 모든 것이 2016년 한 해에 일어난 일이다.

뒤로는 파인다이닝 시장에서 총성 없는 전쟁이 벌어지고, 눈앞에서는 고기 씬scene의 신·구 플레이어들이 한우의 고급화로 저마다의 원심력을 뻗어가던 그때, 김태현은 '매스티지'에 주력했다. 김태현의 계산법은 이러했다. '벽제갈비의 좋은 고기를 가지고, 합리적인 가격으로 제공하면 고객들이 좋아하지 않을까.'

김태현은 2016년 봄, 자신의 이름을 걸고 강남구 청담동 명품거리 뒷길에 '청미심淸味心'을 오픈했다. 벽제갈비와 동일하게 BMS 9등급의 한우를 제공하되 고객이 직접 굽는 방식을 도입했다. 식당에서 집게와 가위를 제공하고 손님들이 직접 고기를 구워 인건비를 낮추고, 보다 캐주얼하게 쇠고기를 즐긴다는 콘셉트였다. 셀프 조리 형태의 식당에서 좀처럼 찾기 힘든 '고급화'를 위해 김태현은 곳곳에 강점을 배치했다. 윤원석 장인과 이중현 이사가 개발한 쇠고기꼬치구이와 토마토치즈샐러드, 양곰탕죽 등 기존 고깃집에서 볼 수 없던 고급 단품요리를 메뉴에 넣었다. 생맥주를 포함해 다양한 주류와 함께 술을 제대로 즐길 수 있는 바bar 공간도 마련했다. 특히 고객이 자기 술을 가져와 점포에서 마셔도 추가비용을 받지 않는 '코키지 프리corkage

　　　　　　　식당은 어떻게 브랜드가 되는가

free' 혜택에, 와인 잔은 리델의 프리미엄 라인인 소믈리에 블랙타이 시리즈로 제공했다.

김태현은 당시 언론과의 인터뷰에서 "벽제갈비의 품질과 고집은 그대로 이어받으면서 젊은 감각의 대중적인 한식 고깃집을 탄생시키는 데 초점을 맞췄다. 와인과 함께 고기구이를 먹는 캐주얼한 식당으로 자리 잡을 것으로 기대한다."라고 말했다. 김영환 회장은 "다음 세대의 경영인으로서 자질이 있는지 관심 있게 지켜보는 중"이라며 말을 아꼈다. 그러나 김태현은 자신 있었다. 비슷한 또래의 요식업계 인물들이 지각변동을 일으키고 있었다. 이쯤에서 벽제갈비의 존재감을 확인시켜줘야 했다.

결과는 실패였다. 오픈과 동시에 손님들이 들이닥치며 문전성시를 이루던 벽제갈비, 봉피양 출점 때와는 분위기가 전혀 딴판이었다. 한 번 왔던 손님은 다시 매장을 찾지 않았고, 북적여야 할 점심과 저녁 시간에 빈 테이블이 늘어났다. 각종 할인과 이벤트를 펼쳤지만 시장의 반응은 냉담했다. 60평 남짓의 고급스러운 청담동 공간, 고기를 구워도 몸에 냄새가 배지 않는 최고급 로스터를 장착한 10개 테이블의 기대 매출은 월 5,000만 원이었다. 그러나 이 목표 금액은 단 한 번도 달성되지 않았다.

패착은 크게 두 가지였나. 첫 번째는 '셀프 구이'로 패러다임을 전환했지만 나머지 인프라가 바뀌지 않았다는 점이다. 손님들이 고기를 직접 구울 수 있으려면 고기의 형태나 두께부터 달라야 했다. 고기가 두껍게 잘려 있을수록 굽기가 까다롭다. 깍뚝썰기 방식으로 고기를 잘라주기도 해보았지만 고객 입장에서 쇠고기를 맛있게 굽기란 매우 어려웠다. 그제서야 김태현은 왜 일본에서는 고기를 얇게 썰어 내주는지를 깨달았다. 청미심을 가득 채운 최고급 숯불이며 해외에서 특별 공수해 온 집게, 값비싼 일제 로스터는 고기를 직접 다뤄보지 않은 보통의 손님들에게는 무용지물이었다. 손님이 직접 구워 가격을 낮췄다고 내세웠으나 벽제갈비보다는 저렴해도 삼원가든의 세컨드 브랜드인 '투뿔등심'보다는 비싼 가격이었다. 고객의 입장에서는 어느 포인트에서도 매력을 찾지 못했다.

두 번째 이유는 고기를 비롯해 고급 요리들을 번듯하게 깔아놓았지만 이것을 플레이하는 방식이 틀렸다는 점이었다. 고기 외에도 다양한 음식을 맛보고 싶은 고객의 욕구를 채워주기 위해 일품요리를 파는 것까지는 좋았다. 그러나 프라이빗 룸도 아닌 뻥 뚫린 청미심의 홀에서 비싼 쇠고기 외에 개당 2만 원에서 3만 원 하는 비싼 요리를 추가로 더 주문해 먹는 사람은 많지 않았다. 한 끼에 20만 원씩 하는 오마카세에는 가더라도, 직접 구워 먹는 고깃집에 와서 손바닥만 한 전복 요리 하나를 2만 5,000원에 먹는 것은 받아들이지 못했다.

그러나 무엇보다도 큰 청미심의 실패 원인을 김태현은 이렇게 분석했다.

 식당은 어떻게 브랜드가 되는가

"교만에서 출발했습니다. 그게 가장 큰 패착이었어요. 봉피양 분당점이 성공을 거두고 나서 만든 것이 청미심이었으니 안일하고 자신 감만 넘쳤죠. 아버지 시대처럼 오너의 원맨쇼와 같은 매장 운영 방식은 이제 바뀌어야 한다고 생각하고 '시스템 경영'을 부르짖었어요. 틀린 말은 아니었지만, 그건 결국 방관과 한끝 차이일 뿐이었어요."

청미심을 열기 직전인 2015년에 김태현이 직접 오픈한 봉피양 분당점은 세종시를 제외하면 벽제갈비가 서울 외 지역에 차린 첫 매장이었다. 1기 신도시인 분당은 수도권의 여타 지역과 달리 거주민들이 서울로 빠져나가지 않고 소비를 해결하는 독립된 경제권역이 형성된 지역이다. 여기에 강남의 배후라는 분당의 이점을 그대로 흡수하며 봉피양 분당점은 그야말로 '잭팟'을 터뜨렸다. 김태현과 그의 오랜 친구이자 함께 지분을 투자한 김동하 이사가 젊은 혈기로 이끌어간 매장에는 펄떡이는 에너지와 파이팅이 넘쳤다.

"기존의 벽제갈비와 봉피양 점포는 고객들의 평균 연령이 높은 편이지만 봉피양 분당점은 고객층의 연령대가 젊고, 응대하는 저희도 젊었어요. 보통 나이 드신 조리장이 계시는 주방 인력도 거의 다 20대로 구성했구요. 고객과 직원 모두가 비슷한 나이대의 젊은 매장이다보니 고객의 컴플레인이나 바뀌어야 할 부분 등이 바로바로 반영되고, 직원들 서로 간의 소통도 원활했죠. 전체적인 팀워크를 젊게 가져갔던 것이 분당의 고객층과 잘 맞아떨어지면서 시너지를 낼 수 있었던 것 같아요." 김동하 이사의 말이다.

60평 면적의 봉피양 분당점은 몰려드는 손님들로 오픈 첫 달부터 1억 5,000만 원에서 2억 원의 매출을 올렸다. 여름 성수기에는 월 매출이 3억 3,000만 원까지 치솟았다. 다른 점포에 비해 훨씬 적은 수의 어린 직원들이 몸을 사리지 않고 움직이며 매출을 터뜨리자 본사에서는 분당점 직원들을 '해병대' 또는 '특전사'라고 불렀다. 총 매출에서 인건비 등을 포함한 운영비가 차지하는 비율이 타 점포는 평균 25%였던 것에 비해, 봉피양 분당점의 운영비 비율은 13% 선이었다. 기록적인 이익전환율이었다.

봉피양 분당점의 성공은 단순한 사업적 성과로 기록되는 데 그치지 않고 김태현의 경영 철학과 심리적 성장에도 영향을 미쳤다. 친구인 김동하 이사와 사촌형 김경현 본부장을 중심으로 봉피양이 성공 가도를 달리게 되자 김태현은 두 가지를 깨달았다. "첫 번째로는 오너가 모든 것을 다 하는 것이 아닌, 위임을 통해서도 효율적인 경영이 이루어질 수 있다는 점을 확인했어요. 두 번째로는 함께하는 사람들이 무엇보다 중요하다는 점을 직접 경험한 계기가 되었구요."

이런 거칠 것 없는 질주 뒤 만들어진 것이 청미심이었다. 자신감이 교만으로 바뀌는 데에는 그리 오랜 시간이 걸리지 않았다. 절박함 대신 자만심을 가지고 스타트라인에 섰던 청미심은 한 달에 2,000만 원씩 적자를 냈다. 봉피양 분당점에서 벌어들인 돈으로 청미심의 손실을 메워보았지만 곧 바닥이 났고, 김태현은 결국 자신의 도곡동 아파트를 팔아 적자를 감당해야 했다. "청미심으로는 안 되니까 '봉피양수려'로 간판을 바꿔 달아보았어요. 나름 봉피양의 고급 버전으로 변화를 시도한 거예요. 봉피양 이름만 달면 사람들이 줄을 설 줄 알았던 거죠." 그러나 여전히 반응은 없었다. 마지막 치트키였던 봉피양마저 실패 수순을 밟던 그 무렵, 손님 대신 코로나19가 찾아왔다.

그 어떤 것도 김태현의 뜻대로 되지 않았다. 직원들은 변화에 저항했고, 고객들은 새로운 시도를 반기지 않았다. 시장의 매서운 평가는 감당하기 어려운 경제적 손실로 다가왔다. 김태현은 비로소 리더의 무게를 실감하게 되었다. 그제서야 아버지가 떠올랐다. "아버지는 어떻게 그렇게 오랜 세월 동안 회사를 지켜온 것일까?"

과거 김태현은 리더가 직접 발로 뛰는 김영환 회장의 방식이 구시대적이라고 생각했다. 그러나 이제는 리더가 모든 의사결정의 결과를 스스로 감당해야 한다는 사실을 깨닫게 되었다. 봉피양의 성공으로 위임이 옳은 경영 방식이라 믿었으나, 청미심에서는 위임이 방관으로 변질되면서 조직의 균형이 깨졌고, 결국 참패했다. 이를 통해 김태현은 다시 한 번 중요한 교훈을 얻었다.

"위임은 중요하지만, 리더가 모든 것을 놓아버리는 순간 조직은 무너진다."

"위임과 방관은 다르다. 리더는 조직을 이끌어야 한다."

김태현은 리더가 조직의 방향을 제시하고 조직이 올바르게 움직이도록 직접 챙겨야 한다는 것을 깨우치게 되었다. 동시에 김태현은 이제 자신이 단순한 후계자가 아니라, 새로운 미래를 만들어가는 경영자로 성장하고 있음을 자각하게 되었다.

3수 끝의 성공, '벽제갈비 더청담'

그 무렵 김태현은 "이번에도 안 되면 마포대교 간다."라는 말을 입에 달고 살았다. 마포대교는 자살의 명소라 이름난 곳이다. 사재를 팔고 돈을 빌리고 매일 악몽에 시달리면서도 김태현은 포기할 수 없었다. 이제서야 상류층의 소비 패턴과 그 너머의 심리를 조금 알 것 같았다. 강점을 극대화하는 것이 최선의 브랜딩이다. 김태현은 어중간한 가성비 대신 품질과 서비스를 더 높이는 방향으로 세 번째 설계를 했다. 5년간의 처절한 담금질, 그 끝의 마지막 도전이었다.

김태현은 청미심과 봉피양 수려를 준비할 때와는 달리, 이번에는 매장 오픈을 위한 모든 과정에 참여해 팀원들과 소통하며 계획을 수립했다. 거창한 시스템 경영의 허울은 집어던지고 A부터 Z까지 전체 의사결정 과정을 직원들과 함께했다. 이전까지 결정은 혼자 하고 실행만 조직에 맡겼다면, 이번에는 콘셉트 설정 단계에서부터 직원들

　　　　　　　　식당은 어떻게 브랜드가 되는가

을 참여시켜 비전을 공유하고 생각을 좁혀나갔다.

2022년 봄, 김태현은 파인다이닝과 오마카세, 우리말로 '맡김차림'의 콘셉트를 합친 '벽제갈비 더청담'을 내놓았다. 청미심의 인테리어를 전부 뜯어내고 공간 전체를 프라이빗 룸으로 나눴다. 메뉴부터 식기 하나까지 VVIP를 위해 벽제에 없던 역대 최고 수준의 환경을 만들었다. 결정적 한 방은 장인이었다. 벽제갈비 더청담의 시그니처 메

더청담에서 이루어지는 장인의 갈비 해체 퍼포먼스.

뉴인 '꽃뼈 생갈비'는 갈비 한 대를 그대로 손님상에 올리고 장인이 직접 고객의 눈앞에서 작업해 작품으로 만들어낸다. '다이아몬드 칼집'으로 대변되는 벽제 고유의 손질 방법을 20~30년 경력 장인의 칼놀림을 통해 직관할 수 있게 한 것이다. 여기에 자연산 도미, 갈치, 전복 등 다양한 제철 해산물을 제주에서 항공으로 직송해 생갈비 코스의 앞뒤에 배치했다. 마치 왕이 된 듯 이들을 즐기기 위해서는 생갈비 1킬로그램당 100만 원에 육박하는 금액을 지불해야 한다. 그야말로 궁극의 하이엔드다.

식당은 어떻게 브랜드가 되는가

"청담동에서 시대정신을 배웠어요. 특히 고객의 잠재적 욕구에 대해서요. 예를 들면 '샤넬 또 올랐어! 이거 왜 이렇게 비싸~'라고 불평하는 건 일종의 추임새예요. 말은 그렇게 하지만 너무나 갖고 싶고 결국은 비싼 값에 사고야 말죠. 고객이 밖으로 내뱉는 말과 그것을 실제로 소비하는 심리는 서로 다르다는 얘기예요. 즉 '벽제갈비는 너무 비싸다.'라는 고객의 말보다 그 내면의 심리를 들여다봐야 합니다. 조금 덜 비싼 청미심을 만들어봤지만 잘 안 됐어요. 봉피양 수려도 마찬가지구요. 벽제갈비를 찾는 고객들이 원하는 건 '더 제대로 해줘. 난 돈을 더 낼 용의가 있어.'였거든요. 여러 가지 시도와 실패 끝에 비로소 답을 찾은 것 같아요."

벽제갈비 더청담은 곧바로 미식업계의 뜨거운 화제로 떠올랐다. 가오픈 때부터 예약이 꽉꽉 들어차고 한 번 다녀간 손님들의 반응이 입소문과 재방문을 이끌었다. 최고 이슈는 단연 장인들의 갈비 해체 퍼포먼스였다. 눈앞에서 선보이는 상위 0.01%의 쇠고기와 장인이 연출하는 명장면을 경험하기 위해 미식가들은 물론 유명 인플루언서와 유튜버들이 더청담을 찾았다. 때마침 코로나 규제가 완화되면서 해외 바이어들도 몰려들어 고급화된 K-바베큐의 진수에 극찬을 아끼지 않았다. 한남동 유명 와인바 세스타Cesta 출신의 소믈리에를 영입해 외인과 한식의 페어링을 구현한 것도 더청담의 특색이다. 영어에 능통한 소믈리에가 유럽과 미국, 아시아의 고객들에게 K-바비큐와 한식, 그리고 와인의 영역을 넘나들며 벽제갈비의 가치를 알렸다.

"'부자들에게 이야깃거리를 주어라.' 프리미엄 시장의 생리를 알게 된 저의 결론이에요. 최상위층 마케팅은 고도의 심리전입니다. 우리가 BMS 9등급 한우에 미슐랭 스타, 최고급 인테리어 등을 아무리 떠들어도 그들 입장에서는 전자제품 전단지 같을 뿐이에요. 나의 가치를 높이고 나를 표현해주는 요소가 있어야 소비와 욕망의 기제가 비로소 작동합니다. '벽제갈비 더청담에 가면 장인의 기술도 볼 수 있고 한식을 이렇게도 경험할 수 있어.'와 같이 품격을 갖춘 이야깃거리를 주어야 해요. 옛날에는 그저 비싼 곳이었던 벽제갈비가 이제는 복합적인 가치를 가지는 하이엔드 공간으로 진화하는 것입니다."

벽제갈비 더청담에서 음식만큼이나 눈에 띄는 것은 그릇이다. 아름다운 우리나라의 자연을 은은한 색감으로 표현한 산수화부터 새, 이파리, 포도 등 한국의 전통적인 미를 담은 주제들과 김홍도의 그림까지 섬세한 붓터치로 도자기에 담아냈다. 이 그릇은 벽제갈비의 도자기 브랜드 '무나제MUNAZE'의 작품이다. 2003년 '벽제자기'로 시작한 무나제는 '음식을 담는 그릇도 장인의 손에서 빚어져야 한다.'는 철학을 담아 2023년 무나제('문화재'를 발음 그대로 풀어 쓴 이름)라는 브랜드로 재탄생했다. 무나제의 대표는 미술을 전공하고 예술에 조예가 깊은 김영환 회장의 부인 강정순 씨가 맡고 있다.

"오스트리아 잘츠부르크 호숫가에 있는 호텔 겸 레스토랑을 방문

음식을 담는 그릇도 장인의 손에서 빚어져야 한다는 철학을 담은 벽제의 도자기 브랜드 '무나제'.

했을 때였어요. 음식을 담은 접시들이 예사롭지 않았습니다. 그릇들이 너무나 독창적이고 진귀해 알아보니 150년 전 조상이 운영하던이 식당의 그릇을 계승, 발전시켜 자체적으로 식기를 제작했고, 지금은 그 전통과 아름다움이 사람들의 사랑을 받아 독일 뮌헨의 백화점에까지 입점해 있다는 거예요. '바로 이거다!' 생각하며 곧바로 귀국해 무나제를 만들었습니다. 아내에게 줄 커다란 선물을 안고 벅차는마음으로 귀국했던 기억이 납니다."

김영환 회장은 부인 강정순 사장에게 "앞으로 남은 평생을 벽제갈비와 봉피양의 그릇 디자인 연구와 생산에 몰두해 한식 문화를 드높이는 데 바쳐달라."고 당부했다.

이후 무나제는 훌륭한 장인급 화공과 조각공을 휘하에 두고 연구에 몰두하게 되었다. 물레대장, 조각사 등 최고 수준의 도예 장인들이식기를 제작해 그릇 자체가 한식의 정수를 담는 하나의 예술 작품으로 평가받는다.

한겨레 박미향 음식전문기자는 벽제갈비 더청담에 대해 다음과 같이 평가했다. "벽제갈비 더청담은 세계적인 미식 행사나 모임에서 주목할 정도로 존재감이 커졌다. 혁신하는 것을 주저하지 않고 계속해서 진화하는 벽제갈비의 행보는 요식업계 전체를 긴장시킨다. 건전한 경쟁을 유도하고 업계의 전반적인 수준을 높인 것이야말로 벽제갈비가 요식업계에 미친 영향이자 의미다."

　　　　　　　　　식당은 어떻게 브랜드가 되는가

이 같은 괄목할 만한 성과는 김영환 회장과 김태현의 관계에도 변화를 가져왔다. 김영환 회장은 아들이 자신의 철학을 온전히 이해하고 전수받을 수 있을지 줄곧 걱정해왔고, 김태현은 아버지가 지나치게 보수적이고 변화에 적응하지 못한다고 여겨왔다. 그러나 김태현이 직접 권력을 쥐고 성공과 실패를 고루 경험하며 여기까지 도달하자 많은 것이 달라졌다. 김태현은 수차례의 도전과 더청담에 이르기까지의 과정을 통해 아버지가 걸어온 길과 고집스럽게 지켜온 브랜드의 철학, 그리고 리더의 무게를 온전히 이해하게 되었다. 김영환 회장 역시 김태현이 직접 부딪치고 깨지며 성장하는 모습에서 점차 신뢰를 쌓고 이제는 아낌없는 지지를 보내고 있다. 창업자가 지켜온 과거의 원칙과 가치 위에 후계자가 새로운 시대의 혁신을 더하며, 김영환과 김태현, 이 두 사람은 각자의 방식으로 회사를 성장시키는 동반자가 되었다.

더청담은 단순히 최상급의 값비싼 고기를 구워내는 것이 아니라, 그 고기가 나오기까지의 과정에 한국의 문화를 입혀 고객들에게 직접 선보이는 방식으로 성공을 거뒀다. 이 과정에서 김태현은 고기를 다루고 굽는 기술의 부가가치를 깨달았다. 이는 곧 벽제갈비가 업계 최초로 개최한 '그릴마스터 대회'로 이어진다. 한때 카레이서로 맹활약했던 김태현의 드리프트는 지금도 계속되고 있다.

16

인재의 가치를 드높이다, 그릴마스터 대회

'이모'에서 '그릴러'로

우리는 식당에서 고기를 구워주는 사람을 어떻게 부를까? '여기요', '이모' 또는 '언니야' 정도가 대부분일 것이다. 그러나 커피나 와인 등 음식을 넘어 문화가 된 분야를 살펴보면 그것의 가치를 높여주는 전문 인력이 있다. 와인에는 소믈리에가, 커피에는 바리스타가 그렇다. 벽제갈비는 업계 처음으로 고기 굽는 일을 하는 사람들에게 '그릴러 griller'라는 명칭을 부여하고 전문 영역으로 만들어가는 데 주력하고 있다.

"아무리 명품 한우 소갈비를 쓰든 BMS 9등급 살치살을 쓰든, 마지막에 클라이맥스를 완성하는 것은 고기를 구워주는 그릴러입니다. 고기는 품질 못지않게 어떻게 굽느냐가 맛을 크게 좌우해요. 그릴러는 소믈리에와 바리스타에 견주어봐도 그에 못지않은 전문성이 요구되는 중요한 역할입니다. 한우와 한식을 세계에 알리자고 하면서 거기서 핵심이 되는 고기 굽는 전문가가 이름조차 없다는 건 앞뒤가 맞지 않습니다."

김태현 부회장은 2022년 업계 처음으로 '그릴마스터 대회'를 개최했다. '한우를 제대로 즐기기 위해서는 고기를 잘 굽는 것이 중요하다.'라는 철학 아래, 벽제의 전 직원을 대상으로 고기 굽기 '달인'을 뽑는 대회다. 냉면을 뽑고 갈비를 손질하는 기술자들이 장인으로 대우받는 것처럼, 고기를 굽는 역할도 직업이자 전문가로 거듭날 수 있는 토대를 만들자는 취지다.

그릴마스터 대회를 기획하면서 김태현은 먼저 소믈리에와 바리스타 분야부터 파고들었다. 이들이 어떤 단계를 거쳐 자격증을 따고 무슨 대회를 통해 문화 콘텐츠로 발전되어왔는지에 주목했다. 이를 벽제갈비에 적용하기 위해서는 고기를 잘 굽는 것이 무엇인지에 관한 공부부터 다시 해야 했다. 일본의 야키니쿠는 어떤 방식으로 굽는지, 미국의 스테이크는 어떻게 굽는 것이 정석인지를 조사하고 레어에서 웰던까지 굽기별 단계는 물론 화학의 영역인 마이야르 반응까지 파고들었다. 이런 요소들을 총망라해 한우의 특성에 맞춰 정리하고 구조화해서 경연대회의 형태로 다듬는 데만 몇 달이 걸렸다.

"외국에서는 레스토랑, 또는 요리사들이 자신만의 스토리텔링으로 확실한 개성을 구축하잖아요. 미국의 경우 바비큐나 스테이크 대회를 쇼 형식의 엔터테인먼트로 풀어내 좋은 참고가 되었어요. 와인 같은 것도 체리 맛이며 스모크 향이며 타닌이며 아주 작은 요소에도 차별점을 두고 가치를 부각시키구요. 그런데 우리는 그런 걸 드러내고 과시하는 것에 지나치게 소극적이에요. 고기를 굽는 그릴러들의 직업적 가치를 높이고 스스로 자부심을 가지게 하는 기회가 필요합니다."

제1회 그릴마스터 대회는 2022년 10월, 봉피양 방이점 2층 원석식당에서 소박하게 열렸다. 전국 각 점포에 흩어져 있는 열댓 명의 홀 서비스 직원들이 좁은 공간에 어깨를 붙이고 모였다. 각자의 점포에서 고기 잘 굽기로 소문난 직원들이 점장의 추천을 받아 올라온 것이다. 쇠고기와 돼지고기 분야로 나누어 진행된 경연대회는 참가자들이 고기 굽기와 테이블 세팅, 도구 사용법 등을 시연하고 김영환 회장과 김태현 부회장, 윤원석 상무가 이를 심사하고 평가했다. 이후 '주니어 그릴러', '시니어 그릴러', '마스터 그릴러'의 3개 부문으로 나누어 수상자를 선정한 뒤 소정의 상금과 수상 내역이 각인된 유니폼을 선물했다.

제1회 그릴마스터 대회의 심사 장면과 수상자들

작은 시작이었지만 참가자들의 반응은 기대 이상이었다. "소속감과 프로정신을 얻었다."는 피드백이 쏟아졌다. "일회성이 아니라 꾸준히 이어져 많은 마스터가 배출됐으면 좋겠다", "그릴마스터가 벽제의 전통이 되기를 바란다."는 의견도 많이 나왔다. 이날 수상한 정영란 마스터는 그날의 소감을 이렇게 표현했다.

"이 대회를 통해 앞으로의 나의 모습은 내가 만들어가는 거라는 생각을 하게 됐어요. 내 자식들이 친구들에게 '우리 엄마 고깃집에서 일해.'가 아니라 '우리 엄마가 그릴마스터 대회에서 1등 한 마스터 그릴러야.'라고 말할 수 있게 말이에요. 지금 내가 하고 있는 일이 단순히 고기 굽는 일이 아니라 하나의 전문 직종이라고 인정받은 느낌에 가슴이 벅찼어요. 고객들에게 고기를 구워 드릴 때 스토리텔링을 어떻게 센스 있고 재밌게 할지, 고객들은 어떤 질문을 던질지 항상 생각하고 노력하게 됐어요."

담백했던 첫 행사가 업계에 던진 파급력은 상당했다. '그릴마스터'라는 새로운 콘텐츠에 요식업계의 관심이 집중되면서 이를 벤치마킹하려는 움직임도 나타났다. 특히 공기관이나 지자체의 경우 이런 방식의 행사는 치적으로 포장하기에 매우 적절한 이벤트다. 그러나 김태현은 생각했다. 그릴마스터의 가치를 세우는 일만큼은 벽제갈비가 원조였다. 확실히 못박아야 했다.

다음 해인 2023년 제2회 그릴마스터 대회는 인천 파라다이스시티 봉피양 매장에서 성대하게 개최됐다. 5성급 호텔에 레드카펫을 깔아 시상대와 포토존을 마련하고 외빈들까지 초청해 영화제 시상식을 방불케 했다. 1회 대회 때는 참가하려는 직원이 없어 교육팀의 오민경 부장이 점장들에게 일일이 전화를 돌려 직원들의 참가를 독려해야 했다. 그러나 2회 대회 때는 전국 25개 점포에서 치열한 예선을 치른 후 올라온 직원들이 뜨거운 경연을 펼쳤다.

심사위원진도 대폭 보강했다. 김영환 회장과 김태현 부회장, 윤원석 상무 외에 민승규 세종대 석좌교수와 이강영 경기도 농업정책과장, 70만 명 넘는 구독자를 가진 유튜브 채널 '정육왕'의 박준건 유튜버도 심사위원으로 합류했다. 언론사 기자들까지 몰려들어 화려한 행사를 연신 카메라에 담아냈다.

심사에 참여한 민승규 교수는 "고기 굽는 방식이나 고기 맛에서 그릴러에 따라 차이가 있다는 사실에 놀랐다."며 "고기를 얼마나 익혔는지는 물론 레스팅resting(고기를 굽고 난 뒤 잠시 시간을 두고 고기의 겉면 온도와 내부 온도를 맞춰주는 것)의 유무, 그리고 어떻게 썰어내느냐에 따라서도 맛에 차이가 있었다."고 평했다. 박준건 유튜버는 "그릴러들이 고기를 굽기 전에 부위를 안내하고 특징을 설명해주는 습관을 들였으면 좋겠다."고 조언했다. 그러면서 "한 식당에서 그릴러에 따라 고기 굽는 방식에서 차이가 크지 않도록 편차를 줄이는 것이 중요하다."고 강조했다.

그릴링, 기능이 아니라 문화 콘텐츠다

대회는 성황리에 종료되었다. 그러나 김태현은 대회를 마치자마자 머리를 쥐어뜯었다. 대회가 커지면서 행사의 목적이 '보여주기'가 되어버리고, 본래 취지인 '고기 굽기에 대한 평가'는 뒷전으로 밀려났기 때문이다. 적은 인력으로 큰 행사를 치르다보니 사고 없이 현장을 단속하고 외부 인사들을 챙기는 것에 무게중심이 쏠렸다. 가장 큰 문제는 심사위원들끼리 평가 기준이 통일되지 않았다는 점이었다. 물론 고기 굽기에 정해진 답은 없다. 와인을 놓고 이탈리아산이 최고다, 프랑스산이 최고다 하고 결론 내릴 수 없듯이, 그릴링의 방식도 개개인의 입맛과 취향에 따른 것이어서 어떤 것이 반드시 옳다고 할 수는 없다. 그러나 심사위원단이 늘어난 만큼 그들 사이의 합의된 기준은 있어야 했다.

"같은 그릴러의 고기 굽기 방식을 놓고 어떤 심사위원은 너무 구워졌다고 하고, 다른 심사위원은 더 구워야 했다며 점수를 다르게 주는 식이었어요. 고기에 대해 설명하는 것을 가지고도 의견들이 제각각이었어요. 예를 들면 회장님은 고기의 명칭이나 부위에 대해 깊고 자세하게 설명할수록 점수를 높게 주시는데, 저 같은 경우는 관련 지식을 얼마나 짧고 핵심적으로 전달하는지를 중요하게 봤거든요. 행사를 하는 것에 급급한 나머지 심사위원들이 미리 모여 서로 간의 편차

식당은 어떻게 브랜드가 되는가

를 줄이고 기준을 정해야 한다는 생각조차 못했던 거예요.”

인정하고 싶지 않았지만 ‘이번 대회는 틀렸다.’는 것이 김태현의 결론이었다. 첫 대회 때는 안 보였던 것들이 두 번째 대회가 되어서야 눈에 들어왔다. 다시는 이런 실수를 되풀이하지 않겠다고 각오를 다졌다. 초심으로 돌아가야 했다.

2024년 8월에 치러진 3회 그릴마스터 대회는 규모를 다시 축소했다. 새로 오픈한 글로벌봉피양 압구정점에서 외빈을 최소화하고 오로지 평가에 집중하는 콘셉트로 행사가 진행되었다. 전문성을 가진 체계적인 대회를 위해 사전심사 과정부터 뜯어고쳤다. 대회 참가자 모두가 필기시험을 통과해야 본선에 올라올 수 있도록 예비심사 기준을 강화했다. 고기 굽는 기술에 앞서 고기 자체에 관한 정확한 지식부터 갖추는 것이 그릴러의 기본이라는 의미다.

본선에서의 경연 종목도 본갈비와 꽃등심으로만 나누었던 것에서 세분화해 시니어 그릴러의 과제는 채끝살로, 마스터 그릴러의 과제는 좀 더 굽기가 까다로운 토시살과 특수 부위 등으로 나눴다. 지원 등급의 수준에 맞추어 이른바 ‘시제’를 달리한 것이다. 평가 항목도 5개에서 7개로 늘리고 관련 지식과 함께 한 권의 책자에 담아 미리 각 점포에 배치했다. 그릴러들에게 주어질 예상 질문 리스트와 모범 답안시노 미리 제공해 대회를 앞두고 숙지하고 대비할 수 있게 한 것이다. 2회 대회 당시 ‘정육왕’의 박준건 유튜버가 “그릴러들에게 이론적인 질문을 던지면 답변이 통일되어 있지 않고 중구난방이다. 벽제갈비만의 고기 굽기 가이드라인을 만들어보는 것도 좋을 것이다."이라고 지적한 것을 반영한 결정이었다.

대회가 어느덧 3회차를 맞으면서 그릴마스터에 대한 인식이 자리를 잡아가니 점포마다 분위기도 달라졌다. "첫 해에는 억지로 등 떠밀어서 직원들을 대회에 나가게 했는데 2회 때 우리 점포의 중국 교포 직원이 먼저 출전하고 싶어하길래 휴무까지 바꿔주며 적극 밀어줬어요. 그랬더니 본선에 올라가서 2등인 시니어 그릴러에 뽑혀 상금을 매달 받게 된 거예요. 그러니까 다른 직원들도 자극을 받아서 이번 3회 대회 때는 저회 점포 모든 직원이 필기시험에 다 지원했어요. 상금과 부상이 걸려 있으니 다들 사기가 올라서 열심이더라구요. 3회차부터는 점장들도 무조건 필기시험을 보게 했는데, 이것도 큰 도움이 되고 있어요. 저부터도 전에는 손님들에게 이건 이 부위고 저건 이 부위다 말로만 설명했는데, 이제는 눈 감고도 쇠고기 부위 39개를 그림으로 그릴 수 있을 정도가 됐으니까요." 봉피양 용산점 김명숙 매니저의 설명이다.

3회 대회부터는 주니어 그릴러, 시니어 그릴러, 마스터 그릴러에 이어 전년도의 마스터 그릴러 수상자들끼리 경합하는 '올해의 그릴러' 부문도 신설했다. 수상자들에게는 상금은 물론 자격증서와 배지가 수여되고, 본인의 이름과 수상 내역이 새겨진 특별한 유니폼을 매

식당은 어떻게 브랜드가 되는가

장에서 입을 수 있게 된다. 한 번 얻은 타이틀은 3년간 유효하다. 어떻게 판을 깔아주느냐에 따라 별것 아니었던 요소들이 별처럼 빛을 낼 수 있다. 이는 김태현의 경험과도 관련 있다.

"제가 카레이서 출신이잖아요. 레이싱을 할 때 대회를 열어서 상을 주어 빛나게 하고, 그리고 거기에 참여하는 것만으로도 엄청난 동기부여가 된다는 걸 몸으로 깨달았어요. 그릴마스터 대회를 통해 평가 체계도 만들고 보상하고 독려하는 것이 우리 스스로 가치를 높여가는 길이라고 생각해요."

2등 기업은 기능을 이야기하지만 1등 기업은 문화를 이야기한다. 고기를 잘 굽는 행위가 문화적으로 빌드업되어 부가가치를 만들어내는 것, 그것이 벽제갈비가 그리는 '큰 그림'이다. 스타 셰프가 있듯이 스타 그릴러가 나오는 날이 곧 오리라고, 벽제갈비의 사람들은 굳게 믿고 있다.

17

컬리와의 첫 만남에서 벽제한곳까지

품질이 열정을 만나

2015년 초여름, 장마가 시작될 무렵의 후텁지근한 어느 날 벽제갈비 본사에 한 여성이 찾아왔다. 청바지에 생머리를 질끈 묶은 30대 초반의 여성은 당찬 목소리로 "이제 막 시작한 온라인 쇼핑몰인데 벽제갈비의 음식을 판매하고 싶다."고 제안했다. 말이 좋아 제안이지 사정이나 다름없었다. 이미 최고급 한식당으로 자리 잡아 대한민국에서 모르는 사람이 없는 벽제갈비를 이름도 처음 들어보는 신생 쇼핑몰에서 팔게 해달라니, 문전박대를 해도 이상하지 않을 상황이었다. 김영환 회장과 김태현은 완곡하게 거절 의사를 밝혔다. 그러나 여성은 패기 가득한, 그러나 절박함이 담긴 눈으로 말했다.

"음식은 거짓말하지 않습니다. 좋은 재료가 맛을 좌우한다고 믿어요. 그래서 이렇게 벽제갈비에 찾아왔습니다. 저는 제가 정말로 먹고 싶은 음식들을 직접 찾아다니며 영업을 하고 있어요. 식품에 대해 깊이 있게 다룰 수 있는 유통 채널은 저희뿐이라고 확신합니다. 지금은 작은 회사지만 언젠가는 분명히 빛을 볼 날이 올 거예요. 저를 믿어주세요."

단호한 어조로 벽제갈비를 설득했던 이 여성은 현재 1조 원이 넘는 기업가치를 자랑하며 나스닥 상장까지 바라보고 있는 '컬리'의 김슬아 대표다. 그녀와의 첫 만남을 김태현은 이렇게 기억한다.

"김슬아 대표의 말에 저도 아버지도 처음에는 회의적이었어요. 저희도 예전에 온라인 자사몰에서 해볼 거 다 해봤는데 성과를 못 보고 끝났거든요. 우리도 안 됐는데, 이제 막 생긴 마켓컬리가 무슨 방법이 있겠나 싶었죠. 그런데 김슬아 대표의 빛나는 에너지와 열정, 자신감이 사람의 마음을 움직이더군요. 아직도 김슬아 대표의 눈빛이 기억이 나요. 그건 허울 좋은 말이나 미래에 대한 포장으로 되는 게 아니에요. '퍼스트 무버'만이 할 수 있는 자기확신이었어요. '저렇게 열심히 하겠다는데 한번 믿어보자.' 하고 아버지를 설득해 컬리와의 인연이 시작됐어요."

벽제갈비의 음식을 자사몰이 아닌 외부 채널에 판매한 것은 마켓 컬리가 처음이었다. 컬리는 이전에는 없던 새로운 접근 방식으로 벽제갈비를 다루었다. 벽제갈비의 브랜드와 음식에 대해 미리 공부해온 MD들이 방이동 작업장(방이점은 여전히 작은 센트럴키친의 역할을 하고 있다)에 찾아와 장인들의 조리 장면과 매장에 나가는 음식들을 직접 촬영해 갔다. 감각적인 동영상과 사진으로 재탄생한 벽제갈비의 상품들은 하나의 세련된 콘텐츠가 되어 온라인에서 소비자들이 지갑을 열게 만들었다. 제품에 대한 깊이 있는 사전지식과 스토리텔링을 가미한 컬리만의 상품화 방식이었다. 다른 곳에 없는 컬리의 경쟁력을 위해 각 업체의 브랜딩 및 콘텐츠화에 주력한 결과였다.

컬리는 무섭게 성장해나갔다. 컬리의 매출은 벽제갈비의 문을 두드리던 2015년 29억 원에서 이듬해인 2016년 173억 원, 2017년 465억 원, 2018년 1,571억 원, 2019년 4,289억 원으로 해마다 세 배씩의 폭발적인 성장률을 기록했다. 몸집이 커지자 컬리는 벽제갈비부터 챙겼다. 고급화된 밀키트가 많지 않던 당시, 벽제갈비가 시장의 독보적인 반응을 얻자 컬리는 벽제갈비에 물량을 대폭 늘릴 것을 제안했다. 벽제도 성장하고 컬리도 클 수 있는 절호의 기회였다. 김영환 회장과 김태현은 깊이 고민했다. 당시 컬리는 매출은 늘고 있지만 흑자전환은 되지 않은 상태였다. '컬리 말만 믿고 제품을 대량으로 만들었다가 안 팔리면?' '만약 컬리가 돈이라도 떼어먹으면…' 검증되지 않은 스타트업이 정산 불능에 빠지는 것은 흔한 일이다.

곤지암 센트럴키친을 세우기 전, 당시 컬리에 물량을 대량으로 밀어주려면 하남 센트럴키친의 생산량을 대폭 늘려야 했다. 그러나 당시의 생산 능력으로는 어림도 없었다. 결국 생산량을 늘리기 위해서는 하남 센트럴키친의 설비를 증설해야 하는데, 벽제갈비 입장에서는 적지 않은 투자가 필요한 일이었다. 손님들이 먹고 나서 바로 돈을 결제하는 오프라인 식당과 달리, 판매하고 한참 뒤에 돈이 들어오는 온라인의 정산 주기에도 아직 적응하지 못한 때였다. 김영환 회장은 물론 젊은 김태현에게조차 당시 컬리의 제안은 불투명한 미래에 베팅하는 고위험 투자로 여겨졌다.

"그때 추가투자 결단을 내리지 못한 게 지금도 아쉬움으로 남아요. 과거 아버지 시절에 장사하면서 돈을 몇 번 떼였던 경험 때문에 혹시라도 컬리가 잘 안 돼서 돈을 날리면 어쩌나 걱정했던 거죠. 그래 봤자 날리면 5,000만 원이고 벌면 10억 원인데 말이에요. 다른 사람들은 더 확장하지 못해 난리인데 우리는 그렇게 시대착오적인 걱정을 하며 멈춰 섰던 거죠. 경영적인 반성이 뼈저리게 돼요."

주저하는 사이 온라인 밀키트 시장에는 사미헌이 자리를 잡고 설성목장, 삼원가든이 가세하면서 벽제갈비의 입지는 좁아졌다. 막 간편식 시장에 진입해 갈피를 못 잡던 신생 브랜드들도 이제는 일정 수준 이상으로 맛과 퀄리티가 상승했다. 심지어 가격은 벽제보다 저렴하다. 이에 대해 김태현은 이렇게 설명한다.

"이제 벽제의 음식을 산다는 건, 커피로 따지자면 똑같은 커피를 굳이 스타벅스에서 1,000원 더 내고 마셔야 하는 것과 비슷하게 되어버렸어요. 탐앤탐스나 메가커피를 한번 경험해본 사람들이 더 이상 스타벅스 커피만 마시기는 어렵잖아요. 스타벅스에는 이제 감성만 남았다는 말처럼, 엄밀히 말해 벽제도 이제 감성만 남은 상태예요. 안타깝지만 인정해야 합니다. 감성을 뛰어넘어 벽제를 선택할 수밖에 없게 만드는 그 무언가가 필요한 시점입니다."

벽제갈비는 고급 간편식 시장의 성장을 견인하는 역할을 했다. 앞서간 벽제갈비가 완성도 높은 밀키트의 기준을 명확히 제시했기 때문이다. 벽제갈비가 기준점이 되어 다른 브랜드들의 퀄리티도, 시장의 수준도 전반적으로 향상되었다. 그래서 김태현은 컬리에 고마운 마음이 크다.

"컬리는 벽제에게 가능성을 열어주었습니다. 제가 처음 벽제의 인터넷 자사몰에서 가격대가 높은 탕을 출시해 온라인 판매를 시도했을 때는 시기가 너무 일러 실패했어요. 한 번도 안 해본 일을 시도하는 건 차라리 쉬운데, 한 번 넘어졌던 일에 다시 도전한다는 건 몇 배 더 힘든 일이거든요. 그런데 컬리라는 플랫폼을 통해 우리가 또 한 번 시도해볼 수 있었고, 결국 벽제도 컬리도 함께 성장했어요. 온라인 시장의 가능성을 확인하는 계기가 되었죠."

 식당은 어떻게 브랜드가 되는가

거대 유통 플랫폼과 독자 브랜드는 '다윗과 골리앗' 같은 관계가 아니다. 김태현은 온라인 시장에서 벽제갈비의 위치를 '이마트와 신라면', 또는 'CJ ENM과 봉준호 감독'의 관계에 빗대 생각한다. 김태현은 "이마트가 아무리 막강해도 신라면이 없는 이마트는 있을 수 없듯이, 컬리를 비롯한 대형 플랫폼에 없어서는 안 되는 존재로 벽제갈비의 영향력을 키우는 것이 과제"라고 말했다. CJ ENM 역시 봉준호 감독을 전폭 지원해 글로벌 아티스트로 만들어냈고, 성장한 봉준호 감독은 이제 거꾸로 CJ에 막강한 영향력을 행사하는 거장이 되었다. CJ가 일찌감치 드림웍스에 투자하며 CGV를 비롯해 tvN, OCN 등을 거머쥐며 문화산업의 최강자가 된 것처럼, 벽제갈비도 글로컬라이제이션glocalization을 바탕으로 다양한 신세력과 손잡고 활로를 뚫는 것이 목표다.

처음으로 자사몰 매출이 컬리를 뛰어넘다

그런 점에서 2024년은 벽제갈비 역사에 중요한 기록을 남긴 해다. 2024년 5월 벽제갈비의 온라인 자사몰 '벽제한곳' 매출이 처음으로 컬리에서의 매출을 넘어선 것이다. 지난 10년 가까이 벽제갈비 및 봉피양의 온라인 매출은 전적으로 컬리에 의존하는 구조였다. 많게는 온라인 매출의 80%가 컬리에서 발생하고, 벽제 자사몰에서 나머지 20%를 겨우 가져오는 정도였다.

그러다 2023년부터 RMRRestaurant Meal Replacement(레스토랑 간편식)을 담당하는 김동하 이사를 주축으로 온라인 매출의 다각화를 꾀했다. 그러자 2021년도에 월 평균 1억 원에 머물렀던 온라인 매출액이 2023년에는 월 평균 3억 원을 훌쩍 넘어 연 매출 40억 원을 돌파했고, 2024년에는 월 평균 7억 원의 매출을 안정적으로 달성했다. 급격한 우상향의 커브다. 그러나 온라인 시장의 황금기였던 코로나19 시기가 지난 뒤에야 뛰어든 것이 못내 안타깝다고 김동하 이사는 말한다.

"그동안 벽제갈비는 오프라인 매장이 중심이었고 그것만으로도 충분히 잘 운영되다보니 온라인 시장의 잠재력을 얕잡아봤어요. 매장에서 잘 팔리고 있는데 굳이 다른 판로를 더 찾을 필요가 있나 하는 쇄국적인 마인드였죠. 지금에 와서 생각했을 때 가장 안타까운 건 코로나가 유행하기 한참 전부터 이미 벽제의 모든 탕은 가정에서도 먹을 수 있게 포장화, 상품화가 되어 있었다는 점이에요. 워낙에 매장에서 포장해 가시는 손님이 많았으니까요. 이미 준비된 밀키트형 제품을 눈앞에서 매일 보면서도 온라인으로 판매할 생각을 못 했다는 게 너무 아까워요."

처음 온라인팀이 꾸려질 때만 해도 온라인 시장의 확장성이나 폭발력은 생각하지 못했다. "잘되는 점포의 매출이 월 3억 원 정도인데 온라인팀도 최소한 점포 하나의 성적은 내야 하지 않겠나 하며 월 3억 원을 목표로 잡았어요." 김동하 이사는 각종 이벤트와 세트상품으로 자사몰 벽제한곳을 키우는 한편, 컬리 외 판매 루트를 점차 늘려 나갔다.

예상 밖의 성과를 거둔 것이 SNS 공동구매였다. 인스타그램 메가셀러와 진행한 공동구매에서는 컬리에서 6개월, 벽제한곳에서 1년이 걸리는 판매량을 단 일주일 만에 팔아치웠다. 그러자 온라인 판매는 모양이 빠진다며 눈살을 찌푸리던 회사 내 원로들도 젊은 세대의 새로운 방식을 인정하는 분위기로 돌아섰다. 2024년 벽제의 온라인 매출 순위는 SNS 공동구매, 자사몰 벽제한곳, 컬리 순이었고, 세 곳의 매출 볼륨이 비슷했다. 2025년부터는 SNS 공동구매를 줄이는 대신 홈쇼핑과 벽제한곳의 매출 확대에 주력하고 있다.

비싼 고깃집에서 문화를 파는 기업으로   18

프리미엄의 가치, 가격에서 문화로

"비싼 고기만 파는 시대는 끝났습니다. 이제는 문화를 파는 기업이 되어야 합니다."

김태현은 벽제갈비가 더 이상 최고급 한우를 먹는 식당에 그치지 않고 '문화를 소비하는 곳'이 되어야 한다고 말한다. 장인의 퍼포먼스를 볼 수 있는 벽제갈비 더청담과 고기 굽는 일의 직업적 가치를 높인 그릴마스터 대회가 그 첫걸음이다. 이는 미래를 향한 새로운 가치 창출이기도 하지만 성장을 중심으로 했던 이전 시대의 종말을 의미하기도 한다.

"전에는 벽제갈비는 왜 이렇게 비싸냐고 누가 물으면 '우리는 최상의 한우를 제공합니다.'라고 말하는 것이 정답이었어요. 그러나 이제 최고급 한우는 어디에서든 구할 수 있어요. 식재료를 놓고 경쟁하던 시대는 끝났습니다. 이제는 음식을 어떤 식으로 즐길 수 있느냐가 핵심이에요. 도대체 비싼 레스토랑은 왜 존재해야 하는가? 여기에 대한 답을 찾아가는 게 2세대인 저희가 풀어야 하는 과제예요."

우리나라는 비싼 음식에 대한 거부감이 큰 시장이다. 요식업계의 대표주자 격인 백종원 같은 인물이 이 같은 인식 형성에 영향을 미치기도 했다. 식당에서만 먹을 수 있는 레시피를 쉽고 친근하게 대중에게 알리는 것은 바람직한 일이다. 그러나 백종원 효과로 인해 식당 음식은 가성비가 절대 선善인 듯한 인식이 만들어진 것도 사실이다.

"시장에는 에르메스도 필요하고 유니클로도 필요해요. 그런데 에르메스에 대한 이야기를 우리나라에서는 함부로 하지 못합니다. 프리미엄 시장이 왜 필요한지, 그 이유를 어떻게 하면 의미 있게, 용기를 가지고 전달할 것인지가 저의 가장 큰 고민이에요."

그가 믿는 것은 문화는 탑다운top-down 방식으로 확산된다는 점이다. 문화적 가치는 상위에서 만들어져 주변과 아래로 확산되고, 그로 인해 다양성과 깊이가 생길 수 있다. 요식업의 경우 예전에 파인다이닝에서 유행했던 프리미엄 김밥, 초밥 등이 대중적인 음식으로 확산되고, 한우 오마카세에서나 볼 수 있었던 가쓰산도(돈가스 샌드위치) 등의 메뉴가 전문점이 만들어져 인기를 끄는 등이 좋은 예다. 벽제갈비가 프리미엄 문화를 만들어내면 이것이 다양한 방향으로 파생돼 요식업 전체의 문화를 발전시킬 수 있다고 김태현은 기대한다.

그렇다면 벽제갈비가 내세울 수 있는 프리미엄은 무엇인가? 브랜드 스토리 측면에서 벽제갈비의 강점은 최고급 한우, 그리고 장인이다. 김태현은 여기에서 더 나아가 요리사 한 명 한 명의 퍼포먼스가 아닌 신구 세대가 함께하는 팀플레이를 벽제의 강점으로 키워야 한다고 말한다.

"코리안 바비큐는 한국인이 가장 열광하고 제일 많이 소비하는 음식이에요. 최고급 한우 전문점부터 대패 삼겹살집까지 스펙트럼도 넓구요. 그런데 여기에 셰프는 없어요. 코리안 바비큐는 셰프 1인에게 독점되거나 어느 한 사람이 주도해서 이끌어가는 것이 아닌, 여러 요소가 필요한 종합 예술이기 때문이죠. 벽제갈비로 따지자면 고기 전문가와 냉면 전문가, 탕 전문가, 김치 전문가, 그리고 고기 굽는 그릴마스터 등 여러 요소가 어우러져 우리만의 음식 문화를 만들어내는 거예요."

벽제갈비는 셰프라는 단어가 회자되기도 전부터 장인 제도를 세우고 사람을 키워왔다. 그러나 핵심 가치는 사람 그 자체가 아닌 그들 간의 유기적 연결이다. 이를 통해 벽제갈비는 소위 말하는 '세계관 통

식당은 어떻게 브랜드가 되는가

합'이 가능하다. 20년이 넘는 장기근속자들과 그들을 따르는 2세대 경영진들, 신구 세대가 조화롭게 유니버스를 구성하고 있다.

고부가가치 플레이어가 K푸드를 살린다

———

김태현은 요즘 미국 시장을 주의 깊게 들여다보고 있다. 한식의 부가 가치를 살린다면 얼마든지 승산이 있다는 생각이다. 특히 뉴욕에서 한 국식 바비큐 레스토랑 '꽃 코리안 스테이크하우스Cote Korean Steakhouse' 가 돌풍을 일으킨 것은 김태현에게 커다란 자극제가 되었다.

뉴욕 스테이크 '빅3' 꼽힌 한국 숯불구이의 위엄

요즘 뉴요커들이 한식을 이야기할 때 빼놓지 않는 곳이 '꽃'이라는 레 스토랑이다. 유명 셰프 고든 램지도 한식을 좋아한다며 이곳을 언급했 다. 정식 이름은 '꽃 코리안 스테이크하우스Cote Korean Steakhouse'. 꽃 을 Cote로 표기한 것은 프랑스어의 Cote de boeuf(소갈빗살)에서 따온 것이다. 이 레스토랑은 현재 뉴욕에서 가장 뜨는 지역 중 하나인 플랫

아이언에 있다. 744㎡(약 225평) 규모 매장에 80여 명의 직원을 두고 저녁 장사만으로 하루 300여 명의 손님을 치른다. 이곳의 대표는 중학생 때 미국으로 이민 간 김시준(36) 씨다. (…)

'꽃'을 차릴 때 주변에서는 한국식 스테이크가 뉴욕에서 통하기 어려울 것이라고 뜯어말렸다. 그러나 김씨는 한국식을 끝까지 고집했다. 식탁 위 그릴에서 고기를 굽고 김치찌개·된장찌개에 파절이, 장아찌, 깻잎 같은 밑반찬을 냈다. 직원들이 손님에게 장아찌, 깻잎절임이 뭔지 설명도 해준다. 600여 종 와인 리스트를 갖추고 이름난 소믈리에와 바텐더도 고용했다. 지난해 6월 문을 열어 5개월 만인 11월 미쉐린 스타 1개를 받았다. 뉴욕 식당 2만여 개 중 미쉐린 스타를 받은 곳은 72곳뿐이다. 그중에서도 스테이크하우스는 '꽃'을 포함한 3곳뿐이다. "한국식 바비큐의 품격을 올린 뉴욕의 스테이크하우스"(USA투데이), "뉴욕 최고의 한국식 바비큐"(뉴욕타임스), "미국서 새로 생긴 가장 훌륭한 레스토랑 톱 13"(GQ)이라는 평가를 받았다.

- 《조선일보》 2018년 9월 19일

'꽃 스테이크하우스'는 4개 부위의 고기를 한국식으로 구워서 조금씩 맛볼 수 있게 해 한국의 모둠구이 세트와 비슷한 느낌을 주는 메

　　　　　　　　식당은 어떻게 브랜드가 되는가

뉴를 갖추고 있다. 스테이크 소스 대신 소금을 뿌리고 떡, 버섯도 구워 먹으며 김치찌개와 된장찌개도 함께 나온다. 영락없는 한국식 한 상차림이다. 왜냐하면 한국의 벽제갈비에서 영감을 얻었기 때문이다.

"'꽃 스테이크하우스'가 오픈 전 저희를 벤치마킹을 하고 싶다고 정식으로 인사를 왔어요. 벽제갈비에서 많은 영향을 받았다고 말이에요. 그때는 '꽃'이 이렇게까지 잘될 줄은 몰랐죠. '꽃 스테이크하우스'의 성공은 우리가 가야 할 미래예요. 지금 뉴욕의 한식은 파인다이닝과 삼겹살집, 그 사이가 비어 있어요. 미국에 진출한다면 그 비어 있는 지점이 우리의 공략 포인트가 될 겁니다."

뉴욕의 아토믹스Atomix, 정식Jungsik 같은 최고급 파인다이닝과, 북창동 순두부나 비빔밥 같은 캐주얼한 한식 그 사이의 중간층을 김태현은 '미드하이mid-high'라 불렀다. 보다 좋은 곳에서 적당히 비싼 값을 지불하며 한 끼를 즐길 수 있는 '데일리 프리미엄' 시장. 이 지점을 공략해 처음으로 만들었던 것이 청담동에 오픈한 청미심이었고, 그 시도는 실패로 끝났다. 미국의 미드하이 시장을 공략하려면 보다 신중한 접근이 필요하다.

"어릴 때부터 아버지가 외국에 많이 데리고 다니셨는데, 외국에 있는 한국 식당을 가면 항상 창피했어요. 여행사 가이드랑 짜고 관광 코스로 한 번씩 가는 그런 곳들 말이에요. 허접한 인테리어에 성의 없는 싸구려 음식들을 한식이라고 파는 곳이 대부분이었죠. 외국에서 백화점을 가면 일식은 비싼 고급 식당이 즐비했고, 하다못해 그 당시 우리보다 못하다고 생각했던 중국의 식당도 해외에서는 떡하니 좋은 자리에 있었어요. 그때부터 '내가 나중에 꼭 보여줄 거야.' 하고 생각했어요. 지금은 물론 저보다 훌륭한 분들이 많이 보여주고 계시죠. 정식당이 보여주고 아토믹스가 보여주고요."

미국의 K푸드 열풍을 들여다보면 한식의 종류가 천편일률적이라는 지적이 많다. 옛날 조선시대 반가 음식이나 궁중 요리 등 다양한 한식이 많은데도 상업화·대량화를 통해 쉽게 만들어 싸게 팔 수 있는 아이템만 득세하고 있다는 것이다. 박찬일 요리사는 "서양인들에게 낯설고 접근하기 어려운 고급 한정식을 벽제갈비는 서양식의 테이블 서빙 형태로 세련되게 풀어냈다. 한식의 원형을 깨뜨리지 않으면서도 글로벌 브랜드로 성장할 가능성이 충분하다."고 내다봤다. 특히 "숙련된 기술자들이 직접 고기를 가져와 카빙carving하고 구워주는 방식은 서구권에 갈비구이의 진면목을 보여줄 수 있을 것"이라고 강조했다.

벽제갈비에게 해외 진출은 이제 선택이 아니라 필수가 되었다. 벽제갈비가 활약할 수 있는 고부가가치 시장은 아직 열리지 않았다. 김태현은 전열을 가다듬고 있다.

"지금은 K푸드가 저렴한 서민 음식들로만 채워져 있는데, 실리만 내세울 게 아니라 권위도 필요합니다. 예를 들면 프랑스 레스토랑은

    식당은 어떻게 브랜드가 되는가

모두가 파인다이닝인 것은 아니지만 천편일률적으로 쏟아지지도 않아요. 그러면서 독보적인 권위를 가지고 있죠. 일본도 그런 부가가치를 엄청 잘 활용하는 나라예요. 소바집 하나를 열어도 스토리 있게 그들만의 콘텐츠를 고급으로 만들어요. 우리 K푸드도 언제까지나 '싸고 맛있다'는 것만을 자랑으로 내세울 순 없어요. 프리미엄의 역량을 갖춘 벽제갈비의 역할이 반드시 필요합니다. 본격적인 시장은 열리지도 않았어요. 우리는 아직 때를 기다리고 있습니다."

장사에서 기업으로:
벽제갈비의 지속가능한 성장 전략

벽제갈비의 서사를 탐구하며 떠오른 속담이 있었다. "몸이 천 냥이면 눈이 구백 냥이다."

권오현 전 삼성전자 회장은 그의 저서 《초격차》(쌤앤파커스, 2025)에서 이 속담을 기업 경영에 대입해 "조직이 천 냥이면 리더는 구백 냥이다."라고 말했다. 아무리 훌륭한 인재와 자산을 가진 조직이라 해도 무능한 리더를 만나면 몰락은 순식간이다. 반대로 척박한 환경에서도 뛰어난 리더는 조직을 되살리고 미래를 열어간다. 창업자인 김영환 회장과 그를 잇는 김태현 부회장은 말이 아닌 행동으로 리더십을 보여주었고, 그것이 브랜드를 지탱했다.

벽제갈비를 취재하는 약 1년의 기간 동안 30여 명의 사람들을 만났다. 웹소설 및 실화 기획사 팩트스토리와 기획과 취재를 협업했다. 김영환 회장과 김태현 부회장을 비롯해 벽제갈비의 기둥이 된 장인들, 기업의 기틀을 마련한 직원들, 고객과의 접점이 되는 매장 스태프들, 벽제갈비를 냉철히 분석한 요식업계 전문가 등이 그들이다. 기록되지 않은 역사와 잊힐 뻔한 이야기를 되살리고 열정과 진심이 묻어나는 한마디를 놓치지 않기 위해 노력했다.

취재를 마친 뒤, 벽제의 핵심 전략은 '사람에 대한 투자'와 '조직 시스템'이라고 결론 내렸다. 최상급의 한우는 그다음 얘기다. 오너의 독주나 품질의 우수성만으로는 기업의 지속가능성을 담보할 수 없다. 기업은 결국 사람의 집합체다.

300시간에 육박하는 인터뷰 녹음파일에서 김영환 회장과 김태현 부회장이 가장 많이 언급한 단어를 AI를 통해 추출해보았다. 김영환 회장은 '집념', '추진력', '고집'이라는 단어를, 김태현 부회장은 '문화', '전략', '조직'이라는 단어를 많이 사용했다. 지금껏 벽제갈비를 이끌어온 원동력과 앞으로의 방향성이 보이는 대목이다. 김영환 회장은 강력한 추진력으로 벽제갈비의 전통을 세우고, 불확실성과 싸우며 브랜드의 정체성을 만들어냈다. 김태현 부회장은 이 같은 자산을 새로운 시대의 요구에 맞춰 체계적이고 전략적인 방식으로 확장시키고 있다. 벽제갈비의 40년은 세대를 이어 연결되는 리더십과 견고한 조직력, 그리고 이를 통해 전승되는 브랜드 가치의 힘을 명확히 보여준다.

　여기서 이야기가 끝났다면 이 책은 쓰이지 않았을 것이다. 벽제갈비의 사람들을 인터뷰하며 가장 많이 주고받은 이야기는 "이제 어디로 가야 하는가"라는 물음이었다. 단지 시장의 방향성을 묻는 말이 아니다. 기업의 정체성과 미래에 대한 고민이었다. 40년 동안 한길을 걸어온 브랜드는 현재 새로운 길목에 서 있다. 벽제갈비는 국내 시장의 한계를 넘어 글로벌 무대로 발을 내디뎌야 하는 상황이다. 그 선택은 지리적 확장을 넘어서 큰 변화와 결단을 요구한다.

　한국에서 벽제갈비는 단순한 외식기업이 아닌 전통과 품질의 상징이다. 그러나 이 같은 성공 방정식이 해외에서도 통할 것인가? 해외 진출은 선택이 아닌 필수가 되었다. 그러나 그 방식과 방향은 아직도 치열한 고민거리다. 김태현 부회장은 "벽제갈비가 미국으로 진출한다면 그 대상은 해외의 한인 고객으로 국한되는 것이 아니라 미국 현지인과 전 세계 다양한 상위 계층으로 확대될 것"이라고 말했다. 조준점이 명확하다.

　벽제갈비의 본질을 어떻게 정의하고 글로벌 고객에게 어필할지에 관한 연구도 진행 중이다. 이를 위해 벽제갈비의 리더들은 해마다 미국 현지 요식업계의 흐름과 고객의 취향을 조사하고 연구하는 과정

　　　　　　　　　　식당은 어떻게 브랜드가 되는가

을 거듭하고 있다. 앞으로 벽제갈비의 정체성은 단순히 음식을 파는 것이 아니라 '벽제갈비 더청담'에서와 같이 새로운 문화경험을 제안 하는 방식이 될 가능성이 크다.

우리나라의 가업승계 기업의 생존율은 냉혹하다. 2대까지 살아남 는 비율이 30%, 3대가 되면 14%, 4대는 고작 4%에 그친다. 이 숫자 들은 대를 이어 사업을 이어가는 일이 얼마나 어려운지를 말해준다. 창업주의 강렬한 의지와 후계자의 새로운 비전 사이에는 피할 수 없 는 갈등과 충돌이 있다. 많은 중소기업이 세대교체라는 벽 앞에서 좌 초했다.

벽제갈비는 이제 막 두 번째 문지방을 넘었다. 창업자는 한우의 품 질을 위해 자신이 직접 발로 뛰었고, 후계자는 그 철학을 현대적인 감각으로 재해석하고 있다. 단순히 '고깃집'이라는 틀을 깨고 한국 외 식업계의 가능성을 증명하는 중이다. 기업은 물려받는 것이 아니라 가치와 문화를 창조해 확장하는 것임을 벽제갈비는 보여주었다. 이 책이 말하고자 하는 '지속가능한 성장'의 의미가 여기에 있다.

이 책은 벽제갈비의 성장 과정을 통해 비슷한 길을 걷고 있는 중소 기업들에게 방향성을 제시하기 위해 쓰였다. 작은 기업이 자기 분야 의 패권자가 되기 위해 무엇을 버리고 무엇을 선택해야 하는지, 그리고 어떤 산을 넘어야 하는지 보여주는 것이 이 책의 기획 의도다. 모든 사업가는 자신의 역사를 쓰는 사람이다. 이 책을 덮는 당신은 무엇을 남길 것인지, 그리고 무엇을 버릴 것인지 궁금하다. 당신의 이야기는 이제 시작이다.